21世纪高职高专规划教材·经济管理系列

经济法基础（第4版）

JINGJIFA JICHU

钟亚华　王金荣　编著

電子工業出版社
Publishing House of Electronics Industry
北京·BEIJING

图书在版编目（CIP）数据

经济法基础 / 钟亚华，王金荣编著. —4 版. —北京：电子工业出版社，2015.8
21 世纪高职高专规划教材. 经济管理系列
ISBN 978-7-121-26787-1

Ⅰ. ①经… Ⅱ. ①钟… ②王… Ⅲ. ①经济法－中国－高等职业教育－教材 Ⅳ. ①D922.29

中国版本图书馆 CIP 数据核字(2015)第 171951 号

策划编辑：刘露明
责任编辑：刘淑敏
印　　刷：涿州市京南印刷厂
装　　订：涿州市京南印刷厂
出版发行：电子工业出版社
　　　　　北京市海淀区万寿路 173 信箱　邮编 100036
开　　本：787×1092　1/16　印张：15.5　字数：417 千字
版　　次：2003 年 2 月第 1 版
　　　　　2015 年 8 月第 4 版
印　　次：2015 年 8 月第 1 次印刷
定　　价：38.00 元

凡所购买电子工业出版社图书有缺损问题，请向购买书店调换。若书店售缺，请与本社发行部联系，联系及邮购电话：（010）88254888。
质量投诉请发邮件至 zlts@phei.com.cn，盗版侵权举报请发邮件至 dbqq@phei.com.cn。
服务热线：（010）88258888。

第4版前言

全国职业教育工作会议已明确了高等职业教育的改革发展目标，高等职业教育的主要工作任务就是要以就业为导向，培养应用型、技能型人才。教材建设是实现人才培养目标的关键环节，在人才培养过程中起着举足轻重的作用。本书正是遵照这一宗旨，根据《教育部关于以就业为导向深化高等职业教育改革的若干意见》和全国职业教育工作会议精神，依据高职高专层次经济管理类专业经济法基础课程教学的基本要求而编写的。

考虑到高职高专以培养应用型、技能型人才为目标，本书在编写过程中，既参照其他经济法教材编写的一般原则，同时也考虑到高职高专教育及新时期高职高专学生的特点。事实上，《经济法基础》就是作者在多年教学实践的基础上所完成的教学改革研究课题的最终成果，出版至今受到了许多学校师生的大力欢迎，并很荣幸地被列为普通高等教育“十一五”国家级规划教材。《经济法基础》（第4版）传承了上一版的优点，又采纳了同人们提出的宝贵意见与建议，并力争将新的立法精神和内容体现于其中。《经济法基础》（第4版）根据近年来该领域的发展变化进行了修订，紧跟我国经济法治发展和法学教育的步伐，及时更新经济法理论、完善教材结构、丰富教材内容。此次结合我国新的经济法律法规、最高人民法院司法解释等内容对《经济法基础》进行了再次修订。在突出实用性的同时，将法律法规条文的可读性、特色段落的多样性和表现手法的新颖性有机结合起来，注意运用对比、图表方法，选取社会实践中生动的案例说法，用简明流畅的语言去阐释法律理论与制度，实现理论教学和案例教学的完美融合，易记易懂。

市场经济就是法治经济，因此从事管理、经济和服务工作的人员都必须认真学习和掌握与本专业工作有关的经济法律知识，以适应我国市场经济建设和进入国际大市场的需要。遵循这一原则，《经济法基础》（第4版）的内容分为5篇14章，即经济法总论（包括第一章）、经济法主体法（包括第二章至第五章）、市场规制法（包括第六章至第十章）、宏观调控法（包括第十一章至第十三章）和经济仲裁与经济司法（包括第十四章），既简明扼要地介绍了经济法的基本理论，又明确地阐述了规范市场主体及活动的法律规范、宏观调控方面的法律规范，以及经济仲裁和经济审判的基本知识；同时又保证了知识体系脉络清晰。本书在具体教学时内容可灵活增减，并且不影响通篇内容体系的完整性。

本次修订，在保持原书特色的基础上，主要体现了以下特点：

1. 在保留《经济法基础》（第3版）内容体系的基础上，根据我国近三年来新的经济立法精神，对《经济法基础》（第3版）进行了较大篇幅的修改与补充，将新的立法精神和内容体现在新的教材之中，使内容较《经济法基础》（第3版）更加翔实，更具有实用性，更彰显时代特征。

2. 汲取使用本书的同行们所提出的宝贵意见与建议，使第 4 版更加符合教学需要，更加适应使用者的需要。

3. 调整并增加了部分图表，以加强学生分析问题能力，培养学生解决实际问题能力。同时，我们制作了供老师参考的电子教案，编写了大量的课后练习题，并给出了课后练习题答案，思考题、案例分析题、模拟试卷的参考答案，供老师和同学到网上查询（http://www.hxedu.com.cn），为教与学提供方便。

本书由北华大学钟亚华、辽宁师范大学王金荣编写。具体分工是：第一章至第七章由钟亚华编写，第八章至第十四章由王金荣编写。实践—认识—再实践—再认识是推动一切事物向前发展的前提，打造精品教材也同样需要反复实践与认识。由于高职高专教材编写尚处于不断探索提高阶段，加之作者水平有限，书中缺点与疏漏在所难免，恳请读者和同行批评指正。

在本书编写过程中，得到了编著者所在单位的领导和同事们及电子工业出版社编辑的大力支持和帮助，并参考了许多经济法教材及案例，由于篇幅有限，不能一一列举，在此一并表示感谢。

编著者

目录

第三篇　市场规制法

第四篇　宏观调控法

第五篇　经济仲裁与经济司法

第一篇　经济法总论

第一章　经济法概述

本章目的和任务

通过本章的学习，学生应掌握经济法的调整对象、经济法的概念、经济法律关系的构成要素及经济法律责任；熟悉和理解经济法的原则、作用，经济法律关系的发生、变更和消灭，经济法体系；了解法律基础知识，以及经济法的产生和发展等基本知识和基础理论，为以后各章的学习打下良好的基础。

本章要点

- 法律基础知识
- 经济法的产生和发展
- 经济法的概念与调整对象
- 经济法律关系的构成要素
- 经济法体系
- 经济法律责任

第一节　法律基础知识

一、法和法律

1. 法的本质与特征

法是人类社会发展到一定阶段的产物。在人类社会的早期，人的行为和社会关系的调整主要依赖于习惯；习惯被人类的社会组织赋予一种强制执行的效力，就被称为习惯法；法律是从习惯法发展而来并以成文法的形式体现的。

（1）法与法律的概念

一般来讲，法是由国家制定或认可，并由国家强制力保证实施的、反映着统治阶级意志的规范体系。这一意志的内容由统治阶级的物质生活条件所决定，它通过规定人们在社会关系中的权利和义务，确认、保护和发展有利于统治阶级的社会关系和社会秩序。“法律”一词可分别从广义、狭义两个方面进行理解。狭义的法律专指拥有立法权的国家机关依照立法程序制定和颁布的规范性文件；广义的法律则指法的整体，即国家制定或认可，并由国家强制力保证实施的各种行为规范的总和。一般情况下，法和广义的法律同义；但在某些场合，法又和狭义的法律同义，如《中华人民共和国合同法》（以下简称《合同法》）、《中华人民共和国公司法》（以下简称《公司法》）等。我国历史上很长一段时间把法称为律，如“秦律”“汉律”“隋律”“唐律”“明律”“大清律”等；近代才把法与律连用，称“法律”。法学上，法和法律有时有严加区分的必要，法指前面所讲的特殊的规范体系；法律则指法的渊源之一或泛指法的表现形式。本书对此不加以严格区分。

（2）法的本质

法所体现的不是一般的统治阶级的意志，而是被奉为法律的统治阶级的意志，即统治阶级的国家意志。所以，法是统治阶级的国家意志的体现，这是法的本质。

（3）法的特征

1）法是经过国家制定或认可才得以形成的规范。首先，法是国家发布的规范性文件；其次，法是按照法定的职权和方式制定和发布的，有确定的表现形式。也就是说，法只有通过特定的国家机关、按照特定的方式、表现为特定的法律文件形式，它才能成立。

2）法凭借国家强制力的保证而获得普遍遵行的效力。法是由国家强制力保障其实施的规范。法的强制性是由国家提供和保证的，因而与一般社会规范的强制性不同。其他社会规范虽然也有一定的强制性（如道德主要依靠社会舆论的强制，习惯受到巨大习惯势力的强制），但这些强制都不同于国家的强制。国家强制力以国家的强制机构（如军队、警察、法庭、监狱）为后盾，与国家制裁相联系，表现为对违法者采取国家强制措施。法是最具有强制力的规范。

3）法是确定人们在社会关系中的权利和义务的行为规范。法的主要内容是由规定权利、义务的条文构成的，它通过规定人们在社会关系中的权利和义务，实现统治阶级的意志和要求，维持社会秩序。

4）法是明确而普遍适用的规范。法具有明确的内容，能使人们预知自己或他人一定行为的法律后果。法具有普遍适用性，凡是在国家权力管辖和法律调整的范围、期限内，对所有社会成员及其活动都普遍适用。

2. 法的分类

根据不同的标准，法可以分为不同的类型。

（1）成文法和不成文法

这是根据法的创制方式和发布形式所做的分类。

成文法是指有权制定法律的国家机关，依照法定程序制定的具有条文形式的规范性文件。

不成文法是指国家机关认可的、不具有条文形式的习惯。不成文法也称习惯法。

（2）根本法和普通法

这是根据法的内容、效力和制定程序所做的分类。

根本法就是宪法，它规定国家制度和社会制度的基本原则，具有最高的法律效力，是普通法的立法依据。因此，根本法的制定和修改通常需要经过比普通法更为严格的程序。

普通法泛指宪法以外的所有法律。它根据宪法确认的原则就某个方面或某些方面的问题做出具体规定，效力低于宪法。

（3）实体法和程序法

这是根据法的内容所做的分类。

实体法是指从实际内容上规定主体的权利和义务的法律，如民法、刑法。

程序法是指为了保障实体权利和义务的实现而制定的关于程序方面的法律，如刑事诉讼法、民事诉讼法、行政诉讼法。

（4）一般法和特别法

这是根据法的空间效力、时间效力或对人的效力所做的分类。

一般法是指在一国领域内对全体居民和所有的社会组织普遍适用，而且在它被废除前始终有效的法律，如民法、刑法。

特别法是指只在一国的特定地域内（如某个行政区域），或只对特定主体（如公职人员、军人）或在特定时期内（如战争时期）有效的法律。

（5）国际法和国内法

这是根据法的主体、调整对象和形式所做的分类。

国际法的主体主要是国家，调整的对象主要是国家间的相互关系，形式主要是国际条约和各国公认的国际惯例，实施则以国家单独或集体的强制措施为保证。

国内法的主体主要是该国的公民和社会组织，调整对象是一国内部的社会关系，形式主要是制定国立法机关颁布的规范性文件，实施则以该国的强制力为保证。

（6）公法和私法

这是以法律运用的目的为划分依据所做的分类。

以保护公共利益为目的的法律称为公法，如宪法、行政法、刑法、诉讼法；以保护私人利益为目的的法律称为私法，如民法、商法。

二、法律规范

1. 法律规范的概念

法律规范是由国家制定或者认可的、反映国家意志的、具体规定权利、义务及法律后果的行为准则。法律规范实际上是对人们的行为自由及其限度的规定，是对人们的行为自由的认可和对人们行为责任的设定。它具有如下特点：

1）法律规范是具体规定权利、义务及法律后果的准则。

2）法律规范规定普遍的行为模式，具有适用的普遍性和可重复性。

3）法律规范的可操作性较强，确定性程度较高，具有微观上的指导性。

4）法律规范是构成法的最基本的组织细胞，是通过一定法律条文表现出来的、具有一定内在逻辑结构的特殊行为规范。

2. 法律规范的逻辑结构

从逻辑结构上看，法律规范通常由假定、处理、制裁 3 个部分构成。

假定，是指法律规范中规定的适用该法律规范的情况和条件。每个法律规范都是在一定条件出现的情况下才能适用的，而适用这一法律规范的必要条件就称为假定。只有合乎该种条件、出现了该种情况，才能适用该规范。例如，《公司法》第 11 条规定：“设立公司必须依法制定公司章程。”该条款中，“设立公司”就是假定部分，意指这条法律规范在设立公司时适用。

处理，是指法律规范中规定的允许人们做什么、禁止人们做什么或者要求人们做什么的部分，实际上即规定权利、义务的行为规则本身。上例中关于“必须依法制定公司章程”的规定，就是法律规范的处理部分。

制裁，是指法律规范中规定的违反本规范时将要承担什么样的法律后果。制裁常常集中表现在一部法律的“法律责任”部分。例如，《中华人民共和国会计法》（以下简称《会计法》）第 43 条规定：“伪造、变造会计凭证、会计账簿，编制虚假财务会计报告，构成犯罪的，依法追究刑事责任。”其中“依法追究刑事责任”就是对伪造、变造会计凭证、会计账簿，以及编制虚假财务会计报告，构成犯罪的行为的制裁。

3. 法律规范的种类

法律规范可依不同的标准进行分类。

1）按照法律规范的性质和调整方式的不同，法律规范可分为义务性规范、禁止性规范和授权性规范。义务性规范是要求人们必须做出一定行为、承担一定积极义务的法律规范；禁止性规范是禁止人们做出一定行为的法律规范；授权性规范是授予人们可以做出某种行为，或要求他人做出或不做出某种行为的法律规范。

2）按照法律规范的强制性程度的不同，法律规范可分为强制性规范和任意性规范。强制性规范又称命令性规范，是指权利和义务的规定十分明确，不允许人们以任何方式变更或违反的法律规范。强制性规范一般表现为前述的义务性规范和禁止性规范两种形式。任意性规范又称允许性规范，是指允许人们在法定的范围内自行确定其权利和义务的法律规范。例如，《会计法》规定的"从事会计工作的人员，必须取得会计从业资格证书"是义务性规范，也是强制性规范；《公司法》规定的"董事、监事、高级管理人员不得利用职权收受贿赂或者其他非法收入，不得侵占公司的财产"是禁止性规范，也是强制性规范；《公司法》规定的"公司可以设立子公司"则为授权性规范，也是任意性规范。

三、法律行为

1. 法律行为的概念和特征

这里所述的法律行为是指民事法律行为，即指以意思表示为要素，设立、变更或终止权利义务的合法行为。法律行为具有以下特征：

1）以意思表示为要素。意思表示是指行为人将进行法律行为，达到某种预期法律后果的内在意思表示于外的行为。如果行为人仅有内在意思而不表现于外，则不构成意思表示，法律行为当然不能成立；如果行为人表现于外的意思不是其内在意思的真实反映，则表明该意思表示有瑕疵，其法律行为原则上也不能生效。意思表示是法律行为的核心。

2）以设立、变更或终止权利义务为目的。这一特征表明法律行为是行为人的自觉自愿行为，而非受胁迫、受欺诈的行为，否则就达不到行为人的目的。这也是衡量法律行为法律效果的基本依据。例如，侵权行为往往会导致一定的法律后果，但却是与行为人的预期目的相悖的。

3）是一种合法行为。这表明法律行为只有在内容和形式上符合法律的要求或者不违反法律的规定，才能得到法律的承认和保护，也才能产生行为人预期的法律后果。

这里区分一下民事行为与民事法律行为，其关系如图 1-1 所示。

- 民事行为
  - 民事法律行为
    - 一般法律行为
    - 附条件、附期限的法律行为
  - 无效行为
  - 可变更、可撤销行为
  - 效力待定行为

图 1-1　民事行为与民事法律行为的关系

2. 法律行为的分类

法律行为从不同的角度可做不同的分类。不同的法律行为在法律上具有不同的法律意义。

1）单方的法律行为和多方的法律行为。单方的法律行为是指根据一方当事人的意思表示而成立的法律行为。该法律行为仅有一方当事人的意思表示而无须他方的同意即可发生法律效力，如委托代理的撤销、债务的免除、无权代理的追认等。多方的法律行为是指两个以上的当事人意思表示一致而成立的法律行为。该法律行为的当事人有两个以上，他们不仅各自需要进行意思表示，而且意思表示还需一致，如合同行为等。

2）有偿的法律行为和无偿的法律行为。有偿的法律行为是指当事人互为给付一定代价（包括金钱、财产、劳务）的法律行为。例如，买方为获得对方的货物而支付价款、承揽人为获得对方的报酬而提供劳务等都属于有偿的法律行为。无偿的法律行为是指一方当事人承担给付一定代价的义务，而他方当事人不承担相应给付义务的法律行为。例如，赠予行为、无偿委托、借用等都属于无偿的法律行为。

3）要式的法律行为和不要式的法律行为。要式的法律行为是指法律规定必须采取一定的形式或者履行一定的程序才能成立的法律行为，如《合同法》第 270 条规定："建设工程合同应当采用书面形式。"不要式的法律行为是指法律不要求采取一定形式，当事人自由选择一种形式即可成立的法律行为。该类法律行为的形式可由当事人协商确定。

4）主法律行为和从法律行为。主法律行为是指不需要有其他法律行为的存在就可以独立成立的法律行为。从法律行为是指从属于其他法律行为而存在的法律行为。如当事人之间订立一项借贷合同，为保证该合同的履行，又订立一项担保合同，其中借贷合同是主合同，担保合同为从合同。从法律行为的效力依附于主法律行为：主法律行为不成立，从法律行为则不能成立；主法律行为无效，则从法律行为亦不能生效。但是，主法律行为履行完毕，并不必然导致从法律行为效力的丧失。

法律行为除以上分类外，还有双务的法律行为和单务的法律行为、独立的法律行为和辅助的法律行为等分类。法律行为的分类如表 1-1 所示。

表 1-1　法律行为的分类

分类依据	具体分类	示　例
几方面的意思表示	单方的法律行为	债务的免除、委托代理的撤销、无权代理的追认等
	多方的法律行为	合同行为等
对待的给付	有偿的法律行为	买卖、租赁、承揽等
	无偿的法律行为	赠予、无偿委托、借用等
法律规定的形式	要式的法律行为	融资租赁合同、建设工程合同、技术开发合同、金融机构借款合同、担保合同等应当采用书面形式
	不要式的法律行为	一般的买卖合同
依存关系	主法律行为	借款合同
	从法律行为	担保合同

3. 法律行为的有效要件

法律行为的有效是指法律行为足以引起权利义务的设立、变更、终止的法律效力。法律行为的成立是法律行为有效的前提；但是，已成立的法律行为不一定必然发生法律效力，只有具备一定有效要件的法律行为才能产生预期的法律效果。法律行为的有效要件分为实质有效要件和形式有效要件两种。

（1）法律行为的实质有效要件

《中华人民共和国民法通则》（以下简称《民法通则》）第 55 条规定："民事法律行为应当具

备下列条件：① 行为人具有相应的民事行为能力；② 意思表示真实；③ 不违反法律或者社会公共利益。”这是指法律行为的实质有效要件。

1）行为人具有相应的民事行为能力。只有具有民事行为能力的人才能进行民事法律行为。对于自然人而言，无行为能力人（不满 10 周岁的未成年人和不能辨认自己行为的精神病人）进行的行为不具有法律效力，限制行为能力人（10 周岁以上的未成年人和不能完全辨认自己行为的精神病人）只能进行与其能力相当的法律行为，完全行为能力人（18 周岁以上的成年人和 16 周岁以上但不满 18 周岁、以自己的劳动收入为主要生活来源者）也只有在其权利能力范围内才具有相应的行为能力。对于法人来说，只有具有与其能力范围相适应的行为能力，其进行的法律行为方为有效。法人的权利能力范围一般以核准登记的生产经营和业务范围为准。

自然人的民事行为能力如图 1-2 所示。

- 民事行为能力
  - 完全民事行为能力人
    - 18周岁以上
    - 16周岁以上但不满18周岁，以自己的劳动收入为主要生活来源
  - 限制民事行为能力人
    - 年龄：10周岁以上（大于等于）的未成年人
    - 心智：不能完全辨认自己行为的精神病人
  - 无民事行为能力人
    - 年龄：不满10周岁（小于）的未成年人
    - 心智：完全不能辨认自己行为的精神病人

图 1-2　自然人的民事行为能力

2）意思表示真实。这是指当事人在自愿的基础上做出的意思表示与其内心的真实意愿是一致的。如果行为人的意思表示是基于胁迫、欺诈的原因而做出的，则不能反映行为人的真实意志，这就不能产生法律上的效力。如果行为人故意做出不真实的意思表示，则该行为人无权主张行为无效，而善意的相对人或第三人可根据情况主张行为无效。如果行为人基于某种错误认识而导致意思表示与内在意志不一致，则只有在存在重大错误的情况下才有权请求人民法院或者仲裁机关予以变更或撤销其行为。

3）不违反法律或者社会公共利益。这是由法律行为的合法性所决定的。不违反法律是指意思表示的内容不得与法律的强制性或禁止性规定相抵触，也不得滥用法律的授权性或任意性规定达到规避法律强制规范的目的。不违反社会公共利益是指法律行为在目的上和效果上不得有损社会经济秩序、社会公共秩序和社会公德，不得损害国家、各类社会组织和个人的利益。

（2）法律行为的形式有效要件

这是指行为人的意思表示的形式必须符合法律的规定。《民法通则》第 56 条规定：“民事法律行为可以采用书面形式、口头形式或者其他形式。法律规定用特定形式的，应当依照法律规定。”如果行为人进行某项特定的法律行为时未采用法律规定的特定形式，则不能产生法律效力。书面形式有一般书面形式和特殊书面形式两种。特殊书面形式主要指公证形式、审核批准形式、登记形式、公告形式等。一般而言，书面形式优于口头形式，特殊书面形式优于一般书面形式。实践中，还有一种不通过文字或语言，而以沉默的方式进行意思表示的形式。该形式只有在法律有规定或当事人有约定的情况下才能产生法律效力。

法律行为的有效要件如图 1-3 所示。

- 法律行为的有效要件
  - 实质有效要件
    - 行为人具有“相应的”民事行为能力
    - 行为人的意思表示“真实”
    - 不违反法律和社会公共利益
  - 形式有效要件
    - 口头形式
    - 书面形式：一般书面形式和特殊书面形式（公证、鉴证、审批、登记、公告等）
    - 其他形式
      - 视听资料形式（两个以上无利害关系人做证，可认定有效）
      - 沉默形式（消极的不作为表现，如继承）

图 1-3　法律行为的有效要件

4. 附条件和附期限的法律行为

（1）附条件的法律行为

这是指在法律行为中指定一定的条件，并把该条件的成就（或发生）或不成就（或不发生）作为法律行为效力发生或终止的根据的法律行为。法律行为中所附的条件可以是事件，也可以是行为。但是，能够作为法律行为所附条件的事实必须具备以下条件：

1）是将来发生的事实，已发生的事实不能作为条件。

2）是不确定的事实，即条件是否必然发生，当事人不能肯定。

3）是当事人任意选择的事实，而非法定的事实。

4）是合法的事实，即不得以违法或违背道德的事实作为所附条件。

5）所限制的是法律行为效力的发生或消灭，而不涉及法律行为的内容，即不与行为的内容相矛盾。

（2）附期限的法律行为

这是指在法律行为中指明一定的期限，并把期限的到来作为法律行为生效或终止的依据的法律行为。期限是必然到来的事实，这与附条件的法律行为所附的条件不同。法律行为所附期限可以是明确的期限，如某年某月某日；也可以是不确定的期限，如“某人死亡之日”“果实成熟之时”等。

附条件和附期限的法律行为对比如表 1-2 所示。

表 1-2　附条件和附期限的法律行为对比

附条件的法律行为	附生效条件的合同，自条件成就时生效
	附失效条件的合同，自条件成就时失效
附期限的法律行为	附生效期限的合同，自期限届至时生效
	附终止期限的合同，自期限届满时失效

5. 无效的民事行为

（1）无效的民事行为的概念和种类

无效的民事行为是指法律行为的有效要件欠缺，行为人设立、变更和终止权利义务的内容不发生法律效力的行为。《民法通则》第 58 条对无效的民事行为做了列举性规定，具体包括以下几种：

1）无民事行为能力人实施的民事行为。其效力情形如下所示。

- 情形
  - 法定代理人代理：有效
  - 无代理理
    - 能独立实施（纯获益、细小的日常生活）：有效
    - 不能独立实施：无效

2）限制民事行为能力人依法不能独立实施的民事行为。其效力情形如下所示。

- 情形
  - 法定代理人代理：有效
  - 无代理
    - 能独立实施（与年龄、智力相当；纯获益；没有发病期间）：有效
    - 不能独立实施
      - 合同：效力待定合同
      - 单方民事行为：无效

3）一方以欺诈、胁迫的手段或者乘人之危，使对方在违背真实意思的情况下所为的民事行为。其效力情形如下所示。

- 情形
  - 欺诈、胁迫
    - 合同
      - 损害国家利益：无效合同
      - 不损害国家利益：可变更、可撤销合同
    - 单方民事行为：无效民事行为
  - 乘人之危
    - 合同：可变更、可撤销合同
    - 单方民事行为：无效民事行为

4）恶意串通，损害国家、集体或者第三人利益的民事行为。

5）违反法律或者公共利益的民事行为。

6）违反国家指令性计划的民事行为。

7）以合法形式掩盖非法目的的民事行为。

（2）部分无效的民事行为

这是指部分无效但不影响其他部分效力的民事行为。部分无效的民事行为的无效部分从行为开始即无法律约束力，而其余部分仍对当事人有约束力。

（3）无效民事行为的法律后果

无效民事行为从行为开始起就没有法律约束力。它在法律上产生以下法律后果：

1）恢复原状。即恢复到无效民事行为发生之前的状态，当事人因该行为取得的财产应当返还给受损失的一方。

2）赔偿损失。即有过错的一方应当赔偿对方因此所受的损失；但如果双方都有过错的，则应当各自承担相应的责任。

3）财产收归国家或集体所有或返还第三人。即指双方恶意串通，实施的民事行为损害国家、集体或者第三人利益的，应当追缴双方取得的财产，收归国家、集体所有或者返还第三人。

4）其他制裁。如果行为人因实施无效民事行为而损害国家利益或社会利益，则可以给予行政处分、罚款，构成犯罪的还要依法追究刑事责任。

6. 可撤销的民事行为

（1）可撤销民事行为的概念和特征

可撤销民事行为是指依照法律的规定，可以因行为人自愿的撤销行为而自始归于无效的民事行为。该行为与无效民事行为相比具有以下特征：

1）在该行为撤销前，其效力已经发生，未经撤销，其效力不消灭。

2）该行为的效力消灭，以撤销为条件。

3）该行为的撤销，应由撤销权人提出并实施，其他人不能主张其效力的消灭。

4）具有撤销该行为权利的人，可以选择撤销该行为，也可以不选择撤销该行为。自当事人知道或应当知道撤销事由之日起 1 年内没有行使撤销权的，撤销权消灭。如果超过这个期限，当事人才请求变更或者撤销的，人民法院不予保护。该行为对当事人具有约束力。

5）该行为一经撤销，其效力溯及于行为开始时无效。

（2）可撤销民事行为的种类

可撤销民事行为主要包括以下几种：

1）行为人对行为内容有重大误解的民事行为。这是指民事行为的当事人在做出意思表示时，对涉及行为法律效果的重要事项存在认识上的显著缺陷。该误解包括对行为的性质、标的物、当事人、价格、数量、包装、运输方式、履行地点、履行期限等存在误解，并且该误解是重大的。

2）显失公平的民事行为。这是指对一方当事人明显有利而对另一方当事人有重大不利的民事行为。该行为使得当事人一方明显处于权利义务不对等、经济利益严重失衡的境地，并且违反了公平和等价有偿的原则。但是，当事人不得借口无经验、无技能或不了解市场行情等原因而随意撤销其实施的民事行为。《合同法》将一方以欺诈、胁迫的手段或者乘人之危，使对方在违背真实意思的情况下订立的合同列入可撤销合同。

（3）可撤销民事行为的后果

如果有撤销权的当事人未在法定的期间内行使撤销权，则可撤销民事行为视同为法律行为，对当事人具有约束力。如果可撤销的民事行为被依法撤销，则具有与无效民事行为相同的法律后果。

四、代理

1. 代理的概念和特征

代理是指代理人在代理权限内，以被代理人的名义与第三实施法律行为，由此产生的法律后果直接由被代理人承担的一种法律制度。代理关系的主体包括代理人、被代理人（也称本人）和第三人（也称相对人）。代理人是代替被代理人实施法律行为的人；被代理人是代理人替自己实施法律行为的人；第三人是与代理人实施法律行为的人。代理关系包括 3 种关系：一是被代理人与代理人之间的代理权关系；二是代理人与第三人之间的实施法律行为的关系；三是被代理人与第三人之间的承受代理行为法律后果的关系。

代理具有以下特征：

1）代理人以被代理人的名义实施法律行为。

2）代理人直接向第三人进行意思表示。

3）代理人在代理权限内独立地做出意思表示。

4）代理行为的法律后果直接归属于被代理人。

2. 代理的适用范围

代理适用于民事主体之间设立、变更或终止权利义务的法律行为，同时适用于法律行为之外的其他行为，如申请行为（申报行为、诉讼行为等）。

3. 代理的种类

根据《民法通则》的规定，代理可分为以下几种：

1）委托代理。这是基于被委托人的委托而发生的代理。被委托人的委托可以基于授权行为发生，也可依据合伙关系、职务关系等发生。委托代理中的授权行为一般以代理证书（也称授权委托书）的形式表现。

2）法定代理。这是基于法律的直接规定而发生的代理。法定代理通常适用于被代理人是无行为能力人和限制行为能力人的情况。

3）指定代理。这是基于人民法院或有关单位的指定行为而发生的代理。指定代理适用于被代理人既无委托代理人又无法定代理人，但又有特定事项需要代理人代理的情况。

4. 代理权的行使

（1）代理权行使的一般要求

代理人行使代理权必须符合被代理人的利益，不得利用代理权为自己牟取私利，必须做到勤勉尽责、审慎周到，以实现和保护被代理人的利益。

（2）代理权滥用的禁止

代理人不得滥用代理权。常见的代理权滥用的情况有3种：一是代理人与自己进行民事活动；二是代理双方当事人进行同一民事活动；三是代理人与第三人恶意串通，损害被代理人的利益。

法律禁止代理权的滥用。滥用代理权的行为，视为无效代理。代理人滥用代理权给被代理人及他人造成损害的，代理人必须承担相应的赔偿责任。

5. 无权代理

（1）无权代理的概念

无权代理是指没有代理权而以他人的名义进行的民事行为。无权代理包括3种情况：一是没有代理权的代理；二是超越代理权的代理；三是代理权终止后而为的代理。

（2）无权代理的法律后果

无权代理的情况下，如果经过本人追认或者本人知道他人以本人名义实施民事行为而不做否认表示的，无权代理人所为代理行为的法律后果归属于被代理人，视为有权代理。此外，无权代理人所为的代理行为，在善意相对人有理由相信其有代理权的情形下，被代理人应当承担代理的法律后果。这主要是为了保护善意的无过失当事人的利益。学术界称此种情况为“表见代理”。表见代理的情形有：① 被代理人对第三人表示已将代理权授予他人，而实际并未授予；② 被代理人将某种有代理权的证明文件（如盖有公章的空白介绍信、空白合同文本、合同专用章等）交给他人，他人以该种文件使第三人相信其有代理权并与之进行法律行为；③ 代理授权不明；④ 代理人违背被代理人的意思或者超越代理权，第三人无过失地相信其有代理权而与之进行法律行为；⑤ 代理关系终止后未采取必要的措施而使第三人仍然相信行为人有代理权，并与之进行法律行为。

除上述几种情况之外，无权代理均不对被代理人产生任何法律效力。无权代理行为视同无效民事行为，并产生与之相同的法律后果。无权代理的法律后果如图1-4所示。

五、诉讼时效

1. 诉讼时效的概念

诉讼时效是指权利人在法定期间内不行使权利，即丧失请求人民法院或仲裁机关保护其权利的权利。诉讼时效消灭的是一种请求权，而不消灭实体权利。因此，《民法通则》第 138 条规定：“超过诉讼时效期间，当事人自愿履行的，不受诉讼时效限制。”

- 后果
  - 被代理人追认：被代理人承担
  - 未经被代理人追认
    - 一般情形（行为人承担）
    - 特殊情形1(第三人和行为人连带责任)：第三人明知行为人无权代理
    - 特殊情形2(被代理人承担)
      - 被代理人明知他人以本人名义实施不做否认
      - 维护被代理人的利益＋紧急情况下
      - 表见代理：客观上使善意相对人有理由相信其有代理权

图 1-4　无权代理的法律后果

小提示

诉讼时效属于国家法律的强制性规定，当事人均不得对其内容做任何修改。

2. 诉讼时效期间

（1）诉讼时效期间的概念

诉讼时效期间是指权利人请求人民法院或仲裁机关保护其民事权利的法定期间。《民法通则》第 137 条规定：“诉讼时效期间从知道或者应当知道权利被侵害时起计算。”如果权利人不知道或不应当知道权利被侵害，诉讼时效期间即不应开始。但是，根据《民法通则》的规定，从权利被侵害之日起超过 20 年的，人民法院不予保护。

（2）诉讼时效期间的种类

根据法律对诉讼时效期间的规定的不同，诉讼时效期间可分为以下几种：

1）普通诉讼时效期间。这是由民法典统一规定的、具有普遍意义的诉讼时效期间。《民法通则》第 135 条对普通诉讼时效期间做了规定，即向人民法院请求保护民事权利的诉讼时效期间为 2 年，法律另有规定的除外。

2）特别诉讼时效期间。这是指民法典或单行法规特别规定的、只适用于特定情况的诉讼时效期间。例如，《民法通则》第 136 条规定，身体受到伤害且要求赔偿的、出售质量不合格的商品且未声明的、延付或拒付租金的、寄存财物被丢失或损毁的，诉讼时效期间为 1 年。国际货物买卖合同和技术进出口合同争议提起诉讼或者申请仲裁的，诉讼时效期间为 4 年。诉讼时效期间自当事人知道或者应当知道其权利受到侵害之日起计算。

诉讼时效的种类与起算如表 1-3 所示。

表 1-3　诉讼时效的种类与起算

	起　点	年　限	情　形
一般	知道或应当知道之日起	2 年	适用于特殊诉讼时效以外的情形
短期		1 年	（1）身体受到伤害且要求赔偿的 （2）出售质量不合格的商品且未声明的 （3）延付或拒付租金的 （4）寄存财物被丢失或毁损的

续表

	起　点	年　限	情　形
长期		4 年	（1）国际货物买卖合同 （2）技术进出口合同
最长	权利被侵害时起	20 年	所有情形

3. 诉讼时效的中止、中断与延长

（1）诉讼时效的中止

诉讼时效的中止是指在诉讼时效进行中，因发生一定的法定事由而使权利人不能行使请求权，暂时停止计算诉讼时效期间，以前经过的时效期间仍然有效，待阻碍时效进行的事由消失后，时效继续进行的情形。根据《民法通则》第 139 条的规定，阻碍诉讼时效进行的事由为不可抗力和其他障碍。其他障碍是指除不可抗力外使权利人无法行使请求权的客观情况。

根据《民法通则》的规定，只有在诉讼时效期间的最后 6 个月内发生前述法定事由，才能中止时效的进行。如果在诉讼时效期间的最后 6 个月前发生上述法定事由，至最后 6 个月时法定事由已消失，则不能发生诉讼时效中止；但若该法定事由至最后 6 个月时仍然继续存在，则应自最后 6 个月时中止时效的进行。

（2）诉讼时效的中断

诉讼时效的中断是指在诉讼时效进行中，因发生一定的法定事由，致使已经经过的时效期间统归无效，待时效中断的法定事由消除后，诉讼时效期间重新计算的情形。根据《民法通则》第 140 条的规定，引起诉讼时效中断的事由有：权利人提起诉讼；当事人一方向义务人提出请求履行义务的要求；当事人一方同意履行义务。

（3）诉讼时效的延长

诉讼时效的延长是指人民法院对已经完成的诉讼时效，根据特殊情况而予以延长的情形。这是法律赋予司法机关的一种自由裁量权。至于何为特殊情况，则由人民法院判定。

诉讼时效的中止、中断和延长对比如表 1-4 所示。

表 1-4　诉讼时效的中止、中断和延长对比

	原　因	发生时间	效　果
中止	客观因素：不可抗力、其他障碍	诉讼时效期间的最后 6 个月内	暂停
中断	主观因素： （1）权利人提起诉讼 （2）当事人一方提出要求 （3）当事人一方同意履行义务	诉讼时效进行中	重新计算
延长	人民法院决定	诉讼时效届满后	延长

第二节　经济法的概念与调整对象

一、经济法的概念

一般认为，“经济法”这个概念，是 18 世纪法国空想共产主义的代表人物之一摩莱里

（Morelly）在 1755 年出版的《自然法典》一书中首先提出来的。19 世纪三四十年代，法国另一位空想共产主义代表人物德萨米（Dezamy）在 1842—1843 年出版的《公有法典》一书中也使用了“经济法”这一概念。但是，那时的“经济法”这一概念是在大致相当于产品分配法的意义上使用的。

进入 20 世纪以后，“经济法”一词的使用更为普遍，含义也发生了变化。例如，德国于 1919 年颁布了《煤炭经济法》《碳酸钾经济法》；捷克斯洛伐克于 1964 年颁布了《捷克斯洛伐克社会主义共和国经济法典》。捷克斯洛伐克也是世界上唯一颁布过经济法典的国家。

我国改革开放以来，政府利用财政、税收、信贷、货币、价格、利率、汇率等各种经济杠杆对经济进行必要的宏观调控，也利用法律来反对垄断和不正当竞争，以规范市场竞争秩序。正是基于这样的认识，经济法的定义可以表述为“调整国家在管理与协调经济运行过程中发生的经济关系的法律规范的总称”。

二、经济法的特征

与其他法律部门相比，经济法除了具备一般法律的基本特征外，还具有自己的特征。这些特征主要表现在以下几个方面。

1. 经济性

经济性是经济法的本质特征。作为上层建筑的经济法是直接反映经济基础、调整经济关系的，因而它不仅要对各种经济问题做出明确的法律规定，而且必须直接体现、反映和符合经济规律的客观要求，为经济基础服务。同其他法律部门相比，它同经济关系有着更为广泛和直接的联系。

2. 综合性

经济法的综合性主要表现在以下几个方面：首先，在规范的构成上，经济法既包括若干部门经济法，又包括若干经济法律法规；既包括实体法规范，又包括程序法规范；既包括对内经济法律规范，又包括对外经济法律规范。其次，在调整主体上，经济法律关系的主体既包括法人主体，也包括自然人主体；既包括国家机关，也包括各类经济组织和社会组织，还包括各种不同身份的个人。最后，在调整范围上，经济法既包括宏观经济领域的管理和调控关系，也包括微观经济领域的管理和协作关系。

3. 指导性

经济法的指导性是通过经济法规所具有的促进和限制两种功能、奖励和惩处两种后果表现出来的。根据不同时期的经济形势和任务，国家制定了不同的经济法规。有的法规侧重于限制，有的法规侧重于促进，有的法规则兼而有之，以此引导各项经济工作走上正确的轨道。

三、经济法的调整对象

调整对象是划分法律部门的主要依据。因此，经济法要成为独立的法律部门，则必须有其独立的调整对象，即特定的经济关系。经济关系可以分成两大类：一类是平等主体之间的经济关系，一类是不平等主体之间的经济关系。平等主体之间的经济关系应由民商法统一进行调整，而经济法的调整对象是不平等主体之间的经济关系，即国家在干预与协调经济运行过程中所发生的经济关系。经济法调整的经济关系主要有以下几类：

1）市场主体调控关系。这是指国家在对市场主体的活动进行管理及市场主体在自身运行过程中所发生的社会关系。这里的市场主体，主要是指在市场上从事直接和间接交易活动的经济组织，如企业（独资企业、合伙企业、公司等）和非企业性经济组织。

2）市场运行调控关系。这是指国家为了建立社会主义市场经济秩序，维护国家、生产经营者和消费者的合法权益而干预市场所发生的经济关系。例如，反不正当竞争、反垄断、产品质量、价格管理等方面所涉及的关系就属于市场运行调控关系。

3）宏观经济调控关系。这是指国家从长远和社会公共利益出发，在对关系国计民生的重大经济因素实行全局性管理的过程中，与其他社会组织所发生的具有隶属性或指导性的社会经济关系。

4）社会分配调控关系。这是指国家在对国民收入进行初次分配过程中所发生的经济关系。例如，关于劳动报酬、财政税收、社会保障等方面的法律关系就属于社会分配调控关系。

小提示

这里要特别注意，经济法的调整对象不是一切经济关系，而是一定范围内的特定的经济关系，即国家在管理与协调经济运行过程中所发生的经济关系。

四、经济法的基本原则和作用

1. 经济法的基本原则

根据我国宪法的规定和党的建设有中国特色的社会主义基本理论的要求，我国经济法主要有以下几项基本原则：

1）遵循社会主义客观经济规律的原则。

2）保护社会主义公有制、发展多种经济成分的原则。

3）保障建立社会主义市场经济体制的原则。

4）国家、地方、集体和个人利益兼顾的原则。

5）提高社会经济效益的原则。

2. 经济法的作用

（1）有利于促进以公有制为主体的多种所有制经济的发展

我国宪法规定，中华人民共和国社会主义经济制度的基础是生产资料的公有制，即全民所有制和劳动群众集体所有制。宪法规定，国家允许私营经济在法律规定的范围内存在和发展。宪法还规定，我国允许外国的企业或其他的经济组织或个人依照中华人民共和国的法律规定投资、兴办“三资”企业。

（2）有利于保障经济体制改革的顺利进行

经济法对于保障经济体制改革的顺利进行发挥着巨大作用。这表现在 3 个方面：一是从法律上保证了经济体制改革朝着正确的方向发展；二是为经济体制改革措施的贯彻提供了可靠的法律保证；三是以法律手段保护了经济体制改革的成果。

（3）有利于扩大对外经济技术交流和合作

对外开放是我国长期的基本国策。今后，我们要进一步加强涉外经济法制建设。实践证明，涉外经济法律、法规的贯彻执行发挥着重要的作用。这主要表现在：发展对外贸易，吸引外商来华投资，共同开发资源；引进先进技术，学习经济发达国家的先进经营管理经验；办好经济特区和沿海、沿江、沿边开放城市，以及上海浦东开发区，发展外向型经济。

（4）有利于保证国民经济持续、快速、健康发展

改革开放以来，我国在加强市场管理、反对垄断和不正当竞争，以及计划、投资、财政、税收、金融、价格等方面，制定了不少法律、法规。这些法律、法规的实施，对于充分发挥市场调节和宏观调控的作用，充分发挥计划和市场两种手段的长处，提高资源配置的效益，从而保证国民经济持续、快速、健康发展，具有重要作用。

第三节 经济法律关系

一、经济法律关系的概念与特征

法律关系是由法律规范所确认的、当事人之间的具有权利义务内容的社会关系，即法律关系是指社会关系被法律规范调整之后所形成的权利和义务关系。经济法律关系是指经济法主体根据经济法律规范产生的、经济法主体之间在国家管理与协调经济过程中所形成的经济权利与经济义务关系。

经济法律关系具有以下特征：① 经济法律关系是人们有意识、有目的地建立的特定的社会关系。它建立在社会客观规律基础之上，属于上层建筑范畴。② 经济法律关系是主体之间法律上的权利与义务关系。法律规定通过规范人们的权利义务达到对人们的行为进行调整的目的，经济法律规范中规定的权利义务是抽象的、可能的，而经济法律关系中的权利义务则是具体的、现实的。③ 经济法律关系是以经济法律规范的存在为前提的。法律规范是法律关系产生、变更和终止的前提，权利义务关系是依相应法律规定而形成的，任何主体不享有法律规定以外的权利、不承担法律规定以外的义务。④ 经济法律关系是由国家强制力保障实施的社会关系。国家强制力做保障，实质上就是对经济法主体的经济权利的保护。

二、经济法律关系的要素

经济法律关系的要素是指构成当事人之间权利义务关系的必要条件。经济法律关系由主体、内容、客体 3 个要素构成。

1. 经济法律关系的主体

经济法律关系的主体是指在经济法律关系中享有权利、承担义务的当事人或参加者。享受经济权利的一方称为权利主体，承担经济义务的一方称为义务主体。但是，双方当事人在许多情况下既享受经济权利又承担经济义务。

经济法主体资格是通过以下两种方式取得的：① 法定取得，即依法律的规定而取得。凡是国家法律、法规规定，能够对社会经济生活实行干预或接受干预的社会组织、公民和其他具有生产经营资格的实体，都可以作为经济法律关系的主体。② 授权取得，即依据有授权资格的机关的授权，取得可以对社会经济生活实施某种干预的资格。

经济法主体必须具备经济法上的权利能力和行为能力，具有进行经济活动的法定资格。权利能力是指法律赋予经济法主体享受经济权利、承担经济义务的资格或能力。行为能力是指经

济法主体能够通过自己的行为实现享受经济权利、承担经济义务的能力。行为能力的实现是以具有权利能力为前提的，即首先要有权利资格，然后才谈得上是否能够通过自己有意识的行为实现这种权利。法人或社会组织的权利能力与行为能力是统一的，均随法人或社会组织的成立而产生，随其终止而消灭。法人的行为能力通过其法定代表人行使。但对自然人来说，有权利能力，不一定就有行为能力。在一些经济法律关系中，公民的权利能力有时还须依法取得特定资格后才能具备。

我国经济法主体的范围如下：

1）国家机关。国家机关是指行使国家职能的各种机关的通称，包括国家权力机关、国家行政机关、国家司法机关等。作为经济法主体的国家机关主要是指国家行政机关中的经济管理机关。经济管理机关可分为3类：一是综合性经济管理机关，主要负责对国民经济全局进行宏观调控，如国家发展和改革委员会、国家经济贸易委员会、财政部、中国人民银行等；二是行业性经济管理部门，负责对国民经济特定部门、行业进行管理如交通运输部、铁道部、农业部等；三是专门职能部门，如国家工商行政管理总局、国家税务总局、审计署等。某些情况下，国家也可作为主体参与经济法律关系，如发行国库券、以政府名义与外国签订经济贸易协定等。

2）企业和其他社会组织。企业是以营利为目的的、从事商品生产、经营和服务活动的独立的社会经济组织。企业可以按照不同的标准划分为许多种类。比如，按照财产所有制划分，企业可分为国有企业、集体企业、私营企业、混合所有制企业；按照在社会生产过程中的职能、行业划分，企业可分为工业企业、商业企业、建筑业企业、服务业企业、金融企业等；按企业法律地位划分，企业可分为法人型企业与非法人型企业；按企业规模划分，企业可分为大型企业、中型企业、小型企业；按照企业法律组织形态划分，企业可分为独资企业、合伙企业、公司企业。其他社会组织主要是指事业单位和社会团体。事业单位是指由国家财政预算拨款或其他企业、社会组织拨款设立的、从事文教、科研、卫生等事业的单位，如学校、医院、科研院所等。社会团体是由公民依法自愿组成的、从事公共事务、学术研究、宗教事务等活动的社会组织，如党团组织、工会、妇联、学术团体等。这些社会组织在参与经济法律关系时便成为经济法主体。

3）企业内部组织和有关人员。企业内部组织虽无独立的法律地位，但在与有关人员根据经济法律规定参与企业内部的生产经营管理活动时（如实行内部承包经营责任制、实行内部独立经济核算等情况下），形成相应的经济法律关系，便具有经济法主体的地位。

4）个体工商户、农户及公民。此类为个人主体，原则上可以以“公民”概念涵盖之，只是由于相关经济法律使用“个体工商户”等概念，故予以区分列出。此类主体在参与经济法律规定的经济活动时，便构成经济法主体，享有相应权利，承担相应义务。比如，农户与集体经济组织发生承包关系、公民向税务机关纳税时，农户、公民便成为经济法主体。

2. 经济法律关系的内容

经济法律关系的内容是指经济法律关系当事人所享有的经济权利和所承担的经济义务。经济权利是指经济法主体依法能够作为或者不作为一定行为，以及要求他人作为或者不作为一定行为的资格。经济权利主要有以下几类：

1）所有权。这是指所有人依法对自己的财产享有的占有、使用、收益和处分的权利。所有权是一种不依赖、不从属于其他权利而独立存在的自主权利。它具有排他性、绝对性。一物上只能有一项所有权，而所有人无须他人协助即可实现其权利。所有权是最充分的物权。

所有权具有 4 项权能：一是占有权，指对财产的实际控制权利；二是使用权，指按照财产的性能与用途加以利用的权利；三是收益权，即获取财产所产生的利益的权利；四是处分权，指决定财产在事实上和法律上的命运的权利。所有权的占有、使用、收益、处分 4 项权利可以在一定条件下与所有人分离，这种分离是所有人行使其财产权的一种方式。

2）法人财产权。这是指企业法人对企业所有者投资所设企业的全部财产在经营中所享有的占有、使用、收益与处分的权利。

3）经济职权。这是指国家机关及其工作人员在行使经济管理职能时所依法享有的权利。经济职权是具有隶属性质的权利，具有一定的行政权力性质。在国家机关及其工作人员依法行使经济职权时，其他经济法主体均应服从。经济职权对国家机关及其工作人员来讲既是权利又是义务，不得随意转让或放弃。

4）债权。这是指按照合同约定或法律规定，在当事人之间产生的特定的权利。债权是一种请求权，其义务主体是特定的。

5）知识产权。知识产权即商标权、专利权、著作权等，是智力成果的创造人依法所享有的权利和生产经营活动中标记所有人依法所享有的权利的总称。

经济义务是指经济法主体为满足权利主体的要求而必须为一定行为或不为一定行为的约束。经济义务有以下几个方面的含义：① 义务主体必须为或不为一定行为。这一行为的目的在于满足权利主体的利益需要。② 义务主体实施的义务行为是在法定的范围内进行的。超过法定范围，义务主体则不受限制。③ 义务主体如不依法履行经济义务，则应承担相应的法律责任，受到法律的制裁。

经济权利与经济义务相依而存，具有相对性、对等性。在经济法律关系中，一个经济法主体享有一定权利，必定以其他经济法主体负有一定义务为前提；没有对应义务主体时，权利主体的权利便没有保障，便是不可能实现的。同时，经济权利与经济义务具有相对性，没有无权利的义务，也没有无义务的权利，即权利与义务是统一的，不允许一方只享受权利而不承担义务，也不允许一方只承担义务而不享受权利。

3. 经济法律关系的客体

经济法律关系的客体是指经济法主体权利和义务所指向的对象。根据我国经济法律、法规的有关规定，经济法律关系的客体包括物、经济行为和非物质财富。

1）物。物是指能够为人控制和支配的、具有一定经济价值的、可通过具体物质形态表现存在的物品。物包括自然存在的物品和人类劳动生产的产品，以及固定充当一般等价物的货币和有价证券等。但并非所有的物都可以充当经济法律关系的客体，只有与经济法主体权利和义务相联系的物才符合经济法律关系的客体的要求。

2）经济行为。经济行为是指经济法主体为达到一定的经济目的，以及为实现其权利和义务所进行的经济活动。它包括经济管理行为、提供劳动行为和完成工作行为等。作为经济法律关系的客体的经济行为，仅指具有法律意义即为实现权利和义务的行为。

3）非物质财富。非物质财富也可称为精神财富或精神产品，包括智力成果和道德产品。智力成果是指经济法主体从事智力劳动所创造的成果，如科学发明、技术成果、艺术创作成果、学术论著等。智力成果本身不直接表现为物质财富，但可以转化为物质财富。智力成果作为经济法律关系的客体，其法律表现形式主要为商标、发明、实用新型、外观设计、专有技术、文学、艺术和科学作品等。道德产品是指人们在各种社会活动中取得的非物化的道德价值，如荣誉称号、嘉奖表彰等。它们是公司法人荣誉权的客体。

小提示

经济法律关系的 3 个要素中，要注意掌握经济法律关系的主体、客体和内容的概念，以及主体的范围、经济权利的种类和客体的内容。

三、经济法律关系的发生、变更和消灭

作为依据经济法律规范在经济法主体间形成的、由国家强制力保障实现的权利和义务关系，经济法律关系有 3 层含义：一是在本来没有联系的当事人之间，由于出现了某种情况而使他们之间建立了某种联系；二是当事人之间的这种联系是以经济权利和经济义务为内容的联系；三是上述内容的联系是由国家强制力保障实现的联系。

经济法律关系的发生、变更、消灭需要具备以下 3 个条件：① 经济法律规范，即经济法律关系的发生、变更和消灭的法律依据；② 经济法主体，即权利和义务的实际承担者；③ 经济法律事实。

经济法律事实是指经济法律规范所规定的、能够引起经济法律关系的发生、变更和消灭的现象。它可以分为行为和事件两类。

行为是指以经济法主体意志为转移的、为达到一定经济目的而进行的有意识的活动。按其性质，行为可分为合法行为和违法行为。合法行为是指经济法主体符合法律规定的行为；违法行为是指经济法主体违反法律法规的行为。两种行为都可以引起经济法律关系的发生、变更和消灭。

事件是指不以当事人的主观意志为转移的、能引起经济法律关系的发生、变更和消灭的现象。它包括自然现象和社会现象两种。自然现象又称绝对事件，如自然灾害；社会现象又称相对事件，它虽由人的行为引起，但其出现在特定经济法律关系中并不以当事人的意志为转移，如因人类战争导致的合同无法履行等。

有的经济法律关系的发生、变更和消灭，只需一个法律事实出现即可成立；有的则需要同时具备 2 个或 2 个以上的法律事实。引起某一经济法律关系的发生、变更或消灭的数个法律事实的总和，称为事实构成。例如，保险赔偿关系的发生，需要订立保险合同和发生保险事故两个法律事实出现才能成立。

第四节　经济法的体系和渊源

一、经济法的体系

经济法体系是指根据经济法律、法规，按一定的逻辑关系建立起来的各个经济法部门组成的有机联系的统一整体。

经济法体系不同于经济法学体系。经济法学体系是指由多门类、多层次的经济法学的分支学科组成的有机联系的统一整体。两者之间既有联系，又有区别。两者的联系表现为，组成一国经济法体系的经济法部门，是该国经济法学研究的主要内容，在一定程度上影响着该国经济法体系的形成；一国经济法学的发展及其体系的形成，又会影响该国经济法体系的建立与发展。

两者的区别表现为，构成要素不同。经济法体系的构成要素是经济法部门，而经济法学体系的构成要素则是经济法学的各分支学科。

经济法体系是由经济法的调整对象决定的。根据前述经济法的定义和调整对象的界定，经济法体系应由以下 4 个部分组成：

1）规范市场主体的法律制度。经济组织管理法的作用在于依法确立经济法主体，主要是依法确立市场主体。因此，这一部分也可以叫作市场主体法，主要包括企业登记注册制度、全民所有制工业企业法、集体所有制企业法、私营企业法、个人独资企业法、合伙企业法、外商投资企业法、公司法、破产法等。

2）保障市场运行的法律制度。市场管理法主要是为了维护公平、自由竞争，保护国家、生产经营者及消费者的合法权益，防止“市场失灵”，保障市场机制有效运作，形成统一、开放、竞争、有序的大市场。这一部分主要包括反不正当竞争法、反垄断法、消费者权益保护法、产品质量法、工业产权法、广告管理法等。

3）实施国家宏观经济调控的法律制度。宏观调控法主要通过财政、税收、货币、价格等各种经济杠杆间接地调控市场，以影响、改变市场主体的经营行为，从总体上保证经济持续、健康、有序发展。这一部分主要包括计划法、税法、金融法、环境保护法、自然资源法等。

4）规范社会分配的法律制度。规范社会分配的法律制度是指国家在对国民收入进行初次分配和再分配的过程中所发生的经济关系及为生活发生困难的人提供必要的物质帮助的法律。这一部分主要包括劳动法、社会保障法等。

二、经济法的渊源

经济法的渊源是就其形式渊源而言的，其含义是经济法律规范借以表现的形式。经济法的渊源具体有以下几种。

1. 宪法

宪法是国家的基本大法，是国家立法的法律基础，具有最高的法律效力，是经济立法的基本依据。任何经济法律的内容都不得与宪法的规定相抵触。我国现行宪法是 1982 年颁布的，经过 1988 年、1993 年和 1999 年 3 次修订，规定了“国家实行社会主义市场经济”“加强经济立法，完善经济调控”等有关经济法的重要内容。宪法是经济法的重要渊源。

2. 法律

法律包括全国人民代表大会和全国人民代表大会常务委员会制定的法律。法律在法律规范体系中的地位仅次于宪法，是经济法的重要渊源。比如，《中华人民共和国反不正当竞争法》（以下简称《反不正当竞争法》）、《中华人民共和国消费者权益保护法》（以下简称《消费者权益保护法》）、《中华人民共和国中国人民银行法》（以下简称《中国人民银行法》）等都属于法律。

3. 行政法规

国务院是国家最高行政机关。国务院制定的各种法规称为行政法规，其地位仅次于宪法和法律。行政法规包括国务院发布的规定、命令、条例、细则等，它们都是经济法的重要渊源。

4. 部门规章

国务院所属各部委根据法律和行政法规，在本部门权限内发布的规章和其他规范性文件，也是经济法的重要渊源。

5. 地方性法规

省、自治区、直辖市人民代表大会及其常务委员会制定的地方性法规，以及省级人民政府所在地的市和经国务院批准的较大的市的人民代表大会及其常务委员会制定的地方性法规，均是经济法的重要渊源。

6. 地方政府规章

省、自治区、直辖市人民政府制定的地方性规章，以及省级人民政府所在地的市和经国务院批准的较大的市的人民政府制定的地方性规章，也都是经济法的重要渊源。

7. 国际条约、协定

我国作为经济法主体缔结或参加的国际条约、双边或多边协定等，也是经济法的渊源之一。

经济法的上述各种形式对比如表 1-5 所示。

表 1-5 经济法的形式对比

经济法的形式	制定主体	地位及效力	表现形式
宪法	全国人民代表大会	具有最高法律效力	《中华人民共和国宪法》
法律	全国人民代表大会及其常务委员会	仅次于宪法	《中华人民共和国××法》
行政法规	国家最高行政机关——国务院	仅次于宪法和法律	××条例、××实施细则等
部门规章	国务院的组成部门及其直属机构	低于宪法、法律和行政法规	××规章、××办法等
地方性法规	省、自治区、直辖市人大及常务委员会	低于宪法、法律和行政法规	××地方××条例、暂行办法等
地方政府规章	省、自治区、直辖市人民政府	低于宪法、法律、行政法规、地方性法规	××规定等
国际条约、协定			

第五节 经济法律责任

一、经济法律责任的概念

经济法律责任是指经济法主体因实施了违反经济法律法规的行为而应承担的、由法律规定的、具有强制性的法律义务。

二、经济法律责任的种类及经济法律责任的履行

1. 经济法律责任的种类

根据我国经济法律法规的规定，经济法主体可能承担的责任有以下几类。

（1）行政责任

这是指国家行政机关对违反经济法律法规的单位和个人依行政程序所给予的制裁。行政责

任包括行政处罚和行政处分。根据《中华人民共和国行政处罚法》（以下简称《行政处罚法》）的规定，行政处罚的种类包括：警告；罚款；没收非法财物；责令停产、停业；暂扣或吊销许可证、暂扣或吊销营业执照；行政拘留；法律、行政法规规定的其他行政处罚。行政处分的种类包括警告、记过、记大过、降职、留用察看、开除等。

（2）民事责任

这是指公民或法人违反民事义务所应承担的法律责任。经济法主体若实施了侵权行为，则应该受到制裁。其主要形式是侵权赔偿，包括：返还财产；修理、重做、更换；赔偿损失；支付违约金；强制收购。

（3）刑事责任

这是指人民法院对于触犯国家刑法和经济法律的经济犯罪分子或法人所给予的制裁。根据《中华人民共和国刑法》（以下简称《刑法》）的规定，刑事责任分为主刑和附加刑。主刑的种类包括：管制；拘役；有期徒刑；无期徒刑；死刑。附加刑的种类包括：罚金；剥夺政治权利；没收财产。附加刑也可以独立适用。对犯罪的外国人可以独立适用或附加适用驱逐出境。法律规定为单位犯罪的，单位应当负刑事责任，人民法院会对单位判处罚金，并对直接负责的责任人员和其他直接责任人员判处刑罚。

一般将行政责任和民事责任中涉及经济内容的部分称为经济法律责任。

2. 经济法律责任的履行

经济法律责任的履行包括两层含义：一是责任人主动实施其应承担的法律责任；二是由人民法院强制责任人实施发生法律效力的判决、裁定、调解书、支付令和其他法律文书所规定的义务。经济法律责任的履行是国家对经济法律关系保护的最终体现。

违反经济法律责任的形式对比如表 1-6 所示。

表 1-6 违反经济法律责任的形式对比

违反经济法法律责任的形式	行政责任	民事责任	刑事责任
概念	略	略	略
追究责任主体	国家行政机关或国家授权单位	当事人协商、人民法院	国家审批机关
责任种类	行政处分、行政处罚	违约责任、侵权责任	主刑、附加刑
具体责任形式	单位：吊销营业执照等 个人：记过等	支付违约金、赔偿损失等	主刑：5 个（略） 附加刑：3 个（略）

思考题

1. 试分析经济法的调整对象。
2. 举例说明经济法律关系的构成要素。
3. 简述经济权利与经济义务的关系。
4. 什么是法律事实？行为和事件有何区别？
5. 法律行为的有效要件有哪些？
6. 简述无权代理的法律后果。

第二篇　经济法主体法

第二章　个人独资企业与合伙企业法律制度

本章目的和任务

通过本章的学习，学生应掌握个人独资企业的概念、设立、事务管理和权利、义务，合伙企业的概念、普通合伙企业的设立、财产与第三人的关系，普通合伙企业事务的执行、入伙、退伙的有关法律规定，以及有限合伙企业的特殊规定；理解合伙企业的解散和清算；了解个人独资企业法的立法概况和违反该法的法律责任，以及合伙企业的立法概况；能够运用所学的相关法律知识解决实践中的具体问题，为企业提供必要的法律服务。

本章要点

- 个人独资企业法律制度
- 合伙企业法律制度

第一节　个人独资企业法律制度

一、个人独资企业法概述

1. 个人独资企业的概念和特点

个人独资企业是指依照《中华人民共和国个人独资企业法》(以下简称《个人独资企业法》)在中国境内设立，由一个自然人投资，财产为投资人个人所有，投资人以其个人财产对企业债务承担无限责任的经营实体。个人独资企业具有以下特征：

1）个人独资企业是由一个自然人投资的企业。

2）个人独资企业的投资人对企业的债务承担无限责任。

3）个人独资企业的内部机构设置简单，经营管理方式灵活。

4）个人独资企业是非法人企业。

2. 个人独资企业法的概念和基本原则

（1）个人独资企业法的概念

个人独资企业法有广义和狭义之分。广义的个人独资企业法，是指国家关于个人独资企业的各种法律规范的总称；狭义的个人独资企业法，是指1999年8月30日第九届全国人民代表大会常务委员会第十一次会议通过的《个人独资企业法》，该法共6章48条。

（2）个人独资企业法的基本原则

1）依法保护个人独资企业的财产和其他合法权益。

2）个人独资企业从事经营活动时必须遵守法律和行政法规，遵守诚实信用原则，不得损害社会公共利益。

3）个人独资企业应当依法履行纳税义务。

4）个人独资企业应当依法招用职工。

5）个人独资企业职工的合法权益受法律保护。

二、个人独资企业的设立

1. 个人独资企业的设立条件

1）投资人为一个自然人，且只能是中国公民。

2）有合法的企业名称。企业名称应与其责任形式及所从事的营业相符。个人独资企业的名称中不得使用“有限”“有限责任”或者“公司”字样，个人独资企业的名称可以叫厂、店、部、中心、工作室等。

3）有投资人申报的出资。《个人独资企业法》对设立个人独资企业的出资数额未做限制。设立个人独资企业可以用货币出资，也可以用实物、土地使用权、知识产权或者其他财产权利出资。采取实物、土地使用权、知识产权或者其他财产权利出资的，应将其折算成货币数额。投资人申报的出资额应当与企业的生产经营规模相适应。以家庭共有财产作为个人出资的，投资人应当在设立（变更）登记申请书上予以注明。

4）有固定的生产经营场所和必要的生产经营条件。从事临时经营、季节性经营、流动经营和没有固定门面的摆摊经营，不得登记为个人独资企业。

5）有必要的从业人员。

个人独资企业的设立条件如图 2-1 所示。

- 条件（不包括章程）
  - 投资人
    - 要求
      - 自然人（不是法人）
      - 中国公民（不包括港、澳、台同胞）
      - 具有完全民事行为能力
    - 不可以是国家公务员、党政机关领导干部、警官、法官、检察官、商业银行工作人员
  - 名称
    - 可以是厂、店、部、中心、工作室
    - 不可以是有限、有限责任或公司
  - 出资
    - 方式
      - 可以是货币、实物、土地使用权、知识产权等
      - 不可以是劳务
    - 最低限额：无
    - 内容：个人财产或家庭共有财产（不能是家庭其他成员财产）
  - 场所、人员：从事临时经营、季节性经营、流动经营和没有固定门面的摆摊经营，不得登记为个人独资企业

图 2-1　个人独资企业的设立条件

2. 个人独资企业的设立程序

申请设立个人独资企业，应当由投资人或者其委托的代理人向个人独资企业所在地的登记机关提出设立申请。投资人申请设立登记时应当向登记机关提交下列文件：①设立申请书；②投资人身份证明；③企业住所证明和生产经营场所使用证明等文件；④委托代理人申请设立

登记的，应当提交投资人的委托书和代理人的身份证明或者资格证明；⑤其他文件。从事法律、行政法规规定须报经有关部门审批的业务的，应当提交有关部门的批准文件。

三、个人独资企业的投资人及事务管理

1. 个人独资企业的投资人的条件、权利及责任

根据《个人独资企业法》的规定，个人独资企业的投资人为一个具有中国国籍的自然人，但法律、行政法规禁止从事营利性活动的人，不得作为投资人申请设立个人独资企业。根据我国有关法律、行政法规的规定，国家公务员、党政机关领导干部、警官、法官、检察官、商业银行工作人员等，不得作为投资人申请设立个人独资企业。

个人独资企业投资人对本企业的财产依法享有所有权，其有关权利可以依法进行转让或继承。企业的财产不论是投资人的原始投入还是经营所得，均归投资人所有。个人独资企业投资人对企业的债务承担无限责任。

小提示

个人独资企业投资人在申请企业设立登记时，明确以其家庭共有财产作为个人出资的，应当依法以家庭共有财产对企业债务承担无限责任。

2. 个人独资企业的事务管理

（1）个人独资企业事务管理的方式

个人独资企业投资人可以自行管理企业事务，也可以委托或者聘用其他具有民事行为能力的人负责企业的事务管理。投资人对受托人或者被聘用的人员职权的限制，不得对抗善意第三人。

（2）个人独资企业事务管理的内容

1）会计事务管理。个人独资企业应当依法设置会计账簿，进行会计核算。

2）用工事务管理。个人独资企业招用职工的，应当依法与职工签订劳动合同，保障职工的劳动安全，按时、足额发放职工工资。

3）社会保险事务管理。个人独资企业应当按照国家规定参加社会保险，为职工缴纳社会保险费。

四、个人独资企业的权利和工商管理

1. 个人独资企业的权利

根据《个人独资企业法》的规定，个人独资企业享有以下权利：

1）依法申请贷款。

2）依法取得土地使用权。

3）拒绝摊派权。

4）法律、行政法规规定的其他权利。

2. 个人独资企业的工商管理

根据《个人独资企业登记管理办法》的规定，个人独资企业在存续期间登记事项发生变更

的，应当办理变更登记，并应在做出变更决定之日起15日内依法向登记机关申请办理变更登记。登记机关应当在收到申请人按规定提交的全部文件之日起15日内，做出核准登记或者不予登记的决定。

五、个人独资企业的解散和清算

1. 个人独资企业的解散

个人独资企业的解散是指个人独资企业终止活动，使其民事主体资格消灭的行为。根据《个人独资企业法》第26条的规定，个人独资企业有下列情形之一时，应当解散：① 投资人决定解散。② 投资人死亡或者宣告死亡，无继承人或者继承人决定放弃继承。③ 被依法吊销营业执照。④ 法律、行政法规规定的其他情形。

2. 个人独资企业的清算

个人独资企业解散时，应当进行清算。《个人独资企业法》在以下几个方面对个人独资企业的清算做了规定：

1）通知和公告债权人。个人独资企业解散，由投资人自行清算或者由债权人申请人民法院指定清算人进行清算。投资人自行清算的，应当在清算前15日内书面通知债权人；无法通知的，应当予以公告。债权人应当在接到通知之日起30日内，未接到通知的应当在公告之日起60日内，向投资人申报其债权。

2）财产清偿顺序。个人独资企业解散时，财产应当按照下列顺序清偿：① 所欠职工工资和社会保险费用。② 所欠税款。③ 其他债务。个人独资企业财产不足以清偿债务的，投资人应当以其个人的其他财产予以清偿。

3）清算期间对投资人的要求。清算期间，个人独资企业不得开展与清算目的无关的经营活动。在按前述财产清偿顺序清偿债务前，投资人不得转移、隐匿财产。

4）投资人的持续偿债责任；个人独资企业解散后，原投资人对个人独资企业存续期间的债务仍应承担偿还责任；但债权人在5年内未向债务人提出偿债请求的，该责任消灭。

5）注销登记。个人独资企业清算结束后，投资人或者人民法院指定的清算人应当编制清算报告，并于清算结束之日起15日内向原登记机关申请注销登记。

六、违反个人独资企业法的法律责任

1. 投资人的违法行为应承担的法律责任

1）违反《个人独资企业法》规定，提交虚假文件或采取其他欺骗手段取得企业登记的，责令改正，处以5 000元以下的罚款；情节严重的，并处吊销营业执照。

2）违反《个人独资企业法》规定，个人独资企业使用的名称与其在登记机关登记的名称不相符合的，责令限期改正，并处以2 000元以下的罚款。

3）违反《个人独资企业法》规定，涂改、出租、转让营业执照的，责令改正，没收违法所得，并处以3 000元以下的罚款；情节严重的，吊销营业执照。伪造营业执照的，责令停业，没收违法所得，并处以5 000元以下的罚款。构成犯罪的，依法追究刑事责任。

4）个人独资企业成立后，无正当理由超过6个月未开业的，或者开业后自行停业连续6个月以上的，吊销营业执照。

5）违反《个人独资企业法》规定，未领取营业执照，以个人独资企业的名义从事经营活动的，责令停止经营活动，并处以 3 000 元以下的罚款。

6）违反《个人独资企业法》规定，侵犯职工合法权益、未保障职工劳动安全、不缴纳社会保险费用的，按照有关法律、行政法规予以处罚，并追究有关人员的责任。

7）清算前或清算期间隐匿或转移财产以逃避债务的，依法追回其财产，并按照有关规定予以处罚；构成犯罪的，依法追究刑事责任。

8）违反《个人独资企业法》规定，应当承担民事赔偿责任和缴纳罚款、罚金，其财产不足以支付的，或者被判处没收财产的，应当先承担民事赔偿责任。

2. 管理人员对投资人造成损害或侵犯投资人权益的法律责任

投资人委托或者聘用的人员管理个人独资企业事务时违反双方订立的合同，给投资人造成损害的，应当承担民事赔偿责任。

投资人委托或者聘用的人员违反《个人独资企业法》第 20 条的规定，侵犯个人独资企业财产权益的，责令退还侵占的财产；给企业造成损失的，依法承担赔偿责任；有违法所得的，没收违法所得；构成犯罪的，依法追究刑事责任。

第二节　合伙企业法律制度

一、合伙企业法律制度概述

1. 合伙企业的概念及分类

合伙，是指 2 个以上的人为了共同的目的，相互约定共同出资、共同经营、共享收益、共担风险的自愿联合。合伙企业，是指自然人、法人和其他组织依照《中华人民共和国合伙企业法》（以下简称《合伙企业法》）在中国境内设立的普通合伙企业和有限合伙企业。普通合伙企业由普通合伙人组成，普通合伙人对合伙企业债务承担无限连带责任。《合伙企业法》对普通合伙人承担责任的形式有特别规定的，从其规定。有限合伙企业由普通合伙人和有限合伙人组成，普通合伙人对合伙企业债务承担无限连带责任，有限合伙人以其认缴的出资额为限对合伙企业债务承担责任。

合伙企业的分类如图 2-2 所示。

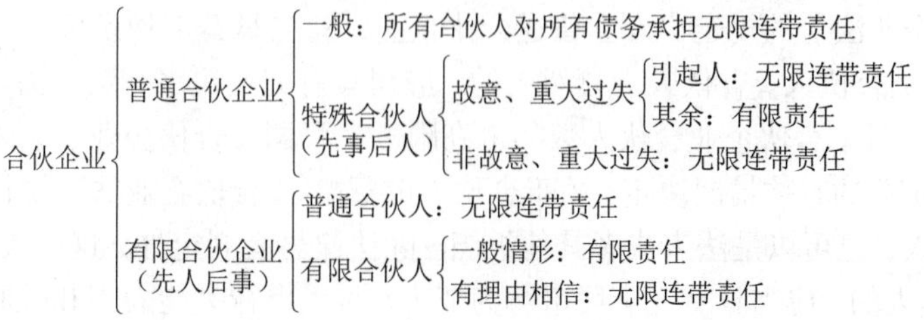

图 2-2　合伙企业的分类

2. 合伙企业法的概念和基本原则

合伙企业法有狭义和广义之分。狭义的合伙企业法，是指由国家最高立法机关依法制定的、规范合伙企业合伙关系的专门法律，即《合伙企业法》。广义的合伙企业法，是指国家立法机关或者其他有权机关依法制定的、调整合伙企业合伙关系的各种法律规范的总称。除《合伙企业法》外，国家有关法律、行政法规和规章中关于合伙企业的法律规范，都属于广义的合伙企业法的范畴。

合伙企业法应遵循下列基本原则：① 协商原则；② 自愿、平等、公平、诚实信用原则；③ 守法原则；④ 合法权益受法律保护原则；⑤ 依法纳税原则。

二、普通合伙企业

1. 普通合伙企业的概念

普通合伙企业，是指由普通合伙人组成，合伙人对合伙企业债务依照《合伙企业法》的规定承担无限连带责任的一种合伙企业。普通合伙企业具有以下特点：

1）由普通合伙人组成。普通合伙人，是指在合伙企业中对合伙企业的债务依法承担无限连带责任的自然人、法人和其他组织。《合伙企业法》规定，国有独资公司、国有企业、上市公司，以及公益性事业单位、社会团体不得成为普通合伙人。

2）合伙人对合伙企业债务依法承担无限连带责任，法律另有规定的除外。无限连带责任包括两个方面：一是连带责任，即所有的合伙人对合伙企业的债务都有向债权人偿还的责任，不管自己在合伙协议中所确定的承担比例如何。二是无限责任，即所有的合伙人不仅以自己投入合伙企业的资金和合伙企业的其他资金对债权人承担清偿责任，而且在不够清偿时还要以合伙人自己所有的财产对债权人承担清偿责任。

特殊情况下，合伙人可以不承担无限连带责任。根据《合伙企业法》中“特殊的普通合伙企业”的规定，对以专业知识和专门技能为客户提供有偿服务的专业服务机构，可以设立为特殊的普通合伙企业。在这种特殊的普通合伙企业中，对合伙人在执业活动中因故意或者重大过失造成的合伙企业债务，该合伙人应当承担无限责任或者无限连带责任，其他合伙人以其在合伙企业中的财产份额为限承担责任。对合伙人在执业活动中因非故意或者非重大过失造成的合伙企业债务及合伙企业的其他债务，全体合伙人承担无限连带责任。对合伙人在执业活动中因故意或者重大过失造成的合伙企业债务，以合伙企业财产对外承担责任后，该合伙人应当按照合伙协议的规定对给合伙企业造成的损失承担赔偿责任。

2. 普通合伙企业的设立条件

（1）普通合伙企业的设立条件

根据《合伙企业法》的规定，设立普通合伙企业，应当具备下列条件：

1）有 2 个以上合伙人。合伙人为自然人的，应当具有完全民事行为能力。合伙企业合伙人至少为 2 人以上，对于合伙企业合伙人数的最高限额，我国《合伙企业法》未做规定，完全由设立人根据所设企业的具体情况决定。关于合伙人的资格，《合伙企业法》做了以下限定：① 合伙人可以是自然人，也可以是法人或者其他组织。除法律另有规定外，这些人的组成不受限制。② 合伙人为自然人的，应当具有完全民事行为能力。无民事行为能力人和限制民事行为能力人不得成为普通合伙企业的合伙人。③ 国有独资公司、国有企业、上市公司，以及公益性的事业单位、社会团体不得成为普通合伙人。普通合伙企业合伙人的要求如图 2-3 所示。

- 合伙人
  - 人数：2个以上合伙人
  - 性质
    - 自然人
      - 具有完全民事行为能力
      - 外国个人可以
    - 法人和其他组织
      - 国有独资公司、国有企业、上市公司，以及公益性事业单位、社会团体不得成为普通合伙人
      - 外国企业可以

图 2-3　普通合伙企业合伙人的要求

2）有书面合伙协议。合伙协议是由各合伙人通过协商，共同决定相互间的权利、义务所达成的具有法律约束力的文件。合伙协议应当依法由全体合伙人协商一致，以书面形式订立。合伙协议经全体合伙人签名、盖章后生效。合伙人依照合伙协议享有权利，承担责任。

3）有各合伙人实际缴付的出资。合伙协议生效后，合伙人应当按照合伙协议的规定缴纳出资。合伙人可以用货币、实物、土地使用权、知识产权或者其他财产权缴纳出资。合伙人对于自己用于缴纳出资的财产或者财产权拥有合法的处分权。此外，经全体合伙人协商一致，合伙人也可以用劳务出资。

4）有合伙企业的名称和生产经营场所。普通合伙企业应当在其名称中标明“普通合伙”字样；其中，特殊的普通合伙企业应当在其名称中标明“特殊普通合伙”字样。合伙企业的名称必须和“合伙”联系起来，名称中必须有“合伙”二字。

5）法律、行政法规定的其他条件。

（2）合伙企业的设立登记

合伙企业的设立程序如下：① 向企业登记机关提出申请，并提交全体合伙人签署的合伙申请书、全体合伙人的身份证明、合伙协议、出资权属证明、经营场所证明及其他文件。法律、行政法规规定设立合伙企业须报经有关部门审批的，还应当提交有关批准文件。② 企业登记机关审核，做出是否予以登记的决定。企业登记机关应当自收到申请登记文件之日起20日内，做出是否登记的决定。对符合《合伙企业法》规定条件的，予以登记，发给营业执照；对不符合《合伙企业法》规定条件的，不予登记，并给予书面答复，说明理由。

3. 合伙企业的财产

（1）合伙企业财产的构成

1）合伙人的出资。合伙人的出资转入合伙企业时就变成了合伙企业的财产。

2）以合伙企业名义取得的收益。作为一个独立的经济实体，合伙企业以其名义取得的收益作为合伙企业获得的财产，成为合伙企业财产的一部分。

3）依法取得的其他财产。

（2）合伙企业财产的性质

合伙企业的财产具有独立性和完整性两个方面的特征。独立性，是指合伙企业的财产独立于合伙人。一般说来，合伙人出资以后便丧失了对其作为出资部分的财产的所有权或者持有权、占有权。合伙企业的财产权主体是合伙企业，而不是单独的每个合伙人。完整性，是指合伙企业的财产作为一个完整的统一体而存在。合伙人对合伙企业财产权益的表现形式，仅是依照合伙协议所确定的财产收益份额或者比例。

（3）合伙人财产份额的转让

合伙人财产份额的转让，是指合伙企业的合伙人向他人转让其在合伙企业中的全部或者部分财产份额的行为。由于合伙人财产份额的转让将会影响合伙企业及各合伙人的切身利益，因

此《合伙企业法》对合伙人财产份额的转让做了以下限制性规定：① 除合伙协议另有约定外，合伙人向合伙人以外的人转让其在合伙企业中的全部或者部分财产份额时，须经其他合伙人一致同意。这一规定适用于合伙人财产份额的外部转让。② 合伙人之间转让其在合伙企业中的全部或者部分财产份额时，应当通知其他合伙人。这一规定适用于合伙人财产份额的内部转让。③ 合伙人向合伙人以外的人转让其在合伙企业中的财产份额时，在同等条件下，其他合伙人有优先购买权；但是，合伙协议另有约定的除外。

4. 合伙事务的执行

（1）合伙事务执行的形式

合伙人执行合伙企业事务，有全体合伙人共同执行合伙企业事务与委托 1 名或数名合伙人执行合伙企业事务两种形式。

全体合伙人共同执行合伙企业事务是合伙企业事务执行的基本形式，也是合伙企业中经常使用的一种形式。在采取这种形式的合伙企业中，按照合伙企业协议的约定，各合伙人都直接参与经营，处理合伙企业的事务，对外代表合伙企业。

委托 1 名或数名合伙人执行合伙企业事务，即由合伙协议约定或者全体合伙人决定委托 1 名或数名合伙人执行合伙企业事务，对外代表合伙企业。未接受委托执行合伙企业事务的其他合伙人，不执行合伙企业的事务。但是，合伙企业的下列事务必须经全体合伙人一致同意：① 处分合伙企业的不动产。② 改变合伙企业名称。③ 转让或者处分合伙企业的知识产权和其他财产权利。④ 改变合伙企业的经营范围、主要经营场所的地点。⑤ 以合伙企业名义为他人提供担保。⑥ 聘任合伙人以外的人担任合伙企业的经营管理人员。

（2）合伙人在执行合伙事务中的权利和义务

1）合伙人在执行合伙事务中的权利：① 合伙人对执行合伙事务享有同等的权利。② 执行合伙事务的合伙人对外代表合伙企业。③ 不执行合伙事务的合伙人有监督权利。④ 合伙人有查阅合伙企业会计账簿等财务资料的权利。⑤ 合伙人有提出异议权和撤销委托执行事务权。

2）合伙人在执行合伙事务中的义务：① 合伙事务执行人要向不参加执行事务的合伙人报告事务执行情况，以及企业经营状况和财务状况。②合伙人不得自营或者同他人合作经营与本合伙企业相竞争的业务。③合伙人不得同本合伙企业进行交易。④合伙人不得从事损害本合伙企业利益的活动。

（3）合伙事务执行的决议办法

《合伙企业法》规定，合伙人对合伙企业有关事项做出决议，按照合伙协议约定的表决办法办理。合伙协议未约定或者约定不明确的，实行合伙人一人一票并经全体合伙人过半数通过的表决办法。《合伙企业法》对合伙企业的表决办法另有规定的，从其规定。

（4）合伙企业的损益分配

1）合伙损益的内容。合伙损益包括两个方面的内容：一是合伙利润，二是合伙亏损。

2）合伙损益分配原则。合伙损益分配包含合伙企业的利润分配与亏损分担两个方面。对合伙损益的分配原则，《合伙企业法》做了原则性规定，主要内容为：① 合伙企业的利润分配、亏损分担，按照合伙协议的约定办理；合伙协议未约定或者约定不明确的，由合伙人协商决定；协商不成的，由合伙人按照实缴出资比例分配、分担；无法确定出资比例的，由合伙人平均分配、分担。② 合伙协议不得约定将全部利润分配给部分合伙人或者由部分合伙人承担全部亏损。

（5）非合伙人参与经营管理

经全体合伙人同意，合伙企业可以聘任合伙人以外的人担任合伙企业的经营管理人员。被聘任的合伙企业的经营管理人员应当在合伙企业授权范围内履行职务，超越合伙企业授权范围从事经营活动，或者因故意或重大过失，给合伙企业造成损失的，依法承担赔偿责任。

5. 合伙企业与第三人的关系

合伙企业与第三人的关系，实际上是指有关合伙企业的对外关系，涉及合伙企业对外代表权的效力、合伙企业和合伙人的债务清偿等问题。

（1）对外代表权的效力

《合伙企业法》规定，执行合伙企业事务的合伙人，对外代表合伙企业。依据这一规定，可以取得合伙企业对外代表权的合伙人，主要有 3 种情况：①由全体合伙人共同执行合伙企业事务的，全体合伙人都有权代表合伙企业，即全体合伙人都取得了合伙企业的对外代表权。②由部分合伙人执行合伙企业事务的，只有受委托执行合伙企业事务的那一部分合伙人有权对外代表合伙企业。③由于特别授权，在单项合伙事务上有执行权的合伙人，依照授权范围可以对外代表合伙企业。

执行合伙企业事务的合伙人在取得对外代表权后，可以合伙企业的名义开展经营活动，在其授权的范围内做出法律行为。

（2）合伙企业和合伙人的债务清偿

1）合伙企业的债务清偿与合伙人的关系。这包括：① 合伙企业财产优先清偿。《合伙企业法》规定，合伙企业对其债务，应先以其全部财产进行清偿。② 合伙人的无限连带清偿责任。《合伙企业法》规定，合伙企业不能清偿到期债务的，合伙人承担无限连带责任。③ 合伙人之间的债务分担和追偿。《合伙企业法》规定，合伙人由于承担无限连带责任，清偿数额超过规定的亏损分担比例的，有权向其他合伙人追偿。关于合伙企业亏损分担比例，《合伙企业法》规定，合伙企业的亏损分担，按照合伙协议的约定办理；合伙协议未约定或者约定不明确的，由合伙人协商决定；协商不成的，由合伙人按照实缴出资比例分担；无法确定出资比例的，由合伙人平均分担。合伙人之间的分担比例对债权人没有约束力。债权人可以根据自己的清偿利益，请求全体合伙人中的 1 人或数人承担全部清偿责任，也可以按照自己确定的清偿比例向各合伙人分别追索。如果某一合伙人实际支付的清偿数额超过其依照既定比例所应承担的数额，依照《合伙企业法》的规定，该合伙人有权就超过部分向其他未支付或者未足额支付应承担数额的合伙人追偿。合伙企业的债务清偿与合伙人的关系如图 2-4 所示。

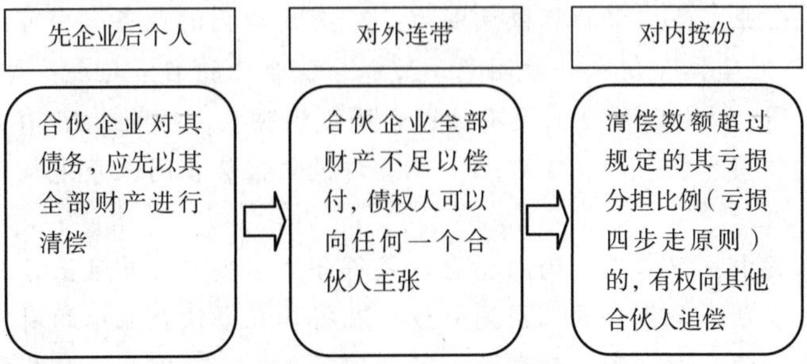

图 2-4　合伙企业的债务清偿与合伙人的关系

小提示

对合伙企业未清偿的那部分债务，合伙人不得以对内债务分担的按份性对抗对外债务承担的连带性，也不得以对外债务承担的连带性对抗对内债务承担的按份性。

2）合伙人的债务清偿与合伙企业的关系。这包括：① 对合伙人发生与合伙企业无关的债务，相关债权人不得以其债权抵销其对合伙企业的债务，也不得代位行使合伙人在合伙企业中的权利。② 合伙人的自有财产不足清偿其与合伙企业无关的债务的，该合伙人可以把从合伙企业中分得的收益用于清偿；债权人也可以依法请求人民法院强制执行该合伙人在合伙企业中的财产份额以用于清偿。合伙人的债务清偿与合伙企业的关系如图 2-5 所示。

- 合伙人的债务清偿
  - 两个不得
    - 债权人不得以其对合伙人的债权“抵销”其对合伙企业的债务
    - 债权人不得以其对合伙人的债权“代位”行使合伙人在合伙企业中的权利
  - 两个可以
    - 合伙人可以以其从合伙企业中分取的“收益”用于清偿
    - 债权人可以请求法院“强制执行”该合伙人在合伙企业中的财产份额

人民法院强制执行份额时，应当通知全体合伙人，其他合伙人有优先购买权；其他合伙人未购买又不同意转让他人的，为合伙人办理退伙或削减相应财产份额。

图 2-5　合伙人的债务清偿与合伙企业的关系

小提示

在以合伙人的财产份额清偿其个人债务的情况下，需要注意两点：一是这种清偿必须通过《民事诉讼法》规定的强制执行程序进行，债权人不得自行接管债务人在合伙企业中的财产份额；二是在强制执行个别合伙人在合伙企业中的财产份额时，其他合伙人有优先受让的权利。

案例 2-1　甲、乙、丙 3 人经协商，决定成立一个普通合伙企业，共同经营服装加工生意，并签订了书面的合伙协议。甲、乙以现金的形式分别出资 20 万元和 10 万元，丙欲以劳务出资。在合伙企业存续期间，乙因兴趣转移不愿再经营服装加工生意，并将其在合伙企业中的全部财产份额转让给了丁。甲、丙、丁 3 人继续营业，并推举甲作为合伙企业的代表，执行合伙企业事务。甲的职权范围为：20 万元以内的业务，甲可以自行决定；超过 20 万元的业务，须经全体合伙人一致同意。甲以合伙企业的名义与戊签订了一份价款为 30 万元的服装销售合同，结果合伙企业没有按照合同提供服装，对戊造成 50 万元损失，戊要求合伙企业承担损失赔偿责任。丙、丁以甲、戊签订服装销售合同未事先与他们商量为由拒绝承担合同损失。

案例分析：本案中，甲、乙、丙的出资方式符合法律规定，并且出资额构成合伙企业财产，但丙以劳务出资须经全体合伙人协商一致。乙将其在合伙企业中的财产份额全部转让给丁，首先须经其他合伙人甲、丙一致同意，且在同等条件下，甲和丙对其转让的财产份额有优先受让的权利。在同等条件下，除非甲、丙放弃受让乙转让的份额，原则上乙不能将其份额转让给丁。合伙企业事务可由全体合伙人执行，也可委托一名或数名合伙人执行，甲执行合伙企业事务也符合法律规定。甲与戊签订的合同为有效合同，因为根据《合伙企业法》的规定，合伙企业对合伙人执行合伙企业事务和对外代表合伙企业的权利，不得对抗不知情的善意第三人。因此，丙、丁拒绝承担合同损失的理由不成立；但甲超越授权范围做出法律行为，其个人也应承担一定的责任。

6. 入伙与退伙

（1）入伙

入伙是指在合伙企业存续期间，合伙人以外的第三人加入合伙，从而取得合伙人资格的行为。新合伙人入伙时，应当经全体合伙人同意，并依法订立书面协议。订立入伙协议时，原合伙人应当向新合伙人告知原合伙企业的经营状况和财务状况。入伙的新合伙人与原合伙人享有同等的权利，承担同等的责任。入伙的新合伙人对入伙前合伙企业的债务承担连带责任。

（2）退伙

退伙是指合伙人退出合伙企业，从而丧失合伙人资格的行为。

1）退伙的原因。合伙人退伙一般有两种原因：一是自愿退伙，二是法定退伙。

自愿退伙是指合伙人基于自愿意思表示而退伙。自愿退伙可以分为协议退伙和通知退伙两种。合伙协议约定合伙企业的经营期限的，有下列情形之一时，合伙人可以退伙：① 合伙协议约定的退伙事由出现。② 经全体合伙人一致同意退伙。③ 发生合伙人难以继续参加合伙企业的事由。④ 其他合伙人严重违反合伙协议约定的义务的情形。合伙协议未约定合伙企业的经营期限的，合伙人在不给合伙企业事务执行造成不利影响的情况下，可以退伙，但应当提前 30 日通知其他合伙人。合伙人违反上述规定擅自退伙的，应当赔偿由此给其他合伙人造成的损失。自愿退伙的情形如表 2-1 所示。

表 2-1 自愿退伙的情形

协议退伙	约定了合伙期限 + 一致同意
通知退伙	未约定期限 + 无不利影响 +提前 30 日通知

法定退伙是指合伙人因出现法律规定的事由而退伙。法定退伙分为当然退伙和除名两种。合伙人有下列情形之一的，为当然退伙：① 作为合伙人的自然人死亡或者被依法宣告死亡。② 个人丧失偿债能力。③ 作为合伙人的法人或者其他组织依法被吊销营业执照、责令关闭、撤销或被宣告破产。④ 法律规定或者合伙协议约定合伙人必须具有相关资格而丧失该资格。⑤ 合伙人在合伙企业中的全部财产份额被人民法院强制执行。此外，合伙人被依法认定为无民事行为能力人或者限制民事行为能力人的，经其他合伙人一致同意，可以依法转为有限合伙人，普通合伙企业依法转为有限合伙企业。其他合伙人未能一致同意的，该无民事行为能力或者限制民事行为能力的合伙人退伙，当然退伙以退伙事由实际发生之日为退伙生效日。

合伙人有下列情形之一的，经其他合伙人一致同意，可以决议将其除名：① 未履行出资义务。② 因故意或者重大过失给合伙企业造成损失。③ 执行合伙企业事务时有不正当行为。④ 合伙协议约定的其他事由出现。对合伙人的除名决议应当书面通知被除名人；被除名人自接到除名通知之日起，除名生效，被除名人退伙。法定退伙的情形如表 2-2 所示。

表 2-2　法定退伙的情形

当然退伙	① 自然人死亡或者被依法宣告死亡； ② 个人丧失偿债能力； ③ 法人或其他组织依法被吊销营业执照、责令关闭、撤销或被宣告破产； ④ 必须具有相关资格而丧失该资格； ⑤ 合伙人在合伙企业中的全部财产份额被强制执行。	实际发生之日为生效日
除名	（法定事项）下列情形之一，经其他合伙人一致同意，可以决议将其除名： ① 未履行出资义务； ② 因故意或者重大过失给合伙企业造成损失； ③ 执行合伙事务时有不正当行为； ④ 发生合伙协议约定的事由。	被除名人接到除名通知之日为生效日

2）退伙的效果。退伙的效果是指退伙时退伙人在合伙企业中的财产份额和民事责任的归属变动。它分为两类情况：一是财产继承；二是退伙结算。

关于财产继承问题，《合伙企业法》规定，合伙人死亡或者被依法宣告死亡的，对该合伙人在合伙企业中的财产份额享有合法继承权的继承人，按照合伙协议的约定或者经全体合伙人一致同意，从继承开始之日起，取得该合伙企业的合伙人资格。有下列情形之一的，合伙企业应当向合伙人的继承人退还被继承合伙人的财产份额：① 继承人不愿意成为合伙人。② 法律规定或者合伙协议约定合伙人必须具有相关资格，而该继承人未取得该资格。③ 合伙协议约定不能成为合伙人的其他情形。合伙人的继承人为无民事行为能力人或者限制民事行为能力人的，经全体合伙人一致同意，可以依法成为有限合伙人，普通合伙企业依法转为有限合伙企业。全体合伙人未能一致同意的，合伙企业应当将被继承合伙人的财产份额退还该继承人。财产继承问题如图 2-6 所示。

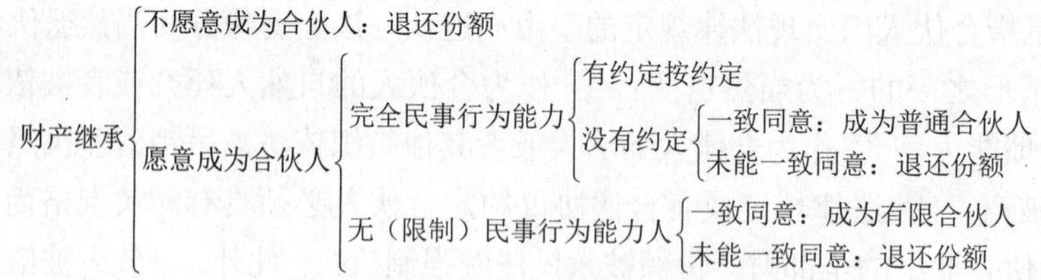

图 2-6　财产继承的几种情形

关于退伙结算问题，《合伙企业法》规定，合伙人退伙的，其他合伙人应当与该退伙人按照退伙时的合伙企业的财产状况进行结算，退还退伙人的财产份额。退伙时有未了结的合伙企业事务的，待了结后进行结算。退伙人在合伙企业中的财产份额的退还办法，由合伙协议约定，或者由全体合伙人决定，可以退还货币，也可以退还实物。

合伙人退伙以后，并不能解除其对于合伙企业既往债务的连带责任。根据《合伙企业法》的规定，退伙人对基于其退伙前的原因所发生的合伙企业债务，承担无限连带责任。

7. 特殊的普通合伙企业

（1）特殊的普通合伙企业的概念

特殊的普通合伙企业是一种特殊的合伙形式，一般是以专业知识和专门技能为客户提供有偿服务的专业服务机构。此种合伙企业的责任分担形式不同于一般的普通合伙。特殊的普通合伙企业名称中应当标明“特殊普通合伙”字样。

（2）特殊的普通合伙企业的责任形式

1）责任承担。《合伙企业法》规定，1个合伙人或者数个合伙人在执业活动中因故意或者重大过失给合伙企业造成债务的，应当承担无限责任或者无限连带责任，其他合伙人以其在合伙企业中的财产份额为限承担责任。

2）责任追偿。《合伙企业法》规定，合伙人在执业活动中因故意或者重大过失造成的合伙企业债务，以合伙企业财产对外承担责任后，该合伙人应当按照合伙协议的约定对给合伙企业造成的损失承担赔偿责任。

（3）特殊的普通合伙企业的执业风险防范

特殊的普通合伙企业应当建立执业风险基金，办理职业保险。

执业风险基金，主要是指为了化解经营风险，特殊的普通合伙企业从其经营收益中提取相应比例的资金留存或者根据相关规定上缴至指定机构所形成的资金。执业风险基金用于偿付合伙人在执业活动中造成的债务。执业风险基金应当单独立户管理。职业保险，又称职业责任保险，是指承保各种专业技术人员因工作上的过失或疏忽大意所造成的合同一方或者他人的人身伤害或财产损失的经济赔偿责任的保险。

三、有限合伙企业

1. 有限合伙企业的概念和法律适用

（1）有限合伙企业的概念

有限合伙企业，是指由有限合伙人和普通合伙人共同组成，普通合伙人对合伙企业债务承担无限连带责任，有限合伙人以其认缴的出资额为限对合伙企业债务承担责任的合伙组织。

（2）有限合伙企业的法律适用

在法律适用上，凡是《合伙企业法》对有限合伙企业有特殊规定的，从其规定；无特殊规定的，适用有关普通合伙企业及其合伙人的一般规定。

这里主要介绍有限合伙企业的有关特殊规定。

2. 有限合伙企业设立的特殊规定

（1）有限合伙企业的人数

《合伙企业法》规定，有限合伙企业由2个以上50个以下合伙人设立；但是，法律另有规定的除外。有限合伙企业至少应当有1个普通合伙人。按照规定，自然人、法人和其他组织可以依照法律规定设立有限合伙企业，但国有独资公司、国有企业、上市公司及公益性的事业单位、社会团体不得成为有限合伙企业的普通合伙人。

《合伙企业法》规定，有限合伙企业仅剩有限合伙人的，应当解散；有限合伙企业仅剩普通合伙人的，应当转为普通合伙企业。

（2）有限合伙企业的名称

《合伙企业法》规定，有限合伙企业的名称中应当标明“有限合伙”字样，而不能标明“普通合伙”“特殊普通合伙”“有限公司”“有限责任公司”等字样。

（3）有限合伙企业协议

有限合伙企业协议是有限合伙企业生产经营的重要法律文件。有限合伙企业协议除符合普通合伙企业合伙协议的规定外，还应当载明下列事项：① 普通合伙人和有限合伙人的姓名或者名称、住所。② 执行事务合伙人应具备的条件和选择程序。③ 执行事务合伙人权限与违约处理办法。④ 执行事务合伙人的除名条件和更换程序。⑤ 有限合伙人入伙、退伙的条件、程序及相关责任。⑥ 有限合伙人和普通合伙人相互转变的程序。

（4）有限合伙人的出资形式

《合伙企业法》规定，有限合伙人可以用货币、实物、知识产权、土地使用权或者其他财产权利作价出资，但不得以劳务出资。

（5）有限合伙人的出资义务

《合伙企业法》规定，有限合伙人应当按照合伙协议的约定按期足额缴纳出资；未按期足额缴纳的，应当承担补缴义务，并对其他合伙人承担违约责任。合伙人未按照协议的约定履行缴纳出资义务的，首先应当承担补缴出资的义务，同时应对其他合伙人承担违约责任。

（6）有限合伙企业登记事项

《合伙企业法》规定，有限合伙企业登记事项中应当载明有限合伙人的姓名或者名称，以及认缴的出资数额。

3. 有限合伙企业事务执行的特殊规定

（1）有限合伙企业事务执行人

《合伙企业法》规定，有限合伙企业由普通合伙人执行合伙事务。执行事务合伙人可以要求在合伙协议中确定执行事务的报酬及报酬提取方式。

（2）禁止有限合伙人执行合伙事务

《合伙企业法》规定，有限合伙人不执行合伙事务，不得对外代表有限合伙企业。

另外，《合伙企业法》规定，第三人有理由相信有限合伙人为普通合伙人并与其交易的，该有限合伙人对该笔交易承担与普通合伙人同样的责任。有限合伙人未经授权以有限合伙企业名义与他人进行交易，给有限合伙企业或者其他合伙人造成损失的，该有限合伙人承担赔偿责任。

（3）有限合伙企业的利润分配

《合伙企业法》规定，有限合伙企业不得将全部利润分配给部分合伙人；但是，合伙协议另有约定的除外。

（4）有限合伙人的权利

1）有限合伙人可以同本企业进行交易；但是，合伙协议另有约定的除外。

2）有限合伙人可以经营与本企业相竞争的业务；但是，合伙协议另有约定的除外。

4. 有限合伙企业财产出质与转让的特殊规定

（1）有限合伙人财产份额出质

《合伙企业法》规定，有限合伙人可以将其在有限合伙企业中的财产份额出质；但是，合伙协议另有约定的除外。

（2）有限合伙人财产份额转让

《合伙企业法》规定，有限合伙人可以按照合伙协议的约定向合伙人以外的人转让其在有限合伙企业中的财产份额，但应当提前 30 日通知其他合伙人。

5. 有限合伙人债务清偿的特殊规定

《合伙企业法》规定，有限合伙人的自有财产不足清偿其与合伙企业无关的债务的，该合伙人可以其从有限合伙企业中分取的收益用于清偿；债权人也可依法请求人民法院强制执行该合伙人在有限合伙企业中的财产份额以用于清偿。人民法院强制执行有限合伙人的财产份额时，应当通知全体合伙人；同等条件下，其他合伙人有优先购买权。

6. 有限合伙企业入伙和退伙的特殊规定

（1）入伙

《合伙企业法》规定，新入伙的有限合伙人对入伙前有限合伙企业的债务，以其认缴的出资额为限承担责任。

（2）退伙

1）有限合伙人当然退伙。《合伙企业法》规定，有限合伙人出现下列情形之一时当然退伙：① 作为合伙人的自然人死亡或者被依法宣告死亡。② 作为合伙人的法人或者其他组织依法被吊销营业执照、责令关闭、撤销，或者被宣告破产。③ 法律规定或者合伙协议约定合伙人必须具有相关资格而丧失该资格。④ 合伙人在合伙企业中的全部财产份额被人民法院强制执行。有限合伙人与普通合伙人当然退伙情形对比如表 2-3 所示。

表 2-3 有限合伙人与普通合伙人当然退伙情形对比

	普通合伙人	有限合伙人
合伙人死亡或被依法宣告死亡	退伙	退伙
全部财产份额被强制执行	退伙	退伙
被吊销资格证书	退伙	退伙
丧失偿债能力	退伙	不退伙
丧失行为能力	并不必然	不退伙

2）有限合伙人丧失民事行为能力的处理。《合伙企业法》规定，作为有限合伙人的自然人在有限合伙企业存续期间丧失民事行为能力的，其他合伙人不得因此要求其退伙。

3）有限合伙人继承人的权利。《合伙企业法》规定，作为有限合伙人的自然人死亡、被依法宣告死亡或者作为有限合伙人的法人及其他组织终止时，其继承人或者权利承受人可以依法取得该有限合伙人在有限合伙企业中的资格。

4）有限合伙人退伙后的责任承担。《合伙企业法》规定，有限合伙人退伙后，对基于其退伙前的原因发生的有限合伙企业债务，以其退伙时从有限合伙企业中取回的财产承担责任。

7. 合伙人性质转变的特殊规定

《合伙企业法》规定，除合伙协议另有约定外，普通合伙人转变为有限合伙人，或者有限合伙人转变为普通合伙人，应当经全体合伙人一致同意。有限合伙人转变为普通合伙人的，对其作为有限合伙人期间有限合伙企业发生的债务承担无限连带责任。普通合伙人转变为有限合伙人的，对其作为普通合伙人期间合伙企业发生的债务承担无限连带责任。

四、合伙企业的解散与清算

1. 合伙企业解散

合伙企业解散是指各合伙人解除合伙协议，合伙企业终止活动。《合伙企业法》规定，合伙企业有下列情形之一的，应当解散：① 合伙协议约定的经营期限届满，合伙人决定不再经营。② 合伙协议约定的解散事由出现。③ 全体合伙人决定解散。④ 合伙人已不具备法定人数满 30 天。⑤ 合伙协议约定的合伙目的已经实现或者无法实现。⑥ 被依法吊销营业执照、责令关闭或者被撤销。⑦ 法律、行政法规规定的合伙企业解散的其他原因出现。

2. 合伙企业的清算

合伙企业解散的，应当进行清算。

1）确定清算人。合伙企业解散，应当由清算人进行清算。清算人由全体合伙人担任；经全体合伙人过半数同意，可以自合伙企业解散事由出现后 15 日内指定 1 个或者数个合伙人，或者委托第三人担任清算人。自合伙企业解散事由出现之日起 15 日内未确定清算人的，合伙人或者其他利害关系人可以申请人民法院指定清算人。

2）明确清算人的职责。清算人在清算期间执行下列事务：① 清理合伙企业财产，分别编制资产负债表和财产清单。② 处理与清算有关的合伙企业未了结事务。③ 清缴所欠税款。④ 清理债权、债务。⑤ 处理合伙企业清偿债务后的剩余财产。⑥ 代表合伙企业参加诉讼或者仲裁活动。

3）通知和公告债权人。清算人自被确定之日起 10 日内将合伙企业解散事项通知债权人，并于 60 日内在报纸上进行公告。债权人应当自接到通知书之日起 30 日内，未接到通知书的自公告之日起 45 日内，向清算人申报债权。

4）按财产清偿顺序清算。合伙企业财产在支付清算费用、职工工资、社会保险费用、法定补偿金及缴纳所欠税款、清偿债务后的剩余财产，依照《合伙企业法》关于利润分配和亏损分担的规定进行分配。

5）办理注销登记。清算结束后，清算人应当编制清算报告，经全体合伙人签名、盖章，并在 15 日内向企业登记机关报送清算报告，申请办理合伙企业注销登记。经企业登记机关注销登记，合伙企业终止。合伙企业注销后，原普通合伙人对合伙企业存续期间的债务仍承担无限连带责任。

6）合伙企业不能清偿到期债务的处理。合伙企业不能清偿到期债务的，债权人可以依法向人民法院提出破产清算申请，也可以要求普通合伙人予以清偿。合伙企业依法被宣告破产的，普通合伙人对合伙企业的债务仍承担无限连带责任。

五、违反合伙企业法的法律责任

根据《合伙企业法》的规定，违反合伙企业法的法律责任主要包括以下内容。

1. 合伙人的违法行为应承担的法律责任

1）违反《合伙企业法》规定，提交虚假文件或者采取其他欺骗手段，取得合伙企业登记的，由企业登记机关责令改正，处以 5 000 元以上 5 万元以下的罚款；情节严重的，撤销企业登记，并处以 5 万元以上 20 万元以下的罚款。

2）违反《合伙企业法》规定，合伙企业未在其名称中标明“普通合伙”“特殊普通合伙”或者“有限合伙”字样的，由企业登记机关责令限期改正，处以 2 000 元以上 1 万元以下的罚款。

3）违反《合伙企业法》规定，未领取营业执照，而以合伙企业或者合伙企业分支机构的名义从事合伙业务的，由企业登记机关责令停止营业，处以 5 000 元以上 5 万元以下的罚款。

4）合伙企业登记事项发生变更时，未依照《合伙企业法》规定办理变更登记的，由企业登记机关责令限期登记；逾期不登记的，处以 2 000 元以上 2 万元以下的罚款。合伙企业登记事项发生变更，执行合伙事务的合伙人未按期申请办理变更登记的，应当赔偿由此给合伙企业、其他合伙人或者善意第三人造成的损失。

5）合伙人执行合伙事务，或者合伙企业从业人员利用职务上的便利，将应当归合伙企业的利益据为己有的，或者采取其他手段侵占合伙企业财产的，应当将该利益和财产退还合伙企业；给合伙企业或者其他合伙人造成损失的，依法承担赔偿责任。

6）合伙人对《合伙企业法》规定或者合伙协议约定必须经全体合伙人一致同意方得执行的事务擅自处理，给合伙企业或者其他合伙人造成损失的，依法承担赔偿责任。

7）不具有事务执行权的合伙人擅自执行合伙事务，给合伙企业或者其他合伙人造成损失的，依法承担赔偿责任。

8）合伙人违反《合伙企业法》的规定或者合伙协议的约定，从事与本合伙企业相竞争的业务或者与本合伙企业进行交易的，所取得的收益归合伙企业所有；给合伙企业或者其他合伙人造成损失的，依法承担赔偿责任。

2. 合伙企业清算人的违法行为应承担的法律责任

1）清算人未依照《合伙企业法》规定向企业登记机关报送清算报告，或者报送清算报告时隐瞒重要事实或有重大遗漏的，由企业登记机关责令改正，由此产生的费用和损失由清算人承担和赔偿。

2）清算人执行清算事务，牟取非法收入或者侵占合伙企业财产的，应当将该收入和侵占的财产退还合伙企业；给合伙企业或者其他合伙人造成损失的，依法承担赔偿责任。

3）清算人违反《合伙企业法》规定，隐匿、转移合伙企业财产，对资产负债表或者财产清单做虚假记载，或者在未清偿债务前分配财产，损害债权人利益的，依法承担赔偿责任。

3. 行政管理机关及其人员的违法行为应承担的法律责任

有关行政管理机关的工作人员违反《合伙企业法》规定，滥用职权、徇私舞弊、收受贿赂、侵害合伙企业合法权益的，依法给予行政处分。

4. 其他法律责任

违反《合伙企业法》规定，构成犯罪的，依法追究刑事责任。违反《合伙企业法》规定，应当承担民事赔偿责任和缴纳罚款、罚金；其财产不足以同时支付的，先承担民事赔偿责任。

本章最后，我们对普通合伙人与有限合伙人做个对比，具体内容如表 2-4 所示。

表 2-4　普通合伙人与有限合伙人对比表

		普通合伙人	有限合伙人
合伙人	人数	普通合伙企业：2 个以上	有限合伙企业：2～50 个
	完全民事行为能力	必需	不是必需

续表

		普通合伙人	有限合伙人
合伙人	国独公司、国有企业、上市公司、公益事业单位、社会团体	不可以	可以
出资	劳务	可以	不可以
事务执行	事务执行人	执行合伙事务	不执行合伙事务
	关联交易	约定→一致同意→不可以	约定→可以
	竞业	不可以	约定→可以
损益分配		不得约定将全部利润分配给部分合伙人	不得将全部利润分配给部分合伙人，协议另有约定的除外
财财产权利	对外转让出资	约定→一致同意	提前30日通知其他合伙人
	出质	一致同意，否则无效	约定→可以
入伙		对入伙前的债务承担无限连带责任	对入伙前的债务以认缴的出资额为限承担责任
退伙	责任	对退伙前发生的债务承担无限连带责任	对退伙前发生的债务，以其退伙时取回的财产承担责任
	丧失偿债能力	当然退伙	无须退伙
	丧失行为能力	经其他合伙人一致同意，可转为有限合伙人，普通合伙企业转为有限合伙企业；未能一致同意，只能退伙	无须退伙
	继承	① 继承人有完全行为能力：约定→一致同意，取得普通合伙人资格 ② 继承人为无或限制行为能力：一致同意，成为有限合伙人	依法取得
性质转变		普通→有限：前无限，后有限	有限→普通：前后都无限

思考题

1．简述合伙企业的概念及普通合伙企业设立应具备的条件。

2．试述普通合伙企业财产的范围、性质及财产转让的有关法律规定。

3．简述普通合伙企业事务的执行方式及责任承担。

4．普通合伙企业的债务应如何清偿？

5．试述有限合伙企业的特别之处。

6．简述个人独资企业设立的条件与程序。

7．简述个人独资企业的权利。

案例分析题

1．甲、乙、丙、丁拟设立一普通合伙企业，其书面合伙协议中有以下内容：① 甲以劳务出资；乙、丙以现金出资；丁以房产使用权出资。② 合伙企业事务由甲全权负责，乙、丙、丁不得过问企业事务，也不承担企业亏损的民事责任。

要求：简述上述合伙协议的违法之处，并说明理由。

2．甲、乙、丙 3 人于 2010 年 10 月 1 日书面订立了一份合伙协议。协议约定，3 人共同出资 10 万元开设一家综合商店（普通合伙企业），其中甲出资 4 万元，乙出资 3 万元，丙出资 3 万元；3 人按出资比例分享收益或分摊亏损。2010 年 10 月 20 日，3 人缴清了全部出资，并经登记管理机关核准登记领取了营业执照。2011 年 2 月 1 日，为了解决资金周转困难问题，甲、乙、丙 3 人向某银行贷款 8 万元，期限为 1 年。2011 年 5 月 1 日，甲向乙、丙二人提出，准备将自己在综合商店的全部财产份额以 4 万元的价格转让给丁后，自己退出综合商店，乙、丙二人协商后表示同意。2011 年 5 月 10 日，甲办理了退伙结算手续；丁向甲交付了 4 万元；乙、丙向丁介绍了有关综合商店的经营和财务状况后，共同修订了合伙协议，并向原登记管理机关办理了变更登记手续。2011 年年终结算，该综合商店发生严重亏损。2012 年 1 月 20 日，乙、丙、丁 3 人商定解散综合商店，并将综合商店现有的 5 万元予以分配，但对如何清偿银行贷款未做处理。2012 年 2 月 2 日，银行贷款到期后，银行便找甲要求偿还全部贷款，甲说自己早已退出综合商店，对合伙债务不负责，该责任应由丁承担。银行找到丁要求偿还全部贷款，丁说这笔贷款是在自己入伙前由甲、乙、丙 3 人借的，自己不负责。银行又找乙、丙要求偿还全部贷款，乙、丙均表示只按合伙协议约定的比例偿还应由其偿付的份额。

要求：请根据以上事实，回答下列问题：

（1）丁入伙是否符合入伙的条件和程序？请说明理由。

（2）甲、乙、丙、丁的主张能否成立？请说明理由。

（3）综合商店所欠银行贷款应如何清偿？

（4）甲、乙、丙、丁之间应该如何分担清偿责任？

3．2011 年 2 月 1 日，张某出资 10 万元设立了甲个人独资企业（以下简称甲企业），由张某自己经营管理。2011 年 10 月 5 日，甲企业发生亏损，不能支付到期所欠李某的债务，张某决定解散企业，并请求法院指定清算人。10 月 10 日，人民法院指定王某为清算人对甲企业进行清算。经查，甲企业和张某的资产及债权债务情况如下：甲企业欠税款 4 000 元，欠工人工资 1 万元，欠社会保险费 1 万元，欠李某 20 万元；甲企业银行存款 2 万元，实物折价 16 万元；张某在乙合伙企业出资 12 万元，占 50%的出资额，乙合伙企业每年可向合伙人分配利润；张某个人其他可执行的财产价值 2 万元。

要求：请根据以上事实，回答下列问题：

（1）试述甲企业的财产清偿顺序。

（2）李某的债权请求应当如何被满足？

第三章　外商投资企业法律制度

本章目的和任务

通过本章的学习，要求学生掌握外商投资企业设立的程序，组织形式、出资方式、出资期限，中外合作经营企业先行收回投资等内容；理解外商投资企业的含义、经营管理，3 种类型的外商投资企业的区别；了解外商投资企业的立法概况、期限、终止和清算，并能够明确加以区别；能够运用所学知识解决现实中的具体问题。

本章要点

- 中外合资经营企业法
- 外资企业法
- 中外合作经营企业法

第一节　外商投资企业概述

外商投资企业是指依照中国的法律规定，经中国政府批准，在中国境内设立的，由中国投资者和外国投资者共同投资或者仅由外国投资者投资的企业。外商投资企业包括中外合资经营企业、中外合作经营企业、外资企业 3 种主要形式，以及中外合资股份有限公司形式。外商投资企业均属中国企业，必须遵守中国的法律，受中国法律的保护和管辖。国家有关机关依法对外商投资企业实行管理和监督。本章主要介绍中外合资经营企业法律制度、中外合作经营企业法律制度、外资企业法律制度。

第二节　中外合资经营企业法律制度

一、中外合资经营企业的概念

中外合资经营企业（以下简称合资经营企业）是指外国的公司、企业和其他经济组织或者个人同中国的公司、企业或者其他经济组织，依照中国的法律和行政法规，经中国政府批准，设在中国境内的，由双方共同投资、共同经营，并按照投资比例共担风险、共负盈亏的企业。

知识库

合资经营企业法律制度主要包括 1979 年 7 月 1 日第五届全国人民代表大会第二次会议通过，并于 1990 年 4 月 4 日第七届全国人民代表大会第三次会议和 2001 年 3 月 15 日第九届全国人民代表大会第四次会议修订的《中华人民共和国中外合资经营企业法》（以下简称《中外合资经营企业法》）及其实施条例。

二、合资经营企业的设立

1. 设立合资经营企业的条件

在中国境内设立合资经营企业，应当符合国家指导外商投资方向的规定及外商投资产业指导目录的规定。申请设立合资经营企业有下列情况之一的，不予批准：① 有损中国主权的。② 违反中国法律的。③ 不符合中国国民经济发展要求的。④ 造成环境污染的。⑤ 签订的协议、合同、章程显属不公平，损害合资经营一方权益的。

2. 设立合资经营企业的审批机关

根据《中外合资经营企业法》的规定，设立合资经营企业的审批机关是商务部或者省级商务主管部门。除按照国家有关规定由商务部负责审批的合资经营企业外，其他的合资经营企业的设立由省级商务主管部门审批，报商务部备案。

3. 设立合资经营企业的程序

1）由中外合资经营者共同向审批机关报送有关文件。申请设立合资经营企业，中外合资经营者须共同向审批机关报送下列文件：① 设立合资经营企业的申请书。② 合资经营各方共同编制的可行性研究报告。③ 由合资经营各方授权代表签署的合资经营企业协议、合同和章程。④ 由合资经营各方委派的合资经营企业董事长、副董事长、董事人选名单。⑤ 审批机关规定的其他文件。

2）审批机关审批。审批机关应当在收到全部文件之日起 3 个月内决定批准或者不批准设立合资经营企业。审批机关如发现报送的文件有不当之处，应当要求限期修改，否则不予批准。合资经营企业经批准后由审批机关发给批准证书。

3）申请者应当自收到批准证书后 1 个月内按照国家有关规定，向工商行政管理机关办理登记手续，领取营业执照，开始营业。合资经营企业的营业执照签发日期，即该合资经营企业的成立日期。

三、合资经营企业的注册资本、投资总额及合资经营各方的出资方式

1. 合资经营企业的注册资本与投资总额

合资经营企业的注册资本是指为设立合资经营企业而在工商行政管理机关登记注册的资本它应为合资经营企业各方认缴的出资额之和。在合资经营企业的注册资本中，外国合资者的投资比例一般不低于 25%。合资经营企业在合资经营期限内不得减少其注册资本，但因投资总额和生产经营规模等发生变化而确需减少注册资本的，须经审批机关批准。对合资经营企业在合营期限内增加注册资本，法律没有禁止。合资经营企业注册资本的增加与减少，应当由合资经营企业董事会会议通过，并报原审批机关批准，向原工商行政管理机关办理变更登记手续。

合资经营企业的投资总额是指按照合资经营企业合同、章程规定的生产规模需要投入的基本建设资金和生产流动资金的总和。它由注册资本与借款构成。合资经营企业的借款是指为弥补投资总额的不足，以合资经营企业的名义从金融机构借入的款项。合资经营企业的注册资本与企业借款必须保持一个适当的、合理的比例。现行有关规定如下：① 合资经营企业的投资总额在 300 万美元以下（含 300 万美元）的，其注册资本至少应占投资总额的 7/10。② 合资经营

企业的投资总额在 300 万美元至 1 000 万美元（含 1 000 万美元）的，其注册资本至少应占投资总额的 1/2；其中，投资总额在 420 万美元以下的，其注册资本不得低于 210 万美元。③ 合资经营企业的投资总额在 1 000 万美元至 3 000 万美元（含 3 000 万美元）的，其注册资本至少应占投资总额的 2/5；其中，投资总额在 1250 万美元以下的，其注册资本不得低于 500 万美元。④ 合资经营企业的投资总额在 3 000 万美元以上的，其注册资本至少应占投资总额的 1/3；其中，投资总额在 3600 万美元以上的，其注册资本不得低于 1200 万美元。合资经营企业的投资总额与注册资本的关系如表 3-1 所示。

表 3-1　合资经营企业的投资总额与注册资本的关系　　单位：万美元

投资总额	≤300	300 ~ 420	420 ~ 1 000	1 000 ~ 1 250	1 250 ~ 3 000	3 000 ~ 36 00	>3 600
注册资本	≥7/10	≥210	≥1/2	≥500	≥2/5	≥1 200	≥1/3

案例 3-1　中、日两家公司拟在中国设立一合资经营企业，双方达成的协议条款之一是，合资企业投资额为 300 万美元，注册资本拟为 200 万美元。其中，外方出资 102 万美元，占总股本的 51%；中方出资 98 万美元，占总股本的 49%。

案例分析：该案例的合资经营企业注册资本数额不符合法律规定。依照有关法律规定，按最低注册资本要求，该注册资本总额应为 210 万美元。其中，按外方占总股本 51%的比例计算，外方出资额应为 107.1 万美元；按中方占总股本 49%的比例计算，中方出资额应为 102.9 万美元。

2. 合资经营企业合资各方的出资方式

合资经营企业合资各方可以用现金出资，也可用实物、工业产权、专有技术、土地使用权等作价出资。以实物、工业产权、专有技术作为出资的，其价值应经评估确定。合资各方按照合资经营合同的规定向合资经营企业认缴的出资，必须是合资者自己所有的现金，或者自己所有并且未设立任何担保物权的实物、工业产权、专有技术等。凡是以实物、工业产权、专有技术作价出资的，出资者应当出具拥有所有权和处置权的有效证明。

外国合资者出资的机器设备或者其他物料，必须符合下列各项条件：① 为合资经营企业生产所必不可少。② 作价不得高于同类机器设备或其他物料当时的国际市场价格。外国合资者出资的机器设备或者其他物料，应当报审批机关批准。

外国合资者出资的工业产权或专有技术，必须符合下列条件之一：① 能显著改进现有产品的性能、质量，提高生产效率。② 能显著节约原材料、燃料、动力。外国合资者以工业产权或专有技术作为出资，应提交该工业产权或专有技术的有关资料；外国合资者作为出资的机器设备或其他物料、工业产权或专有技术，应经中国合资者的企业主管部门审查同意，报审批机关批准。

中国合资者可以用为合资经营企业经营期间提供的土地使用权作为出资；如果土地使用权未作为中国合资者出资的一部分，合资经营企业则应向中国政府缴纳土地使用费。

合资经营企业合资各方的出资方式如图 3-1 所示。

- 出资
  - 现金
    - 外方投资者：以外币缴付
    - 中方投资者：以人民币缴付
  - 实物、工业产权、专有技术
    - 报审查批准机关批准
    - 各方协商或第三者评定作价
    - 未设立担保物权
  - 场地使用权
    - 中方投资者以场地使用权出资：作价与取得同类场地使用权所应缴使用费相同
    - 未用场地使用权出资：外商投资企业缴纳场地使用费

（只能作为中方出资，作价无须评估）

图 3-1　合资经营企业合资各方的出资方式

合资经营各方应当按照合同规定的期限缴清各自的出资额。逾期未缴或者未缴清的，应当按合同规定支付迟延利息或者赔偿损失。合资经营各方缴付出资后，应当由中国的注册会计师验证，出具验资报告后，由合资经营企业据以发给出资证明书。

小提示

合资经营企业任何一方不得用以合资经营企业名义取得的贷款、租赁的设备或者其他财产，以及合资者以外的他人财产作为自己的出资，也不得以合资经营企业的财产和权益或者合资他方的财产和权益为其出资担保。

案例 3-2　承案例 3-1，中、日双方达成的协议主要条款之二是，中方拟以其经依法评估和有关机关确认的机器设备、厂房、办公楼、有偿获得的土地使用权和资金出资（其办公楼已为下属企业贷款而做抵押），外方拟以机器设备和美元现金出资。

案例分析：该条款中，外方出资方式符合法律规定，中方出资则有不符合法律规定之处。根据规定，合资各方可以自己所有的机器设备、建筑物、现金、无形资产出资，但不得以其已设定担保的财产作为出资，所以中方以其设定抵押的办公楼作为出资不符合有关法律规定。

3. 合资经营企业出资额的转让

合资经营企业出资额的转让是指在合资经营企业中，合资一方将其全部或者部分出资额转让给合资另一方或者第三者。

合资一方向第三者转让其全部或者部分出资时，须经合营他方同意，经董事会会议通过，报审批机关批准，并向登记机关办理变更登记手续。合资一方转让全部或者部分出资时，合资他方有优先购买权。合资一方向第三者转让出资的条件，不得比向合资他方转让的条件优惠。违反上述规定的，其转让无效。

四、合资经营企业的组织形式和组织机构

1. 合资经营企业的组织形式

合资经营企业的组织形式为有限责任公司。合资经营企业合资各方以其认缴的出资额对企业承担有限责任，合资经营企业以其全部资产对其债务承担责任。

2. 合资经营企业的组织机构

根据《中外合资经营企业法》及其实施条例的规定，合资经营企业的组织机构是董事会和

经营管理机构。

（1）董事会

合资经营企业的董事会是合资经营企业的最高权力机构。合资经营企业的组织形式虽然是有限责任公司，但并不设立股东会。

董事会由董事长、副董事长及董事组成。董事会成员不得少于 3 人。董事长和副董事长由合资各方协商确定或者由董事会选举产生。中外合资者的一方担任董事长的，由他方担任副董事长。董事长是合资经营企业的法定代表人。董事名额的分配由合资各方参照出资比例协商确定，董事由合资各方按照分配的名额委派和撤换。董事任期 4 年，可以连任。

（2）经营管理机构

合资经营企业的经营管理机构，负责企业的日常经营工作。经营管理机构设总经理 1 人，副总经理若干人，其他高级管理人员若干人。总经理、副总经理由合资经营企业董事会聘请，可以由中国公民担任，也可以由外国公民担任。

小提示

合资经营企业的组织形式虽为有限责任公司，但不设股东会和监事会，只设董事会和经营管理机构。董事会是合资经营企业的最高权力机构。

案例 3-3 承案例 3-2，中、日双方达成的协议主要条款之四是，合资经营企业的组织形式为股份有限公司，合资经营企业以股东大会为最高权力机构，以总经理为企业法人代表。

案例分析：这一条款中，合资经营协议约定采取股份有限公司的形式是不正确的，因为合资经营企业的组织形式应为有限责任公司。协议约定以股东大会为企业的最高权力机构也是不正确的，因为合资经营企业设董事会和经营管理机构，董事会是合资经营企业的最高权力机构。合资经营企业的法定代表人是董事长，而不是协议中约定的总经理。

五、合资经营企业的合资经营期限、解散与清算

1. 合资经营企业的合资经营期限

合资经营企业的合资经营期限是指合资各方根据中国的法律、行政法规的规定和合资经营企业的经营目标的期望，在合资经营合同中对合资经营企业存续期间所做的规定。有关合资经营企业的合资经营期限的具体规定如下：

举办的合资经营企业属于下列行业的，合资各方应当依照国家有关法律、行政法规的规定，在合资经营合同中约定合资经营企业的合营期限：① 服务性行业，如饭店、公寓、写字楼、娱乐、饮食、出租汽车、彩扩洗相、维修、咨询等。② 从事土地开发及经营房地产的。③ 从事资源勘察开发的。④ 国家规定限制投资项目的。⑤ 国家其他法律、法规规定需要约定合资经营期限的。

合资经营企业的合资经营期限，一般项目原则上为 10 ~ 30 年；投资大、建设周期长、资金利润率低的项目，以及外国合资者提供先进技术或者关键技术生产尖端产品的项目，或者在国际上有竞争能力的产品的项目，其合营期限可以延长到 50 年；经国务院特别批准的，可以在

50年以上。

对于属于国家规定，鼓励投资和允许投资项目的合资经营企业，除上述行业外，合资各方可以在合同中约定合资经营期限，也可以不约定合资经营期限。

2. 合资经营企业的解散

合资经营企业有下列情形之一的，应予解散：① 合资经营期限届满。② 合资经营企业发生严重亏损，无力继续经营。③ 合资一方不履行合资经营企业协议、合同、章程所规定的义务，致使企业无法继续经营。④ 合资经营企业因自然灾害、战争等不可抗力遭受严重损失，无法继续经营。⑤ 合资经营企业未达到其经营目的，同时又无发展前途。⑥ 合资经营企业合同、章程所规定的其他解散原因已经出现。⑦ 根据《中华人民共和国企业破产法》(以下简称《企业破产法》) 的规定，合资经营企业无力偿还到期债务的，法院宣告企业破产后，企业应予解散。

3. 合资经营企业的清算

合资经营企业宣告解散时，应当进行清算。除企业破产清算应当按照有关法律规定的程序进行清算外，合资经营企业的清算应当按照《公司法》等规定成立清算委员会，由清算委员会负责清算事宜。

第三节　中外合作经营企业法律制度

一、中外合作经营企业的概念

中外合作经营企业（以下简称合作经营企业）是指外国的公司、企业和其他经济组织或者个人同中国的公司、企业或者其他经济组织，依照中国的法律和行政法规，经中国政府批准，设在中国境内的由双方通过合作企业合同约定各自权利和义务的企业。

知识库

合作经营企业法律制度主要包括1988年4月13日第七届全国人民代表大会第一次会议通过，并于2000年10月31日第九届全国人民代表大会常务委员会第十八次会议修订的《中华人民共和国中外合作经营企业法》(以下简称《中外合作经营企业法》) 及其实施细则。

二、合作经营企业的设立

1. 设立合作经营企业的条件

在中国境内设立合作经营企业，应当符合国家的发展政策和产业政策，遵守国家关于指导外商投资方向的规定。

根据《中外合作经营企业法》的规定，国家鼓励举办的合作企业有两种：① 产品出口的生产型合作企业。② 技术先进的生产型合作企业。

2. 设立合作经营企业的法律程序

1）中国合作者向审批机关报送有关文件。

2）审批机关审查批准。

3）批准设立的合作经营企业依法向工商行政管理机关申请登记，领取营业执照。

以上所称审查批准机关，是指商务部或者省级商务主管部门。

三、合作经营企业的注册资本与投资、合作条件

1. 合作经营企业的注册资本

合作经营企业的注册资本是指为设立合作经营企业，在工商行政管理机关申请登记的合作各方认缴的出资额之和。注册资本可以用人民币表示，也可以用合作各方约定的一种可自由兑换的外币表示。合作经营企业的注册资本在合作经营期间内不得减少；因投资总额和生产经营规模等发生变化，确需减少注册资本的，须经审查批准机关批准。

知识库

合作经营企业的投资总额，是指按照合作经营企业合同、章程规定的生产经营规模，需要投入的资金总额。

合作经营企业的注册资本与投资总额的比例，参照合资经营企业注册资本与投资总额比例的有关规定执行。

2. 合作经营企业的投资和合作条件

（1）合作各方的出资方式

合作各方向合作经营企业投资或者提供合作条件的方式可以是货币，也可以是实物或者工业产权、专有技术、土地使用权等财产权利。合作各方应当以其自有的财产或者财产权利作为投资或者提供的合作条件，对该投资或者提供的合作条件不得设置抵押或者其他形式的担保。中国合作者的投资或者提供的合作条件，属于国有资产的，应当依照有关法律、行政法规的规定进行资产评估。

（2）合作各方的出资比例

在依法取得法人资格的合作经营企业中，外国合作者的投资一般不低于合作经营企业注册资本的 25%。在不具备法人资格的合作经营企业中，合作各方向合作经营企业投资或者提供合作条件的具体要求，由商务部确定。

（3）合作各方的出资期限

合作各方应当根据合作经营企业的生产经营需要，依照有关法律、法规的规定，在合作经营企业合同中约定合作各方向合作经营企业投资或者提供合作条件的期限。合作各方未按照合同约定缴纳投资或者未提供合作条件的，工商行政管理机关应当责令其限期履行；限期届满仍未履行的，审查批准机关应当撤销合作经营企业的批准证书，工商行政管理机关应当吊销合作经营企业的营业执照，并予以公告。

未按照合作经营企业合同缴纳投资或者提供合作条件的一方，应当向已缴纳投资或者提供合作条件的他方承担违约责任。

合作各方缴纳投资或者提供合作条件后，应当由中国注册会计师验证并出具验资报告，由合作经营企业据此发给合作各方出资证明书。出资证明书应当抄送审查批准机关及工商行政管理机关。

（4）合作各方的出资转让

合作各方之间相互转让或者合作一方向合作他方以外的他人转让属于其在合作经营企业合

同中约定的全部或者部分权利时，须经合作他方书面同意，并报审查批准机关批准；审查批准机关应当自收到有关转让文件之日起30日内决定批准或者不批准。

四、合作经营企业的组织形式和组织机构

1. 合作经营企业的组织形式

合作经营企业可以申请为具备法人资格的合作经营企业，也可以申请为不具备法人资格的合作经营企业。

具备法人资格的合作经营企业，其组织形式为有限责任公司；合作各方对合作经营企业的责任以各自认缴的出资额或者提供的合作条件为限；合作经营企业以其全部资产对其债务承担责任。

不具备法人资格的合作经营企业，合作各方的关系是一种合伙关系，合作各方依照中国法律的有关规定承担民事责任。

2. 合作经营企业的组织机构

合作经营企业设立董事会或联合管理委员会作为其组织机构。

具备法人资格的合作经营企业，一般设立董事会；不具备法人资格的合作经营企业，一般设立联合管理委员会。董事会或者联合管理委员会是合作经营企业的权力机构，按照合作经营企业章程的规定决定合作经营企业的重大问题。

下列事项由出席董事会会议或者联合管理委员会会议的董事或委员一致通过，方可做出决议：① 合作经营企业章程的修改。② 合作经营企业注册资本的增加或者减少。③ 合作经营企业的资产抵押。④ 合作经营企业的解散。⑤ 合作经营企业合并、分立和变更组织形式。⑥ 合作各方约定由董事会会议或者联合管理委员会会议一致通过方可做出决议的其他事项。

合作经营企业设总经理1人，负责合作经营企业日常经营管理工作，对董事会或者联合管理委员会负责。总经理及其他高级管理人员可以由中国公民担任，也可以由外国公民担任。

五、合作经营企业的经营管理

1. 合作经营企业的生产经营管理

合作经营企业的生产经营管理活动，根据批准的合作经营企业合同和章程进行，其经营管理自主权不受干涉，并依法受到保护。由于合作经营企业的经营管理与合资经营企业基本相同，本节不再赘述。

2. 合作经营企业的收益分配

合作经营企业的中外合作者可以在合同中约定采用分配利润、分配产品或者其他方式分配收益。合作经营企业合作各方约定采用分配产品或者其他方式分配收益的，应当按照中国税法的有关规定计算应纳税额。

3. 合作经营企业外国合作者的投资回收

根据《中外合作经营企业法》及其实施细则的规定，中外合作者在合作经营企业合同中约定合作期限届满时合作经营企业的全部固定资产无偿归中国合作者所有的，外国合作者在合作期限内可以申请以下列方式先行回收其投资：① 在按照投资或者提供条件进行分配的基础上，

在合作经营企业合同中约定扩大外国合作者的收益分配比例。② 经财政税务机关审查批准，外国合作者在合作经营企业缴纳所得税前回收投资。③ 经财政税务机关和审查批准机关批准的其他回收投资方式。

外国合作者在合作期限内回收投资，应符合下列法定条件：① 中外合作者在合作经营企业合同中约定合作期满时，合作经营企业的全部固定资产无偿归中国合作者所有。② 对于税前回收投资的，必须向财政税务机关提出申请，并由财政税务机关依法审查批准。③ 中外合作者应当依照有关法律的规定和合作经营企业合同的约定，对合作经营企业的债务承担责任。④ 外国合作者提出先行回收投资的申请，应当具体说明先行回收投资的总额、期限和方式，经财政税务机关审查同意后，报审查机关审批。⑤ 外国合作者只有在合作经营企业的亏损得到弥补之后，才能先行回收投资。

六、合作经营企业的期限、解散和清算

1. 合作经营企业的期限

合作经营企业的期限由中外合作者协商，在合作经营企业合同中明确约定。合作各方协商同意要求延长合作期限的，应当在合同期限届满的 180 天前向审查批准机关提出申请，说明原合作经营企业合同执行情况及延长合作期限的原因，同时报送合作各方就延长期限内各方的权利、义务等事项所达成的协议；审查批准机关应当自接到申请之日起 30 日内，决定批准或不批准。

2. 合作经营企业的解散

根据《中外合作经营企业法》及其实施细则的规定，合作经营企业有下列情形之一的，应予解散：① 合作期限届满。② 合作经营企业发生严重亏损，或者因不可抗力遭受严重损失，导致无力继续经营。③ 中外合作者一方或者数方不履行合作经营企业合同、章程规定的义务，致使合作经营企业无法继续经营。④ 合作经营企业合同、章程中规定的其他解散原因已经出现。⑤ 合作经营企业违反法律、行政法规，被依法责令关闭。

3. 合作经营企业的清算

《中外合作经营企业法》规定："合作企业期满或者提前终止时，应当依照法定程序对资产和债权、债务进行清算。中外合作者应当依照合作企业合同的约定确定合作企业财产的归属。"也就是说，合作经营企业的清算事宜，应依照国家有关法律、行政法规及合作经营企业合同、章程的规定办理。

合作经营企业与合资经营企业对比如表 3-2 所示。

表 3-2 合作经营企业与合资经营企业对比

	合资经营企业	合作经营企业
性质	股权式企业	契约式企业
组织形式	有限责任公司	1. 若是法人，为有限责任公司 2. 若是非法人，为合伙关系
出资比例	外国合作者的投资一般不低于合资经营企业注册资本的 25%	1. 若是法人，外国合作者的投资一般不低于合作经营企业注册资本的 25%

续表

	合资经营企业	合作经营企业
出资比例		2. 若是非法人，由国务院对外经济贸易主管部门确定
董事长产生	协商或选举	章程规定
董事任期	4年	不超过3年
一般决议	按章程	全体董事过半数
特别决议	出席会议的董事一致通过:① 章程的修改；② 企业的中止、解散；③ 注册资本的增加、减少；④ 企业的合并、分立	出席会议的董事一致同意:① 章程的修改；② 解散；③ 注册资本的增加、减少；④ 合并、分立和变更组织形式；⑤ 资产抵押；⑥ 委托合作各方以外的他人经营管理
管理机制	董事会为最高权力机构	多样性，即董事会制、联合管理委员会制等
经营期限	4类有期限，其余可有可无	必须有期限
投资回收方式	外国合营者不得提前回收投资	期满后其固定资产无偿归中国合作者所有的条件下，外国合作者可以提前回收投资

第四节　外资企业法律制度

一、外资企业的概念

外资企业也称外商独资企业，是指外国的公司、企业和其他经济组织或者个人，依照中国的法律和行政法规，经中国政府批准，设在中国境内的全部资本由外国投资者投资的企业，但不包括外国公司、企业和其他经济组织在中国境内设立的分支机构。

知识库

外资企业法律制度主要包括1986年4月12日第六届全国人民代表大会第四次会议通过，并于2000年10月31日第九届全国人民代表大会常务委员会第十次会议修改的《中华人民共和国外资企业法》(以下简称《外资企业法》)及其实施细则。

二、外资企业的设立

1. 设立外资企业的条件

根据《外资企业法》及其实施细则的规定，设立外资企业，必须有利于中国国民经济的发展，而且能够取得显著的经济效益。国家鼓励外资企业采用先进技术和设备，从事新产品开发，实现产品升级换代，节约能源和原材料，并鼓励举办产品出口的外资企业。

2. 设立外资企业的法律程序

根据《外资企业法》及其实施细则的规定，申请设立外资企业一般应经过如下程序：

1）提出申请。外国投资者向拟设立外资企业所在地的县级或者县级以上人民政府提交报告；收到报告的人民政府签署意见后，由外国投资者通过拟设立外资企业所在地的县级或者县级以上人民政府向审批机关提出申请。

2）审批机关审批。审批机关应当自收到申请文件之日起 90 日内做出批准或者不予批准的决定。审查批准机关，是指商务部或者省级商务主管部门。

3）办理工商登记。设立外资企业的申请被批准后，外国投资者应当在接到批准证书之日起 30 日内，向工商行政管理局申请登记。登记主管机关应当在受理申请后 30 日内，做出核准登记或者不给予核准登记的决定。外资企业的营业执照签发日期为该企业成立日期。外资企业应当在企业成立之日起 30 日内向税务机关办理税务登记。

三、外资企业的注册资本与投资总额

外资企业的注册资本是指为设立外资企业而在工商行政管理机关登记的资本总额，即外国投资者认缴的全部出资额。外资企业的注册资本要与其经营规模相适应，注册资本与投资总额的比例应当符合中国的有关规定，目前参照合资经营企业的有关规定执行。

外资企业在经营期限内不得减少其注册资本；因投资总额和生产经营规模等发生变化，确需减少注册资本的，须经审批机关批准。外资企业注册资本的增加、转让，须经审批机关批准，并向工商行政管理机关办理变更登记手续。外资企业将其财产或者权益进行对外抵押、转让，须经审批机关批准，并向工商行政管理机关备案。

四、外资企业的组织形式与组织机构

1. 外资企业的组织形式

根据《外资企业法》及其实施细则的规定，外资企业的组织形式为有限责任公司，经批准也可以为其他责任形式。外资企业为有限责任公司的，外国投资者以其认缴的出资额为限、外资企业以其全部资产对其债务承担责任。外资企业为其他责任形式的，外国投资者对企业的责任适用有关中国法律和法规的规定。

2. 外资企业的组织机构

外资企业的组织机构可以由外国投资者根据企业不同的经营内容、经营规模、经营方式，本着精简、高效、科学合理的原则自行设置，中国政府不加干涉。按照国际惯例，设立外资企业的权力机构应遵循资本占有权同企业控制权相统一的原则，即外资企业的最高权力机构由资本持有者组成。

外资企业应根据其组织形式设立董事会并推选董事长，同时向审批机关申报备案。董事长是外资企业的法定代表人。

五、外资企业的期限、终止和清算

1. 外资企业的期限

根据《外资企业法》及其实施细则的规定，外资企业的期限，根据不同行业和企业的具体情况，由外国投资者在设立外资企业的申请书中拟订，并经审批机关批准。外资企业的经营期限，从其营业执照签发之日起计算。

2. 外资企业的终止

根据《外资企业法》的规定，外资企业有下列情形之一的，应予终止：① 经营期限届满。② 经营不善，严重亏损，外国投资者决定解散。③ 外资企业因自然灾害、战争等不可抗力而遭受严重损失，导致无法继续经营。④ 破产。⑤ 违反中国法律、法规，危害社会公共利益，依法被撤销。⑥ 外资企业章程规定的其他解散事由已经出现。

外资企业若存在上述第②项、第③项、第④项所列情形，应当自行提交终止申请书，报审批机关核准。审批机关做出核准的日期为企业的终止日期。

3. 外资企业的清算

外资企业终止后，应当进行清算。外资企业除因破产或者依法撤销而终止的，应当按中国有关法律规定进行清算外，外资企业的清算应由外资企业提出清算程序、原则和清算委员会人选，报审批机关审核后进行清算。

外资企业清算结束之前，外国投资者不得将该企业的资金汇出或者携带出中国境外，且不得自行处理企业财产。外资企业清算结束后，其资产净额或剩余财产超过注册资本的部分视同利润，应当依照中国税法的规定缴纳所得税。

外资企业清算结束后，应当向工商行政管理机关办理注销登记手续，缴销营业执照。

思考题

1．试分析合资经营企业与合作经营企业的区别。

2．什么是合资经营企业的注册资本？注册资本与实缴资本有何区别？《中外合资经营企业法》对合资经营企业的注册资本有何规定？

3．试述合作经营企业的组织形式和管理形式。

4．试分析合作经营企业外国合作者先行回收投资的形式和条件。

案例分析题

1．中方 A 公司与外方个人投资者签订合同，拟成立生产型中外合资经营企业。合同主要条款内容如下：

1）投资总额为 900 万美元。其中，中方占 60%，出资 540 万美元；外方占 40%，出资 360 万美元。合资经营企业注册资本为 300 万美元。

2）中方投资者自营业执照签发之日起 5 个月内一次缴清出资，外方在 3 年内分期出资。

3）成立后的合资经营企业组织形式为有限责任公司，不设股东会，只设董事会。

4）外方出资方式以实物和工业产权为主，并以外方的报价作为出资作价依据，其中工业产权作价 180 万美元。

5）外方投资者在经营期内先行收回投资。

要求：根据以上资料，结合《中外合资经营企业法》的规定，分析说明该合同能否予以批准。

2．某中外合资经营合同规定，合资经营企业注册资本 800 万美元；中方投资 650 万美元，其中场地使用权作价 200 万美元、机器设备作价 250 万美元、现金 200 万美元；外方投资 150 万美元，其中现金为 100 万美元、机器设备 50 万美元（是以合资经营企业名义从某国租赁来的）；

企业投资总额为2 500万美元；注册资本预计在5年之内全部缴齐；若企业今后需要更多资金，则通过向社会发行股票的方式筹措；合资经营企业的经营期限暂定10年，在期满前2年，外方可以提前回收投资；企业的内部管理机构为联合管理委员会，主任由中方担任；根据企业的发展需要，可设立分公司，分公司为外资企业性质，对外独立承担责任。

要求：试分析该合同的内容存在什么问题，并说明理由。

第四章 公司法律制度

本章目的和任务

通过本章的学习，学生应掌握有限责任公司和股份有限公司的设立条件与组织机构、股份有限公司股份发行与转让的法律规定、公司债券的概念和种类、公司利润分配顺序及相关规定；理解公司法的适用范围、公司财务会计报告；了解公司的种类，公司的分立、解散与清算的有关规定；能够运用所学知识分析和解决有关公司的具体法律问题。

本章要点

- 公司的概念、种类，公司法的概念及适用范围
- 有限责任公司的设立与组织机构
- 股份有限公司的设立与组织机构
- 股份有限公司的股份发行与转让
- 公司债券
- 公司财务、会计
- 公司的变更、破产、解散与清算
- 违反《公司法》的法律责任

第一节 公司法概述

一、公司的概念、特征与分类

1. 公司的概念及特征

公司是依照《公司法》设立的，以营利为目的、由股东投资形成的企业法人。公司具有如下特征：

1）依法设立。这是指公司必须依法定条件和法定程序设立。这一方面要求公司的章程、资本、组织机构、活动原则等必须合法，另一方面要求公司设立要经过法定程序并进行工商登记。公司通常依《公司法》设立，但有时还必须符合其他法律规定。评判一个企业是不是公司，不能看其名称，而要看它是不是按照《公司法》的规定设的。如果一个企业不是按照《公司法》的规定设立的，即使它的名称冠有“公司”的字样，也不能认定其为公司。

2）必须以营利为目的。所谓以营利为目的，是指公司从事生产、经营或者提供劳务都是为了获取利润。

3）以股东投资行为为基础设立。公司以股东的投资行为为基础而设立。股东投资行为形成的权利是股权。股权是一种独立的特殊权利，它不同于所有权，也不同于经营权等其他物权，更不同于债权。依《公司法》规定，公司股东依法享有资产受益、参与重大决策和选择管理者等权利。

4）必须是具有法人资格的企业。企业是指从事商品生产、商品流通和提供服务性活动的经

济组织。按其形态，企业在法律上分为法人企业和非法人企业两类。法人企业是指具有民事权利能力和民事行为能力，依法独立享有民事权利和承担民事责任的组织。法人企业必须依法成立，有必要的财产或经费，有自己的名称、组织机构和场所，能够独立承担民事责任。非法人企业与法人企业最大的区别在于它不独立承担民事责任。

2. 公司的分类

根据不同的标准，公司有不同的分类。

1）以公司资本结构和股东对公司债务承担责任的方式为标准，公司可分为有限责任公司、股份有限公司、无限公司和两合公司。有限责任公司，是指股东以其认缴的出资为限对公司承担责任、公司以全部财产对公司的债务承担责任的公司；股份有限公司，是指将公司全部资本分为等额股份，股东以其认购的股份对公司承担责任、公司以其全部财产对公司的债务承担责任的公司；无限公司，是指由 2 个以上的股东组成，全体股东对公司的债务承担无限连带责任的公司；两合公司，是指由负无限责任的股东和负有限责任的股东组成，无限责任股东对公司债务负无限连带责任、有限责任股东仅就其认缴的出资为限对公司债务承担责任的公司。我国《公司法》规定的公司形式仅为有限责任公司和股份有限公司。

2）以公司对外信用基础为标准，公司可分为资合公司、人合公司、资合兼人合公司。资合公司，是指以公司资本作为信用基础的公司。其典型的形式为股份有限公司。人合公司，是指以股东个人的财力、能力或者信誉作为信用基础的公司。其典型形式为无限公司。资合兼人合公司，是指同时以公司资本和股东个人信用作为公司信用基础的公司。其典型形式为两合公司。

3）以公司组织关系为标准，公司可分为母公司与子公司、总公司与分公司。① 母公司和子公司：在不同公司之间基于股权而存在控制与依附关系时，因持有其他公司股权而处于控制地位的是母公司，因其股权被持有而处于依附地位的则是子公司。母子公司之间虽然存在控制与被控制的组织关系，但它们都具备法人资格，在法律上是彼此独立的企业。我国《公司法》规定，公司可以设立子公司；子公司具备法人资格，依法独立承担民事责任。② 总公司与分公司：分公司是指公司依法设立的、以公司名义进行经营活动，其法律后果由本公司承担的分支机构。相对分公司而言，公司称为总公司或本公司。分公司没有独立的公司名称、章程，没有独立的财产，不具备法人资格，但可领取营业执照进行经营活动，其民事责任由总公司承担。我国《公司法》规定，公司可以设立分公司；分公司不具备法人资格，其民事责任由公司承担。子公司与分公司的区别如表 4-1 所示。

表 4-1 子公司与分公司的区别

项目	子 公 司	分 公 司
关系	对应母公司，母子公司之间存在控制与被控制的关系	对应总公司，在隶属公司的经营范围内从事经营活动
性质	① 独立法人：以自身全部财产为限对其负债独立承担责任 ② 有独立的财产	① 不具备法人资格：只是总公司的组成部分，责任由总公司承担 ② 没有独立的财产
执照	取得企业法人营业执照	取得营业执照

二、公司法的概念与适用范围

公司法是规定公司法律地位，调整公司组织关系，规范公司在设立、变更与终止过程中的组织行为的法律规范的总称。

知识库

《公司法》于 1993 年 12 月 29 日第八届全国人民代表大会常务委员会第五次会议通过，自 1994 年 7 月 1 日起施行。此后，《公司法》于 1999 年、2004 年进行了两次小的修订。2005 年 10 月 27 日，《公司法》在进行了大规模的修订后，由第十届全国人民代表大会常务委员会第十八次会议重新颁布；新法于 2006 年 1 月 1 日起施行。

《公司法》第 2 条规定："本法所称公司是指依照本法在中国境内设立的有限责任公司和股份有限公司。"因此，凡在中国境内设立的有限责任公司和股份有限公司均适用我国的《公司法》。

《公司法》还规定，在我国境内设立的外商投资企业中的有限责任公司和股份有限公司，也适用《公司法》。因为这些公司也是中国的企业法人，在中国境内从事生产经营活动。但是，为了维持我国多年来对外商投资企业政策的稳定性和连续性，《公司法》第 218 条又规定："有关中外合资经营企业、中外合作经营企业、外资企业的法律另有规定的，适用其规定。"

三、公司设立登记

公司设立登记，是指公司的设立人依照《公司法》规定的设立条件与程序，向公司登记机关提出设立申请，并提交法定登记事项文件，公司登记机关审核后对符合法律规定者准予登记，并发给企业法人营业执照的活动。

1. 公司名称预先核准

设立公司应当申请名称预先核准。设立有限责任公司，应当由全体股东指定的代表或者共同委托的代理人向公司登记机关申请名称预先核准；设立股份有限公司，应当由全体发起人指定的代表或者共同委托的代理人向公司登记机关申请名称预先核准。

预先核准的公司名称保留期为 6 个月。在保留期内，预先核准的公司名称不得用于从事经营活动，也不得转让。

2. 公司设立的申请与登记

（1）有限责任公司的设立申请与登记

设立有限责任公司，应当由全体股东指定的代表或者共同委托的代理人向公司登记机关申请设立登记。设立国有独资公司，应当由国务院或者地方人民政府授权的本级人民政府国有资产监督管理机构作为申请人，申请设立登记。法律、行政法规或者国务院规定设立有限责任公司必须报经批准的，应当自批准之日起 90 日内向公司登记机关申请设立登记；逾期申请设立登记的，申请人应当报批准机关确认原批准文件的效力或者另行报批。

（2）股份有限公司的设立申请与登记

设立股份有限公司，应当由董事会向公司登记机关申请设立登记。以募集设立方式设立股份有限公司的，应当于公司创立大会结束后 30 日内向公司登记机关申请设立登记。

以募集方式设立股份有限公司并公开发行股票的，还应当提交国务院证券监督管理机构的核准文件。法律、行政法规或者国务院规定设立股份有限公司必须报经批准的，应当提交有关批准文件。

公司登记机关对当事人的申请应当根据法律、行政法规的不同规定分别做出是否受理的决定。公司登记机关做出准予公司登记决定的，应当出具准予设立登记通知书，并发给公司《企业法人营业执照》。公司登记机关做出不予登记决定的，应当出具登记驳回通知书，说明不予登记的理由，并告知申请人享有依法申请行政复议或者提起行政诉讼的权利。

小提示

公司营业执照签发日期为公司成立日期。公司凭《企业法人营业执照》刻制公章，开立银行账户，申请纳税登记。任何单位和个人均不得伪造、涂改、出租、出借、转让营业执照。

第二节　有限责任公司的设立与组织机构

一、有限责任公司的设立

1. 有限责任公司设立的条件

根据《公司法》的规定，设立有限责任公司，应当具备下列条件。

（1）股东符合法定人数

《公司法》规定，有限责任公司由 50 个以下股东出资设立；允许设立一人公司和国有独资公司。

（2）有符合公司章程规定的全体股东认缴的出资额

1）注册资本。有限责任公司的注册资本为在公司登记机关登记的全体股东认缴的出资额。法律、行政法规及国务院对有限责任公司注册资本实缴、注册资本最低限额另有规定的，从其规定。

2）股东出资方式。股东向有限责任公司的出资方式可以是货币，也可以是实物、知识产权、土地使用权等可以用货币估价并可以依法转让的非货币财产作价出资；但法律、行政法规规定不得作为出资的财产除外。股东以非货币财产出资的，对作为出资的非货币资产应当评估作价、核实财产，同时不得高估或者低估作价。

（3）股东必须共同制定公司章程

公司章程是记载公司组织和活动基本准则的公开性法律文件。设立有限责任公司必须由股东共同制定公司章程。股东应当在公司章程上签名、盖章。公司章程对公司、股东、董事、监事、高级管理人员具有约束力。

（4）有公司名称和符合有限责任公司的组织机构

公司名称是公司的标志。有限责任公司在设立自己的名称时，必须符合法律、法规的规定，必须在公司名称中标明“有限责任公司”字样。公司应当设立符合有限责任公司要求的组织机构，即股东会、董事会或执行董事、监事会或监事。

（5）有公司住所

设立公司必须有住所。没有住所的公司，不得设立。公司以其主要办事机构所在地为住所。

2. 有限责任公司设立的程序

（1）订立公司章程

股东设立有限责任公司，应当首先订立公司章程，将所要设立公司的基本情况及各方的权利义务进行明确的规定。

（2）股东缴纳出资

股东应当按期足额缴纳公司章程中规定的各自认缴的出资额。股东以货币出资的，应当将货币出资足额存入为设立有限责任公司而在银行开设的账户。股东以非货币财产出资的，应当依法办理其财产权的转移手续；该转移手续一般在6个月内办理完毕。

对于股东不按规定缴纳出资的，《公司法》规定，除该股东应当向公司足额缴纳外，还应当向已按期足额缴纳出资的股东承担违约责任。该违约责任除出资部分外，还包括未出资的利息。

（3）申请设立登记

股东缴足公司章程规定的出资后，由全体股东指定的代表或者共同委托的代理人向公司登记机关报送公司登记申请书、公司章程等文件，申请设立登记。公司经核准登记后，领取公司营业执照。公司企业法人营业执照签发日期为公司成立日期。

有限责任公司成立后，发现作为设立公司出资的非货币财产的实际价额显著低于公司章程所定价额的，应当由交付该出资的股东补足其差额，公司设立时的其他股东承担连带责任。

我国《公司法》还规定，有限责任公司成立后，股东不得抽逃出资。

二、有限责任公司的组织机构

有限责任公司的组织机构主要包括股东会、董事会或执行董事、监事会或监事，以及高级管理人员。

1. 有限责任公司的股东会

（1）股东会的性质和职权

有限责任公司的股东会由全体股东组成。股东是指公司的出资人。在我国，除国家有特别规定外，有权代表国家投资的机构或者政府部门、企业法人、具有法人资格的事业单位和社会团体、自然人均可以依法成为有限责任公司的股东。公司股东作为出资人按投入公司的资本额享有所有者的资产收益、重大决策和选择管理者等权利。

根据《公司法》的规定，有限责任公司的股东会是公司的权力机构，是公司的最高决策机构，有权对公司的重大问题进行决策。

有限责任公司的股东会行使下列职权：① 决定公司的经营方针和投资计划。② 选举和更换非由职工代表担任的董事、监事，决定有关董事、监事的报酬事项。③ 审议批准董事会或者执行董事的报告。④ 审议批准监事会或者监事的报告。⑤ 审议批准公司的年度财务预算方案、决算方案。⑥ 审议批准公司的利润分配方案和弥补亏损方案。⑦ 对公司增加或者减少注册资本做出决议。⑧ 对发行公司债券做出决议。⑨ 对公司合并、分立、变更公司形式、解散和清算等事项做出决议。⑩ 修改公司章程。⑪ 公司章程规定的其他职权。对上述事项，股东以书面形式一致表示同意的，可以不召开股东会会议，直接做出决定，并由全体股东在决定文件上签名、盖章。

（2）股东会的议事规则

有限责任公司的股东会会议分为定期会议和临时会议两种。定期会议按照公司章程的规定按时召开。临时会议是在公司章程规定的会议时间以外召开的会议。代表 1/10 以上表决权的股东、1/3 以上的董事、监事会或者不设监事会的公司的监事提议召开临时会议的，应当召开临时会议。

有限责任公司股东会的首次会议由出资最多的股东召集和主持，依法行使职权；之后召开股东会会议，公司设立董事会的，由董事会召集、董事长主持；董事长不能或者不履行职务的，由副董事长主持；副董事长不能或者不履行职务的，由半数以上董事共同推举 1 名董事主持。公司不设董事会的，股东会会议由执行董事召集和主持；执行董事不能或者不履行召集股东会会议职责的，由监事会或者不设监事会的公司的监事召集和主持；监事会或者监事不召集和不主持的，代表 1/10 以上表决权的股东可以自行召集和主持。

召集股东会会议，应当于会议召开 15 日前通知全体股东，但公司章程另有规定或者全体股东另有约定的除外。股东会应当将所议事项的决定做成会议记录，出席会议的股东应当在会议记录上签名。

股东会对公司的重大问题做出决议，须由股东进行表决。根据《公司法》的规定，股东会会议由股东按照出资比例行使表决权。对某些涉及股东根本利益的事项的表决，《公司法》做了特别规定。比如，股东会对公司增加或者减少注册资本，以及公司分立、合并、解散、变更公司形式或者修改公司章程做出决议，必须经代表 2/3 以上表决权的股东通过。

2. 有限责任公司的董事会和高级管理人员

（1）董事会的设立及职权

有限责任公司的董事会是公司股东会的执行机构，对股东会负责。董事会由 3 ~ 13 人组成。2 个以上的国有企业或者其他 2 个以上的国有投资主体投资设立的有限责任公司，其董事会成员中应当有公司职工代表；其他有限责任公司的董事会成员中也可以有公司职工代表。董事会中的职工代表由公司职工民主选举产生。董事会设董事长 1 人，可以设副董事长。董事长、副董事长的产生办法由公司章程规定。董事长为公司的法定代表人。股东人数较少或规模较小的有限责任公司，可以设 1 名执行董事，不设董事会；执行董事可以兼任公司经理；执行董事为公司的法定代表人，其职权由公司章程规定。

董事任期由公司章程规定，但每届任期不得超过 3 年。董事任期届满，连选可以连任。董事在任期届满前，股东会不得无故解除其职务。

根据《公司法》的规定，董事会行使下列职权：① 负责召集股东会，并向股东会报告工作。② 执行股东会的决议。③ 决定公司的经营计划和投资方案。④ 制订公司的年度财务预算方案、决算方案。⑤ 制订公司的利润分配方案和弥补亏损方案。⑥ 制订公司增加或者减少注册资本的方案及发行公司债券的方案。⑦ 拟订公司合并、分立、变更公司形式、解散的方案。⑧ 决定公司内部管理机构的设置。⑨ 决定聘任或者解聘公司经理及其报酬事项，并根据经理的提名决定聘任或者解聘公司副经理、财务负责人及其报酬事项。⑩ 制定公司的基本管理制度。⑪ 公司章程规定的其他职权。

（2）董事会的议事规则

董事会会议由董事长召集和主持；董事长不能或者不履行职务的，由副董事长召集和主持；副董事长不能或者不履行职务的，由半数以上董事共同推举 1 名董事召集和主持。

董事会的议事方式和表决程序，除《公司法》有规定以外，由公司章程规定。董事会应当对所议事项的决定做成会议记录，出席会议的董事应当在会议记录上签名。董事会决议的表决，实行一人一票制度。

（3）经理的设立及职权

有限责任公司可以设立经理，由董事会聘任或者解聘。公司章程可以规定不设经理，而设总裁、首席执行官等职务，行使公司的管理职务。《公司法》规定，公司设立经理时，经理对董事会负责，行使下列职权：① 主持公司的生产经营管理工作，组织实施董事会决议。② 组织实施公司年度经营计划和投资方案。③ 拟订公司内部管理机构设置方案。④ 拟定公司的基本管理制度。⑤ 制定公司的具体规章制度。⑥ 提请聘任或者解聘公司副经理、财务负责人。⑦ 决定聘任或者解聘除应由董事会决定聘任或者解聘以外的负责管理人员。⑧ 董事会授予的其他职权。

3. 有限责任公司的监事会或者监事

（1）监事会或者监事的设立

有限责任公司监事会是公司内部的监督机构。《公司法》规定，经营规模较大的有限责任公司设立监事会；股东人数较少或规模较小的有限责任公司，可以只设 1～2 名监事。监事会成员不得少于 3 人。监事会应当包括股东代表和适当比例的公司职工代表；其中，职工代表的比例不得低于 1/3，具体比例由公司章程规定。监事会中的职工代表由公司职工民主选举产生。监事会设主席 1 人，由全体监事过半数选举产生。监事会主席召集和主持监事会会议；监事会主席不能或者不履行职务时，由半数以上监事共同推举 1 名监事召集和主持监事会会议。董事、高级管理人员不得兼任监事。

监事的任期每届为 3 年。监事任期届满，连选可以连任。

（2）监事会或者监事的职权

根据《公司法》的规定，监事会或者监事行使下列职权：① 检查公司财务。② 对董事、高级管理人员执行公司职务的行为进行监督，对违反法律、法规或者公司章程或者股东会决议的董事、高级管理人员提出罢免的建议。③ 当董事、高级管理人员的行为损害公司的利益时，要求董事、高级管理人员予以纠正。④ 提议召开临时股东会会议，在董事会不履行《公司法》规定的召集和主持股东会会议职责时召集和主持股东会会议。⑤ 向股东会会议提出提案。⑥ 依照《公司法》规定，对董事、高级管理人员提起诉讼。⑦ 公司章程规定的其他职权。监事可以列席董事会会议，并对董事会决议事项提出质询或者建议。监事会、不设监事会的公司的监事行使职权所必需的费用，由公司承担。

监事会每年度至少召开 1 次会议，监事可以提议召开临时监事会会议。监事会的议事方式和表决程序由公司章程规定，《公司法》另有规定的除外。监事会的决定应当经半数以上监事通过。监事会应当将所议事项的决定做成会议记录，出席会议的监事应当在会议记录上签名。

有限责任公司的组织机构如图 4-1 所示。

小提示

注意有限责任公司股东会与董事会职权的区别。股东会是权力机构，有权决定公司重大问题；董事会是执行机构，对股东会负责。

监事与董事中的职工代表的区别图 4-2 所示。

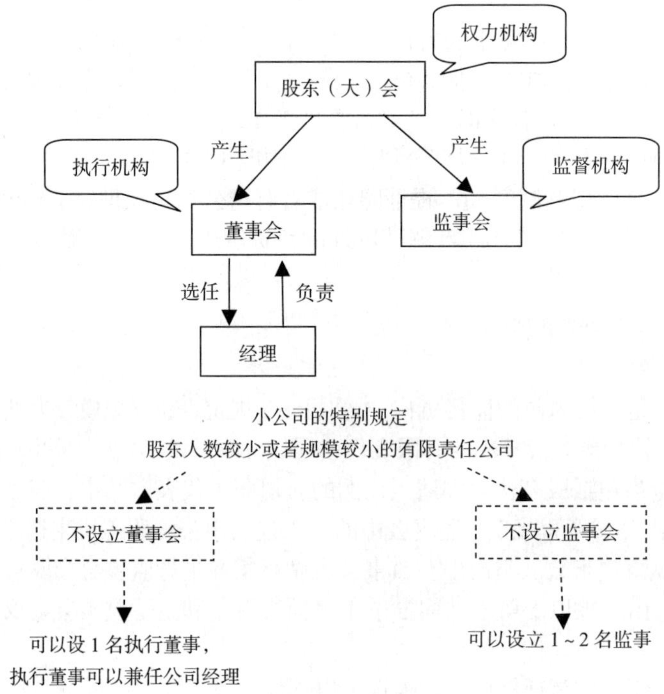

图 4-1　有限责任公司的组织机构

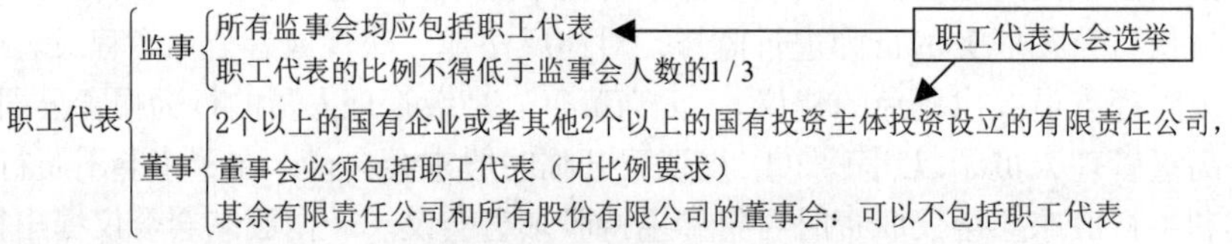

图 4-2　监事与董事中的职工代表的区别

4. 董事、监事、高级管理人员的职责和资格

（1）董事、监事、高级管理人员的职责

公司董事、监事、高级管理人员应当遵守法律、行政法规和公司章程，对公司负有忠实义务和勤勉义务。公司董事、监事、高级管理人员不得利用职权收受贿赂或者其他非法收入，不得侵占公司财产。

小提示

公司董事、监事、高级管理人员执行公司职务时违反法律、行政法规或者公司章程的规定，给公司造成损失的，应当承担赔偿责任。

公司股东会或者股东大会要求董事、监事、高级管理人员列席会议的，董事、监事、高级管理人员应当列席并接受股东的质询。董事、高级管理人员应当如实向公司监事会或者不设监事会的有限责任公司的监事提供有关情况和资料，不得妨碍监事会或者监事行使职权。

（2）董事、监事、高级管理人员的资格

《公司法》规定，有下列情形之一的人，不得担任公司的董事、监事、高级管理人员：① 无民事行为能力或者限制民事行为能力。② 因犯有贪污、贿赂、侵占财产、挪用财产罪，或者破坏社会经济秩序，被判处刑罚，执行期满未逾 5 年，或者因犯罪被剥夺政治权利，执行期满未逾 5 年。③ 担任因经营不善破产清算的公司、企业的董事或者厂长、经理，并对该公司、企业的破产负有个人责任的，自该公司、企业破产清算完结之日起未逾 3 年。④ 担任因违法被吊销营业执照、责令关闭的公司、企业的法定代表人，并负有个人责任的，自该公司、企业被吊销营业执照之日起未逾 3 年。⑤ 个人所负数额较大的债务到期未清偿。违反以上规定选举、委派董事、监事或者聘任高级管理人员的，该选举、委派或者聘任无效。公司董事、监事、高级管理人员在任职期间出现上述所列情形之一的，公司应当解除其职务。

三、一人有限责任公司的特别规定

《公司法》允许设立一人有限责任公司。所谓一人有限责任公司，是指只有 1 个自然人股东或 1 个法人股东的有限责任公司。

《公司法》规定 1 个自然人只能投资设立 1 个一人有限责任公司，禁止其设立多个一人有限责任公司，而且该一人有限责任公司不能投资设立新的一人有限责任公司。

一人有限责任公司应当在公司登记中注明是自然人独资或法人独资，并在公司营业执照中载明。

一人有限责任公司不设股东会。法律规定的股东会职权由股东行使，当股东行使相应职权并做出决定时，应当采用书面形式，并由股东签字后置备于公司。一人有限责任公司应当在每一会计年度终了时编制财务会计报告，并经会计师事务所审计。《公司法》规定，一人有限责任公司的股东不能证明公司财产独立于股东自己的财产的，应当对公司债务承担连带责任。

四、国有独资公司的特别规定

国有独资公司，是指国家单独出资、由国务院或者地方人民政府委托本级人民政府国有资产监督管理机构履行出资人职责的有限责任公司。

国有独资公司不设股东会，由国有资产监督管理机构行使股东会职权。国有资产监督管理机构可以授权公司董事会行使股东会的部分职权，决定公司的重大事项；但公司的合并、分立、解散、增加或减少注册资本，以及发行公司债券，必须由国有资产监督管理机构决定。其中，重要的国有独资公司合并、分立、解散、申请破产的，应当由国有资产监督管理机构审核后，报本级人民政府批准。

国有独资公司设董事会，依照法律规定的有限责任公司董事会的职权和国有资产监督管理机构的授权行使职权。董事每届任期不得超过 3 年。董事会成员中应当有公司职工代表。董事会成员由国有资产监督管理机构委派；但是，董事会成员中的职工代表由公司职工代表大会选举产生。

国有独资公司设经理。经理由董事会聘任或者解聘。国有独资公司经理的职权与普通有限责任公司相同。经国有资产监督管理机构同意，董事会成员可以兼任经理。

国有独资公司的董事长、副董事长、董事、高级管理人员，未经国有资产监督管理机构同意，不得在其他有限责任公司、股份有限公司或者其他经济组织兼职。

国有独资公司监事会成员不得少于 5 人，其中职工代表的比例不得低于 1/3，具体比例由公司章程规定。

五、有限责任公司的股权转让

有限责任公司作为资合兼人合的公司，其股东转让股权受到一定法律限制。《公司法》规定："有限责任公司的股东之间可以相互转让其全部或者部分股权。股东向股东以外的人转让股权，应当经其他股东过半数同意。股东应就其股权转让事项书面通知其他股东征求意见，其他股东自接到通知书之日起满 30 日未答复的，视为同意转让。其他股东半数以上不同意转让的，不同意的股东应当购买该转让的股权；不购买的，视为同意转让。经股东同意转让的股权，在同等条件下，其他股东有优先购买权。2 个以上股东主张行使优先购买权的，协商确定各自的购买比例；协商不成的，按照转让时各自的出资比例行使优先购买权。公司章程对股权转让另有规定的，从其规定。"

第三节 股份有限公司的设立与组织机构

一、股份有限公司的设立

1. 股份有限公司的设立方式

股份有限公司的设立，可以采取发起设立或者募集设立的方式。发起设立是指发起人认购公司应发行的全部股份而设立公司。募集设立是指由发起人认购公司应发行股份的一部分，即发起人认购的股份不得少于公司股份总数的 35%，其余股份向社会公开募集或者向特定对象募集而设立公司。

《公司法》对股份有限公司的设立采取准则主义，即只要符合法律规定的条件，设立股份有限公司可直接向登记机关申请登记设立，不再需要报行政主管机关批准。

2. 股份有限公司的设立条件

根据《公司法》规定，设立股份有限公司，应当具备下列条件：

1）发起人符合法定人数。股份有限公司的发起人是指依法办理筹建股份有限公司事务的人。设立股份有限公司必须要有发起人。《公司法》规定，设立股份有限公司，应当有 2 人以上 200 人以下的发起人，其中须有半数以上的发起人在中国境内有住所。发起人应当签订发起人协议，明确各自在公司设立过程中的权利和义务。

2）有符合公司章程规定的全体发起人认购的股本总额或者募集的实收股本总额。股份有限公司采取发起设立方式设立的，注册资本为在公司登记机关登记的全体发起人认购的股本总额。发起人认购的股份缴足前，不得向他人募集股份。股份有限公司采取募集方式设立的，注册资本为在公司登记机关登记的实收股本总额。法律、行政法规及国务院对股份有限公司注册资本实缴、注册资本最低限额另有规定的，从其规定。发起人可以用货币出资，也可以用实物、知识产权、土地使用权等可以用货币估价并可以依法转让的非货币财产作价出资；但法律、行政法规规定不得作为出资的财产除外。对作为出资的非货币资产应当评估作价，核实财产，不得高估或者低估作价。法律、行政法规对评估作价另有规定的，从其规定。

3）股份发行、筹办事项符合法律规定。

4）发起人制定公司章程，采取募集方式设立的须经创立大会通过。股份有限公司章程应当载明下列事项：① 公司的名称和住所。② 公司的经营范围。③ 公司的设立方式。④ 公司的股份总数、每股金额和注册资本。⑤ 发起人的姓名或者名称、认购的股份数、出资方式和出资时间。⑥ 董事会的组成、职权、任期和议事规则。⑦ 公司法定代表人。⑧ 监事会的组成、职权、任期和议事规则。⑨ 公司利润分配办法。⑩ 公司的解散事由与清算办法。⑪ 公司的通知和公告办法。⑫ 股东大会会议认为需要规定的其他事项。

5）有公司名称，建立了符合股份有限公司的组织机构。

6）有公司住所。

3. 股份有限公司的设立程序

（1）以发起方式设立股份有限公司的程序

1）发起人认购股份。以发起方式设立股份有限公司的，发起人应当书面认足公司章程规定其认购的股份，并按照公司章程规定缴纳出资。

2）缴纳出资。以非货币财产出资的，应当依法办理财产权的转移手续。发起人不按照规定缴纳出资的，应当按照发起人协议的约定承担违约责任。

3）选举董事会和监事会。发起人首次缴纳出资后，应当选举董事会和监事会，建立公司的组织机构。

4）申请设立登记。发起人在选举董事会和监事会后，董事会应当向公司登记机关报送公司章程、由依法设立的验资机构出具的验资证明及法律、行政法规规定的其他文件，申请设立登记。一旦公司登记机关予以登记，发给公司营业执照，公司即告成立。

（2）以募集设立方式设立股份有限公司的程序

1）发起人认购股份。募集设立发行人认购的股份不得少于公司应发行股份总数的35%；但法律、行政法规另有规定的，从其规定。发起人只有在缴足出资后，才能向社会公开募集股份。

2）向社会公开募集股份。发起人向社会公开募集股份，必须公告招股说明书，并制作认股书。认股书由认股人填写认购股数、金额、住所，并签名、盖章。认股人按照认购股数缴纳股款。招股说明书应当附有发起人制定的公司章程，并载明下列事项：① 发起人认购的股份数。② 每股的票面金额和发行价格。③ 无记名股票的发行总数。④ 认股人的权利、义务。⑤ 本次募股的起止期限及逾期未募足时认股人可撤回所认购股份的说明。发起人向社会公开募集股份，应当由依法设立的证券公司承销，并签订承销协议。承销有代销和包销两种方式。代销是指证券公司代发行人发行股票，在承销期结束时，将未售出的股票全部退还给发行人的承销方式。包销是指证券公司将发行人的股票按照协议全部购入或者在承销期结束时将剩余股票全部自行购入的承销方式。发起人向社会公开募集股份，应当同银行签订代收股款协议。代收股款的银行应当按照协议代收和保存股款，向缴纳股款的认股人出具收款单据，并负有向有关部门出具收款证明的义务。

3）召开创立大会。发起人认购股份的股款缴足后，必须经依法设立的验资机构验资并出具证明。发起人应当在发行股票的股款缴足后30日内，主持召开创立大会。创立大会由发起人、认股人组成，是公司募集设立过程中的决议机构。发起人应当在创立大会召开15日前将会议日期通知各认股人或者予以公告。创立大会应有代表股份总数过半数的发起人、认股人出席，方可举行。创立大会行使下列职权：① 审议发起人关于公司筹办情况的报告。② 通过公司章程。③ 选举董事会成员。④ 选举监事会成员。⑤ 对公司的设立费用进行审核。⑥ 对发起人用于抵作股款的财产的作价进行审核。⑦ 发生不可抗力或者经营条件发生重大变化直接影响公司设立的，可以做出不设立公司的决议。创立大会对上述所列事项做出决议，必须经出席会议的认股人所持表决权过半数通过。发行的股份超过招股说明书规定的截止期限仍尚未募足的，或者发行股份的股款缴足后，发起人在 30 日内未召开创立大会的，或创立大会做出不设立公司决议的，认股人可以按照所缴股款并加算银行同期存款利息，要求发起人返还。发起人、认股人缴纳股款或者交付抵作股款的出资后，除上述情形外不得抽回其股本。

4）申请设立登记。董事会应于创立大会结束后 30 日内，向公司登记机关申请设立登记。公司登记机关依法核准登记后，应当发给公司企业法人营业执照。自公司企业法人营业执照签发之日起，公司即告成立。股份有限公司成立后，发起人未按照公司章程的规定缴足出资的，应当补缴；其他发起人承担连带责任。股份有限公司成立后，发现作为设立公司出资的非货币财产的实际价额显著低于公司章程所定价额的，应当由交付该出资的发起人补足其差额；其他发起人承担连带责任。股份有限公司应当将公司章程、股东名册、公司债券存根、股东大会会议记录、董事会会议记录、监事会会议记录、财务会计报告置备于本公司，供股东查阅。

二、股份有限公司的组织机构

股份有限公司的组织机构包括股东大会、董事会、监事会和经理。

1. 股份有限公司的股东大会

股份有限公司的股东，是指股份有限公司的股份持有人。股份有限公司的股东按其持有股份的份额对公司享有权利并承担相应的义务。股份有限公司股东大会是由公司全体股东共同组成的权力机构，是对公司重大事项行使最终决策权的机构。

（1）股东大会的职权

股东大会行使《公司法》规定的职权。股份有限公司股东大会行使的职权，与有限责任公司股东会的职权相同。

（2）股东大会的形式

股份有限公司股东大会的形式分为年会和临时会两种。年会即每年按时召开一次的大会。我国《公司法》规定，有下列情形之一的，应当在 2 个月内召开临时股东大会：

1）董事人数不足《公司法》规定的人数或者公司章程所定人数的 2/3 时。

2）公司未弥补的亏损达实收股本总额的 1/3 时。

3）单独或者合计持有公司股份 10%以上股份的股东请求时。

4）董事会认为必要时。

5）监事会提议召开时。

6）公司章程规定的其他情形。

（3）股东大会的议事规则

股份有限公司股东大会会议由董事会负责召集，由董事长主持；董事长不能或者不履行职务的，由副董事长主持；副董事长不能或者不履行职务的，由半数以上董事共同推举 1 名董事主持。董事会不能或者不履行召集股东大会会议职责的，监事会应当及时召集和主持股东大会；监事会不召集和主持的，连续 90 日以上单独或者合计持有公司 1/10 以上股份的股东可以自行召集和主持。

召开股东大会会议，应当将会议召开的时间、地点和审议的事项于会议召开 20 日前通知各股东；临时股东大会应当于会议召开 15 日前通知各股东。发行无记名股票的，应当于股东大会召开 30 日前公告会议召开的时间、地点和审议事项。

股东出席股东大会会议，所持有的每一股份都有一表决权。股份有限公司股东大会的决议分为特别决议和一般决议。特别决议是指对修改公司章程、增加或者减少注册资本，以及公司合并、分立、解散或者变更公司形式所做的决议，之外的决议为一般决议。特别决议必须经出席会议的股东所持表决权的 2/3 以上通过，一般决议只需经出席会议的股东所持表决权的半数以上通过。

《公司法》和公司章程规定，公司转让、受让重大资产或者对外提供担保等事项必须经股东大会做出决议，董事会对此应当及时召集股东大会会议，由股东大会就上述事项进行表决。

2. 股份有限公司的董事会和经理

（1）董事会的组成及职权

股份有限公司的董事会是公司股东大会的执行机构，对公司股东大会负责。董事会由 5 ~ 19 人组成，董事会成员中可以有公司职工代表。董事会中的职工代表由公司职工民主选举产生。股份有限公司董事的任期、董事会的职权与有限责任公司相同。

董事会设董事长 1 人，可以设副董事长。

根据公司需要，董事会可以授权董事长在董事会闭会期间行使董事会的部分职权，董事会还可以决定由董事会成员兼任公司经理。

（2）董事和董事长

1）董事。股份有限公司的董事由股东大会按照法律和公司章程规定的决议程序选举产生。但《公司法》对第一届董事的产生方式做了特别的规定：以发起设立方式设立的股份有限公司，第一届的董事由发起人选举产生；以募集设立方式设立的股份有限公司，第一届的董事由创立大会选举产生。董事任期由公司章程规定，但每届任期不得超过 3 年。董事任期届满，连选可以连任。董事在任期届满前，股东大会不得无故解除其职务。股份有限公司董事资格的限制及董事的责任与义务，适用有限责任公司董事的有关规定。

2）董事长。股份有限公司的董事长由董事会以全体董事的过半数选举产生，董事长为公司的法定代表人。副董事长也由董事会以全体董事的过半数选举产生，副董事长协助董事长工作。董事长不能或者不履行职务时，由副董事长履行；副董事长不能或者不履行职务时，由半数以上董事共同推举 1 名董事履行职务。

（3）董事会会议

根据《公司法》的规定，股份有限公司的董事会每年度至少召开 2 次会议，每次会议应当于会议召开 10 日前通知全体董事和监事。代表 1/10 以上表决权的股东、1/3 以上董事或者监事会，可以提议召开临时董事会会议，董事长应当自接到提议后 10 日内召集和主持董事会会议。

小提示

必须注意，股份有限公司董事会开会时，董事应亲自出席；董事因故不能出席时，可以书面委托其他董事代为出席，但书面委托中应载明授权范围。《公司法》规定，股份有限公司董事会会议应有过半数的董事出席方可举行。董事会决议必须经全体董事的过半数通过。董事会应当对会议所议事项做成会议记录，出席会议的董事应当在会议记录上签名。董事应当对董事会的决议承担责任。董事会的决议违反法律、行政法规或者公司章程、股东大会决议，致使公司遭受损失的，参与决议的董事对公司负赔偿责任；但经证明在表决时曾表明异议并记载于会议记录的，该董事可以免除责任。

案例 4-1 某股份有限公司董事会由 15 名董事组成。2011 年 5 月 10 日，公司董事长召集并主持召开董事会会议，其中亲自出席会议的董事 6 名，1 名董事委托董事长出席，另有 1 名董事委托 1 名股东（非董事）出席。

案例分析：由于出席会议的董事未达到 1/2 以上（委托股东出席为无效委托），因此导致此次董事会议不能召开；如果召开，此次会议做出的决议也是无效的，因为此次会议召开本身就不合法，而董事会决议必须经全体董事过半数通过。如果亲自出席会议的董事为 9 名，则此次会议即有效。董事会决议必须经 8 名以上董事通过方为有效。

（4）经理

股份有限公司设经理，由董事会聘任或者解聘。经理依据法律和公司章程的规定行使职权，负责公司的日常经营管理工作，对董事会负责。股份有限公司经理与有限责任公司经理行使的职权相同。股份有限公司经理资格的限制及经理的责任与义务，适用有限责任公司经理的有关规定。公司董事会可以决定由董事会成员兼任经理。

3. 股份有限公司的监事会

股份有限公司的监事会是公司依照《公司法》及公司章程设立的监督公司各项事务的机构。监事会是股份有限公司必设的监督机构，监事会对股东大会负责，向股东大会报告工作。其组成和职权与有限责任公司监事会相同。

股份有限公司监事资格的限制及监事的责任与义务，适用有限责任公司监事的有关规定。

监事会每 6 个月至少召开一次会议。监事可以提议召开临时监事会会议。

第四节　股份有限公司的股份发行与转让

一、股份有限公司的股份发行

1. 股份与股票

股份有限公司的股份，是指按相等金额或者相同比例，平均划分公司资本的基本计量单位。股份代表股东在公司中的权利和义务。股份有限公司的股票，是公司签发的证明股东所持股份的法律凭证，是股份的法律表现形式。我国《公司法》规定，股份有限公司的资本划分为股份，每股的金额相等，采取股票的形式。股票采用纸面形式或国务院证券监督管理机构规定的其他形式。

股票作为股东所持股份的法律证明，应当载明公司名称、公司登记成立的日期、股票种类、票面金额及代表的股份数、股票的编号等事项。股票由董事长签名、公司盖章，方为有效。

按照不同的划分标准，股份可分为许多种类。常见的分类有以下几种：

1）根据股东权利性质的不同，分为普通股和优先股。普通股是股份有限公司设立的基础性股份，为任何股份公司发行股份时必须发行的股份。普通股股东在股份有限公司事务上具有平等的权利和相同的法律地位，如出席股东大会的权利、行使公司事务表决权、获得利润和剩余财产的分配权等。优先股是优先于普通股获得特定权利的股份，如优先分配公司盈余、优先分配公司剩余财产等。我国允许公司发行优先股。

2）按投资主体的性质不同，分为国有股、发起人股和社会公众股。国有股包括国家股和国有法人股。国家股是指有权代表国家投资的政府部门或机构，以国有资产投入公司所形成的股份或依法定程序取得的股份。国有法人股是指具有法人资格的国有企业、事业及其他单位，以其依法占用的法人资产向独立于自己的股份公司出资形成或依法定程序取得的股份。发起人股是指股份有限公司的发起人认购的股份。社会公众股是指个人和机构以合法财产购买并可依法流通的股份。

3）根据股票票面是否记载股东的姓名，股票可分为记名股和无记名股。记名股是指股票票面上记载股东姓名的股份。无记名股是指股票票面上不记载股东姓名的股份。我国《公司法》规定，公司向发起人、国家授权投资的机构及法人发行的股票，应当为记名股票，并应记载该发起人、机构或者法人的名称，不得另立户名或者以代表人的姓名记名；公司向社会公众发行的股票，可以为记名股票，也可以为无记名股票。

4）根据股票票面是否记载金额为标准，股票可分为面额股与无面额股。面额股是指股票票面上记载股份金额的股份或股票。无面额股是指股票票面上不记载股份金额的股份或股票。目前，我国法律不允许发行无面额股。

除了上述通行的股票分类外，我国现行法律中最为典型的分类方法是将股份分为国家股、法人股、个人股和外资股。

2. 股份的发行

（1）股份发行的原则

股份的发行是股份有限公司为了募集公司资本而出售或分配股份的法律行为。《公司法》规定，股份的发行，实行公开、公平、公正的原则，必须同股同权，同股同利。同次发行的同种类股票，每股的发行条件和价格应当相同；任何单位或者个人所认购的股份，每股应当支付相同价额。

（2）股票的发行价格

股票的发行价格是指股票发行时所使用的价格，也是投资者认购股票时所支付的价格。股份发行价格有平价发行、溢价发行和折价发行 3 种。平价发行是指股票的发行价格与股票的票面金额相同，也称为等价发行、券面发行。溢价发行是指股票的实际发行价格超过其票面金额。以超过票面金额为股票发行价格的，须经国务院证券管理部门批准；以超过票面金额发行股票所得溢价款列入公司资本公积金。股票溢价发行的具体管理办法由国务院规定。折价发行是指股票的实际发行价格低于其票面金额。

根据《公司法》的规定，股票发行价格可以同票面金额，也可以超过票面金额，但不得低于票面金额。低于票面金额发行股票，则股票发行募集的资金低于公司相应的注册资本数额，这违背资本充实原则，不利于交易安全。

二、股份有限公司的股份转让

1. 股份转让的概念

股份转让是指股份有限公司的股份持有人依法定条件和程序将其持有的股份让与他人，从而使他人成为公司股东的行为。

2. 股份转让的法律规定

《公司法》对股份有限公司的股份转让做了如下规定：

1）股东转让股份，必须在依法设立的证券交易所进行。

2）记名股票的转让，必须由股票持有人以背书方式或者法律、行政法规规定的方式转让。

3）无记名股票的转让，只要股东在依法设立的证券交易所将股票交付给受让人后即发生转让法律效力，股票原持有人即丧失其相应的股份和股东权，股票受让人即获得相应的股份和股东权。

4）股份有限公司的发起人持有的本公司的股份，自公司成立之日起 1 年内不得转让；公司公开发行股份前已发行的股份，自公司股票在证券交易所上市交易之日起 1 年内不得转让。公司董事、监事、高级管理人员应当向公司申报所持有的本公司的股份及其变动情况，其任职期间内转让的股份不得超过其所持有本公司股份总数的 25%；所持本公司股份自公司股票上市交易之日起 1 年内不得转让。公司董事、监事、高级管理人员离职后半年内，不得转让其所持有的本公司的股份。

5）国家授权投资的机构可以依法转让其持有的股份，也可以购买其他股东持有的股份。

6）公司不得收购本公司的股票，但有下列情形之一的除外：① 公司注册资本的减少；② 与持有本公司股份的其他公司合并的；③ 将股份奖励给本公司职工的；④ 股东因对股东大会做出的公司合并、分立决议持异议，要求公司收购其股份的。

7）公司不得接受以本公司的股票作为质押权的标的。

小提示

这里需要注意股份转让的限制性规定，如对发起人、董事、监事、高级管理人员的限制。

第五节　公司债券

一、公司债券的概念和种类

1. 公司债券的概念

公司债券是指公司依照法定条件和程序发行的，约定在一定期限内还本付息的有价证券。

公司债券与公司股票有不同的法律特征。公司债券表示发行者与投资者之间的债权债务关系，公司股票表示投资者对发行股票的公司拥有股东的一系列权利；公司债券的本金到期退还，公司股票所表示的股金则一般不予退还；持有公司债券的收益即利息是固定的，而公司股票的收益可能较高或较低，即股票风险比债券风险大；公司债券具有优先偿还权，持有人在公司解散或者破产的情况下，优先于公司股票得到债务清偿。

2. 公司债券的种类

依照不同的标准，公司债券可以有不同的分类。

1）记名公司债券和无记名公司债券。记名公司债券是指在公司债券上记载债权人姓名或者名称的债券。无记名公司债券是指在公司债券上不记载债权人姓名或者名称的债券。记名公司债券和无记名公司债券的区别在于两者转让的要求不同。记名公司债券的转让，转让人需要在债券上背书；而无记名公司债券的转让，交付债券时，转让即发生法律效力。

2）可转换公司债券与不可转换公司债券。可转换公司债券是指可以转换成公司股票的公司债券。这种公司债券在发行时规定了转换为公司股票的条件与办法；当条件具备时，债券持有人便拥有将公司债券转换为公司股份的选择权。不可转换公司债券是指不能转换为公司股票的公司债券。凡在发行债券时未做出转换约定的，均为不可转换公司债券。

二、公司债券的转让

《公司法》规定，公司债券可以依法进行转让。公司债券的转让应当在依法设立的证券交易所进行，不得私下进行。公司债券的转让价格由转让人与受让人自己约定。

根据公司债券种类的不同，公司债券的转让有两种不同的方式。记名公司债券持有人以背书方式或者以法律、行政法规规定的其他方式转让公司债券。记名债券的转让由公司将受让人的姓名或者名称及住所记载于公司债券存根簿上，以备公司存查。无记名公司债券的转让手续较为简单，只需由债券持有人在依法设立的证券交易所，将所要转让的债券交付给受让人，即发生转让效力。受让人一经持有该债券，即成为公司的债权人。

公司股票与公司债券比较如表 4-2 所示。

表 4-2　公司股票与公司债券比较

项目	公司股票	公司债券
概念	略	略
发行时间	公司成立前发行第一次股票	公司成立后才开始发行
发行主体	股份有限公司	• 股份有限公司 • 国有独资公司 • 2 个以上国有企业或国有投资主体设立的有限责任公司
权利性质	股东权	债权
相互转换	可转换股份（优先股—普通股）	可将公司债券转成股票
解散后分配	股东在后	债权人在先
经营权	股东有经营参与权	债权人无经营参与权
利率	股票利率不固定，不事先约定，股利的有无、大小取决于公司经营情况	双方约定，并可计入成本，如数如期发放
本金偿还	不得退股，无限期使用	使用有限期
收购	不允许收购自己的股份，特殊情况除外	公司可收购自己的债券，收回后可销毁
发行价格	面值发行、溢价发行	面值发行、折价发行、溢价发行

第六节 公司财务、会计

一、公司的财务会计报告

公司应当在每一会计年度终了时制作财务会计报告，并依法经审查验证。公司的财务会计报告主要包括：① 资产负债表。② 损益表（利润表）。③ 现金流量表。④ 财务情况说明书。⑤ 利润分配表。对于上市公司，在每一会计年度的上半年结束之日，还应制作中期财务会计报告。

公司向外报送的年度会计报告必须依法经注册会计师验证，并由公司法定代表人、总会计师、会计机构负责人和主管会计人员签署。有限责任公司应当按照公司章程规定的期限，将公司财务会计报告及时送交公司的各个股东。股份有限公司的财务会计报告应当在召开股东大会年会的 20 日前置备于本公司，供股东查阅。公开发行股票的股份有限公司必须公告其财务会计报告。

二、公司的利润分配

1. 利润分配的顺序

公司利润是指公司在一定时期（1 年）内从事经营活动的财务成果。公司应当按如下顺序进行利润分配：

1）弥补以前年度的亏损，但不得超过税法规定的弥补期限。

2）缴纳所得税。

3）弥补在税前利润弥补亏损之后仍存在的亏损。

4）提取法定公积金。

5）提取任意公积金。

6）向股东分配利润。

股东会或者董事会违反规定，在弥补亏损和提取法定公积金之前向股东分配利润的，必须将违反规定分配的利润退还公司。

2. 公积金

公积金分为盈余公积金和资本公积金两类。盈余公积金分为法定盈余公积金和任意盈余公积金两种。法定盈余公积金按照税后利润（减弥补亏损）的 10%提取，当法定盈余公积金累计额达到注册资本的 50%时可不再提取。任意盈余公积金按照公司章程规定或者股东会决议，从税后利润中提取。资本公积金包括资本溢价、法定财产重估增值、接受捐赠的资产价值等。

公司的公积金应当按照规定的用途使用。公司公积金主要有以下用途：① 弥补亏损。按照国家税法规定，公司的亏损可以用缴纳所得税前的利润弥补；超过用所得税前利润弥补期限仍未补足的亏损，可以用公司税后利润抵补；发生特大亏损，税后利润仍不足抵补的，可以用公司的公积金抵补。② 扩大公司生产经营。公司可以根据生产经营的需要，用公积金扩大生产经营规模。③ 转增资本。公司为了实现增加资本的目的，可以将公积金的一部分转为资本。股份有限公司经股东大会决议将公积金转增资本时，按股东原有股份比例派送新股。对用任意公积金转增资本的，法律没有限制；但用法定公积金转增资本时，法律规定公司所存留该项公积金不得少于转增前公司注册资本的 25%。

3. 股利的分配

股利是按股份支付给持股人的公司盈余。有限责任公司依照股东的出资比例分配股利，股份有限公司依照股东持有的股份比例分配股利。

第七节　公司的变更、破产、解散和清算

一、公司的合并与分立

公司的合并，是指 2 个以上的公司依照法定程序变为 1 个公司的行为。其形式有两种：一是吸收合并，二是新设合并。吸收合并是指吸收 1 个或 1 个以上的公司加入本公司，被吸收的公司解散。新设合并是指两个以上的公司合并设立 1 个新的公司，合并各方解散。

公司的分立，是指 1 个公司依法分为 2 个以上的公司。公司分立的形式有两种：一是派生分立，即公司以其部分财产另设立 1 个或数个新公司，原公司存续；二是新设分立，即公司以其全部财产分别归入 2 个以上的新设公司，原公司解散。

公司合并或分立，应当由公司的股东会或者股东大会做出决议。公司合并，由合并各方签订合并协议；公司分立，其财产做相应的分割。公司合并或分立，应编制资产负债表及财产清单。公司应当自做出合并或分立决议之日起 10 日内通知债权人，并于 30 日内在报纸上公告。债权人自接到公司合并或分立的通知书之日起 30 日内，未接到通知书的自第一次公告之日起 45 日内，有权要求公司清偿债务或者提供相应的担保；不清偿债务或者不提供相应担保的，公司不得合并或分立。

小提示

公司合并时，合并各方的债权、债务，应当由合并后存续的公司或者新设的公司承继。公司分立前的债务，按所达成的协议，由分立后的公司承担。合并或分立的公司应重新登记注册。

二、注册资本的增加或减少

有限责任公司增加注册资本时，股东认缴新增资本的出资按照设立有限责任公司缴纳出资的有关规定执行。

股份有限公司为增加注册资本发行新股时，股东认购新股按照设立股份有限公司缴纳股款的有关规定执行。

公司需要减少注册资本时，必须编制资产负债表及财产清单。公司应当自做出减少注册资本决议之日起 10 日内通知债权人，并于 30 日内在报纸上公告。债权人自接到减少注册资本通知书之日起 30 日内，未接到通知书的自第一次公告之日起 45 日内，有权要求公司清偿债务或者提供相应的担保；不清偿债务或者不提供相应担保的，公司不得减少注册资本。公司减少注册资本后的注册资本不得低于法定的最低限额。

小提示

公司增加或减少注册资本，应当依法向公司登记机关办理变更登记。

三、公司的破产、解散和清算

1. 公司的破产

公司因不能清偿到期债务，经该公司或其债权人向有管辖权的人民法院提出申请，被依法宣告破产的，由人民法院依照有关法律规定，组织股东、有关机关及有关专业人员成立清算组，对公司进行破产清算。

2. 公司的解散和清算

公司的解散是一种丧失法人资格的行为。这种行为的结果是，公司丧失了进行业务活动的能力。《公司法》规定，公司有以下情形之一的，可以解散：① 公司章程规定的营业期限届满或者公司章程规定的其他解散事由出现。② 股东会决议解散。③ 因公司合并或分立需要解散。④ 公司违反法律、行政法规被依法责令关闭解散。⑤ 人民法院依法予以解散。

公司经营管理发生严重困难，继续存续会使股东利益受到重大损失，通过其他途径不能解决的，持有公司全部股东表决权 10%以上的股东，可以请求人民法院解散公司。

公司解散，应依法成立清算组进行清算。清算组依照法定程序行使职权，进行财产处分后，制作清算报告，报股东会或者有关主管机关确认，并报送公司登记机关申请注销公司登记，公告公司终止。

第八节　违反《公司法》的法律责任

一、公司发起人、股东的法律责任

1）违反《公司法》规定，虚报注册资本、提交虚假材料或者采取其他欺诈手段隐瞒重要事实而取得公司登记的，由公司登记机关责令其改正，对虚报注册资本的公司处以虚报注册资本金额 5%以上 15%以下的罚款；对提交虚假材料或者采取其他欺诈手段隐瞒重要事实的公司，处以 5 万元以上 50 万元以下的罚款；情节严重的，撤销公司登记或者吊销营业执照；构成犯罪的，依法追究刑事责任。

2）公司的发起人、股东虚假出资，未交付或者未按期交付作为出资的货币或者非货币财产的，由公司登记机关责令其改正，处以虚假出资金额 5%以上 15%以下的罚款；构成犯罪的，依法追究刑事责任。

3）公司的发起人、股东在公司成立后抽逃其出资的，由公司登记机关责令其改正，处以所抽逃出资金额 5%以上 15%以下的罚款；构成犯罪的，依法追究刑事责任。

二、公司的法律责任

1）公司违反《公司法》规定，在法定的会计账簿以外另立会计账簿的，由县级以上人民政府财政部门责令其改正，处以 5 万元以上 50 万元以下的罚款；构成犯罪的，依法追究刑事责任。

2）公司在依法向有关主管部门提供的财务会计报告等材料上做虚假记载或者隐瞒重要事实的，由有关主管部门对直接负责的主管人员和其他直接责任人员处以3万元以上30万元以下的罚款。

3）公司不依照《公司法》规定提取法定公积金的，由县级以上人民政府财政部门责令其如数补足应当提取的金额，并处以20万元以下的罚款。

4）公司在合并、分立、减少注册资本或者进行清算时，不依照《公司法》规定通知或者公告债权人的，由公司登记机关责令其改正，并对公司处以1万元以上10万元以下的罚款。

5）公司在进行清算时隐匿财产，对资产负债表或者财产清单做虚假记载或者在未清偿债务前分配公司财产的，由公司登记机关责令其改正，并对公司处以隐匿财产或者未清偿债务前分配公司财产金额 5%以上 10%以下的罚款；对直接负责的主管人员和其他直接责任人员处以 1万元以上10万元以下的罚款；构成犯罪的，依法追究刑事责任。

6）公司在清算期间开展与清算无关的经营活动的，由公司登记机关予以警告，并没收其违法所得。

7）公司成立后无正当理由超过6个月未开业的，或者开业后自行停业连续6个月以上的，可以由公司登记机关吊销其营业执照。

8）公司登记事项发生变更时，未依照《公司法》规定办理有关变更登记的，由公司登记机关责令其限期登记；逾期不登记的，处以1万元以上10万元以下的罚款。

9）外国公司违反《公司法》规定，擅自在中国境内设立分支机构的，由公司登记机关责令其改正或者关闭，可以并处5万元以上20万元以下的罚款。

10）公司违反《公司法》规定，应当承担民事赔偿责任和缴纳罚款、罚金的，其财产不足以支付时，先承担民事赔偿责任。

思考题

1．试分析有限责任公司与股份有限公司的区别。

2．设立有限责任公司应具备哪些条件？

3．简述设立股份有限公司的方式与条件。

4．简述股份与股票的关系。

5．债券与股票有何区别？

6．对比分析有限责任公司与股份有限公司的组织机构。

案例分析题

1．甲、乙均为国有企业。2011年5月，两家企业经过多次协商，达成共同出资设立国有独资公司的协议。该协议规定：① 甲企业出资200万元，其中货币100万元，注册商标作价100万元；乙企业出资300万元，其中货币100万元，专利权作价150万元，劳务50万元。② 公司在A地设立具有法人资格的分公司，独立进行经营活动。③ 公司设立3年后，双方按出资比例抽回各自出资额的30%。④ 其他（略）。

要求：根据以上情况回答该协议在内容上有哪些违法之处。

2．甲股份有限公司董事会由11名董事组成。2011年5月10日，公司董事长张某召集并主持召开董事会会议，出席会议的共有 8 名董事，其他 3 名董事因事请假。董事会会议讨论的下列事项，经表决有 6 名董事同意而获得通过。

（1）鉴于公司董事会成员工作任务加重，决定给每位董事会成员涨 30%的工资。

（2）鉴于监事会成员中的职工代表李某生病，决定由本公司职工王某参加监事会。

（3）鉴于公司的财务会计工作任务日益繁重，拟将财务科升格为财务部，并面向社会公开招聘会计人员 3 人，招聘会计人员事宜及财务科升格为财务部的方案经股东大会通过后付诸实施。

要求：根据以上情况回答下列问题：

（1）甲公司董事会会议的召开和表决程序是否符合法律规定？为什么？

（2）甲公司董事会通过的事项有无不符合法律规定之处？请分别说明理由。

3．2011 年 5 月 1 日，甲、乙、丙、丁 4 家公司经商议签订了一份协议。该协议约定：四方共同出资改造甲所属的微波炉厂，并把厂名定为宏达微波炉有限责任公司（以下简称宏达公司）；注册资本为 4 000 万元。其中，甲以旧厂房作价 800 万元，并以“红星”牌微波炉商标折价 200 万元作为出资；乙以现金 550 万元，并以微波炉生产技术折价 450 万元作为出资；丙、丁各以现金 1 000 万元作为出资。合同生效后 10 日内，四方资金必须到位，由甲负责办理公司登记手续。2011 年 5 月 5 日，甲、乙、丙都按合同规定办理了出资手续和财产转移手续，但丁提出因资金困难要求退出。甲、乙、丙均表示同意。2011 年 6 月 1 日，经注册登记，宏达公司正式成立。2011 年 8 月 1 日，丙提出自己的公司因技术改造缺乏资金，要求抽回自己的出资，同时愿意赔偿其他股东的经济损失各 50 万元，宏达公司股东会研究后没有同意丙的要求。2011 年 11 月 5 日，甲提出将自己所有股权的 1/3 转让给戊。

要求：根据以上事实回答下列问题：

（1）甲、乙、丙、丁四方签订的合同中所约定的出资是否符合法律规定？为什么？

（2）对丁的要求，甲、乙、丙三方是否应当接受？

（3）对丙的要求，宏达公司股东会的决议是否正确？为什么？

（4）对甲的要求，应当如何处理？

4．某市甲、乙、丙 3 家企业经协商决定共同投资设立一家从事生产经营的公司。甲、乙、丙设立了发起人协议，协议中的部分内容如下：公司的组织形式为有限责任公司，公司名称为光华实业公司；公司的注册资本为 150 万元，其中甲出资 70 万元、乙出资 30 万元、丙出资 50 万元（其中以一种非专利技术出资折价 36 万元）；委托甲办理设立公司的申请登记手续。甲到当地工商行政管理局申请公司设立登记，工商行政管理局指出了申请人在公司名称方面的不合法之处，甲经与乙、丙商妥后均予以纠正。2006 年 10 月 10 日，当地工商行政管理局向甲颁发了当日签发的企业法人营业执照，公司名称为“光华实业有限责任公司”（以下简称光华公司）。甲认为，按照法律规定，公司成立应当公告，并于同年 10 月 25 日发出公司成立的公告。2010 年 5 月，光华公司拟与美国丁公司在本市投资设立一家中外合资经营企业，双方经商谈达成初步协议，协议中的部分内容如下：合资经营企业的注册资本为 200 万元，光华公司以现金及实物出资 160 万元，丁公司出资折合人民币 40 万元；双方分期出资，光华公司第一期出资 30 万元，丁公司第一期出资折合人民币 5 万元；双方各派 1 名代表组成董事会。后因其他原因，该合资经营企业未设立。2011 年 5 月，经光华公司董事会决定，将公司资金 50 万元以公司财务人员王某的名义开立账户并存储。2011 年 10 月，光华公司发生严重财务危机，经公司董事会研究并一致通过，决定解散公司。

要求：根据以上情况回答下列问题：

（1）甲、乙、丙订立的发起人协议中关于公司名称的约定为什么不符合法律规定？

（2）甲认为，按照法律规定光华公司成立应当公告。甲的观点是否正确？为什么？

（3）光华公司成立的日期应当是哪一天？

（4）光华公司与美国丁公司达成的初步协议中有哪些不符合我国的法律规定之处？为什么？

（5）光华公司董事会决定将公司资金以个人名义开立账户并存储，这种行为是否违法？

（6）光华公司董事会决定解散公司的做法是否合法？为什么？

5．某公司注册资本为5 000万元。2011年度，该公司税后利润为7 000万元，法定公积金累计为2 000万元。

要求：根据以上情况回答下列问题：

（1）简述该公司利润的分配顺序。

（2）该公司至少需要再提多少法定公积金，方可不再提取法定公积金？

第五章　企业破产法律制度

本章目的和任务

通过本章学习，学生应掌握企业破产的原因、破产管理人的职责、债务人的财产构成、破产费用与共益债务的范围、债权申报的要求、债权人会议的职权及破产财产分配顺序；理解破产及破产法的概念、重整与和解的内容；了解企业破产立法概况、破产清算程序、破产责任与破产救济；能够正确运用法律知识解决实践中的具体问题。

本章要点

- 破产与破产法的概念
- 破产申请与受理
- 破产管理人制度
- 债务人财产
- 破产债权
- 债权人会议
- 重整程序
- 和解制度
- 破产清算程序
- 违反破产法的法律责任

第一节　企业破产法律制度概述

一、破产和破产法的概念

破产是指对丧失清偿能力的债务人，经法院审理并在其监督之下，强制清算其全部财产，公平清偿全体债权人的法律制度。破产一般是指对债务人的破产清算程序，不仅包括破产清算制度，而且包括以挽救债务人、避免破产为目的的重整、和解等法律制度。

与同是解决债务纠纷的民事诉讼和执行制度相比，破产制度具有以下几个特征：

1）破产程序中的债务人已丧失清偿能力，其对个别债权人的自动履行违背对全体债权人公平清偿的原则，是为法律所限制的。而民事诉讼与执行程序中的债务人通常具有清偿能力，故强调债务人的自动履行，并在必要时强制其履行。

2）破产程序是为全体债权人的利益而进行的，民事诉讼与执行则是为个别债权人的利益而进行的。前者更强调在债权人之间的公平履行及对债务人正当权益的维护，后者的目的则是保证债务的履行。

3）破产程序是对债务人全部财产与经济关系进行的彻底清算，在做出宣告破产的情况下将终结债务人的经营业务，并使其丧失民事主体资格。而民事执行不涉及民事主体资格问题，其范围限于债务人的相关财产。

破产法是规定在债务人丧失清偿能力时，法院强制对其全部财产进行清算分配，公平清偿债权人，或通过债务人与债权人会议达成的和解协议清偿债务，或进行企业重整，避免债务人破产的法律规范的总称。破产法有广义和狭义之分。狭义的破产法特指破产法典，如我国于2006年8月27日通过的《企业破产法》；广义的破产法还包括其他有关破产的法律、法规、行政规章、司法解释及散见于其他立法中的调整破产关系的法律规范。现代意义上的破产法均由破产清算制度与挽救债务人的和解、重整制度两个方面的法律构成。

二、我国现行破产立法概况

1986年12月2日，第六届全国人民代表大会常务委员会第十八次会议通过了《中华人民共和国企业破产法（试行）》（以下简称旧《破产法》）。该法适用于全民所有制企业。1991年4月9日，第七届全国人民代表大会第四次会议通过了《中华人民共和国民事诉讼法》，其第二编第19章规定“企业法人破产还债程序”，适用于非全民所有制的企业法人。至此，所有法人型企业均被纳入破产法的调整体系。

2006年8月27日，第十届全国人民代表大会常务委员会第二十三次会议通过了《企业破产法》，自2007年6月1日起施行，旧《破产法》同时废止。2007年10月28日，第十届全国人大常委会第三十次会议通过《关于修改〈中华人民共同国民事诉讼法〉的决定》，删除原法第19章“企业法人破产还债程序”的规定，破产问题统一由《企业破产法》调整。

《企业破产法》颁布后，最高人民法院制定了关于管理人指定及报酬确定、新旧破产法衔接及法律适用等方面的司法解释，以配合破产法的实施。《企业破产法》实施之后，最高人民法院又制定了一系列有关破产法的司法解释的规范性文件，如2008年发布了《关于债权人对人员下落不明或财产状况不清的债务人申请破产清算案件如何处理的批复》、2012年发布了《关于税务机关就破产企业欠缴税款产生的滞纳金提起的债权确认之诉应否受理问题的批复》《关于个人独资企业清算是否可以参照适用企业破产法规定的破产清算程序的批复》《关于审理上市公司重整案件工作座谈会纪要》、2013年发布了《关于适用〈中华人民共和国企业破产法〉若干问题的规定（二）》等。

三、企业破产立法的适用范围

1.《企业破产法》的主体适用范围

根据《企业破产法》第2条的规定，其主体适用范围是所有的企业法人。同时，该法第135条规定“其他法律规定企业法人以外的组织的清算，属于破产清算的，参照适用本法规定的程序”，适当扩大了破产法的适用范围，以适应市场经济之调整需要。目前，根据其他法律规定，可以参照适用破产法的主体主要是合伙企业、农民专业合作社等。根据最高人民法院制定并于2010年12月31日施行的《关于对资不抵债无法继续办学被终止的民办学校如何组织清算问题的批复》，资不抵债的民办学校的清算，参照适用《企业破产法》规定的程序进行。根据最高人民法院发布的《关于个人独资企业清算是否可以参照适用企业破产法规定的破产清算程序的批复》，在个人独资企业不能清偿到期债务，且资产不足以清偿全部债务或者明显缺乏清偿能力的情况下，可以参照适用《企业破产法》规定的破产清算程序进行清算。

2.《企业破产法》的地域适用范围

《企业破产法》的地域适用范围主要是指破产程序的域外效力问题，即一国的破产程序对位于其他国家的破产人财产是否有效。破产程序的域外效力发生于跨境破产的情况。跨境破产又称国际破产、越界破产，是指同时涉及本国与外国因素的破产程序。通常，影响跨国破产形成的因素主要是债务人的财产位于 2 个以上的国家。

关于破产程序的域外效力，立法上主要有两种理论。一种是属地主义，它主张破产程序的效力仅限于本国国内，即只有破产人在该国内的财产属于破产财产。另一种为普及主义，它认为破产制度设立的目的在于一次性公平解决破产人的全部债务清偿问题，所以破产程序的效力应涉及破产人在国内外的全部财产。我国《企业破产法》采取了有限制的普及主义原则，其第 5 条规定："依照本法开始的破产程序，对债务人在中华人民共和国领域外的财产发生效力。对外国法院做出的发生法律效力的破产案件的判决、裁定，涉及债务人在中华人民共和国领域内的财产，申请或者请求人民法院承认和执行的，人民法院依照中华人民共和国缔结或者参加的国际条约，或者按照互惠原则进行审查，认为不违反中华人民共和国法律的基本原则，不损害国家主权、安全和社会公共利益，不损害中华人民共和国领域内债权人的合法权益的，裁定承认和执行。"

第二节　破产申请与受理

一、破产界限

破产界限又称破产原因，是指法院据以宣告债务人破产的法律标准。

《企业破产法》第 2 条规定："企业法人不能清偿到期债务，并且资产不足以清偿全部债务或者明显缺乏清偿能力的，依照本法规定清理债务。"根据该条规定，破产界限有 2 个可供选择的原因：一是企业法人不能清偿到期债务，并且资产不足以清偿全部债务；二是企业法人不能清偿到期债务，并且明显缺乏清偿能力。由此可见，破产界限的实质标准就是企业法人不能清偿到期债务，通常简称为不能清偿。

宣告债务人企业破产必须符合法律规定的破产界限，但并非所有达到破产界限的企业均应被宣告破产。《企业破产法》第 2 条规定："企业法人有前款规定情形，或者有明显丧失清偿能力可能的，可以依照本法规定进行重整。"根据这一规定，达到破产界限的企业法人，不一定马上被宣告破产，可以依照《企业破产法》规定的程序进行重整。重整作为企业破产的一个程序，是为防止企业破产，经企业债权人或债务人向法院申请，对该企业实施强制治理，以避免破产清算的制度。大多数国家的企业破产法都规定了重整制度，目的在于防止一些企业尤其是大中型企业的破产引发失业等社会问题，以稳定经济和社会秩序。

二、破产申请

1. 破产申请的主体

破产申请的主体包括债务人、债权人及依法负有清算责任的人。

《企业破产法》赋予债务人重整、和解或者破产清算申请权，目的在于使其得以主动通过破产程序解决纠纷，摆脱债务困境，甚至避免破产清算，恢复生产经营；同时，赋予债权人重整或者破产清算申请权，即债权人可以根据情形提出对债务人进行重整的申请，也可以提出对债务人进行破产清算的申请，目的在于保护债权人的利益。

此外，对于债务人和债权人而言，申请破产是一项民事权利，但在特殊情况下提出破产则是一项义务。在企业法人已解散但未清算或者未清算完毕且资产不足以清偿债务的情况下，负有清算责任的人有向法院申请破产清算的法律义务。税务机关和社会保险机构享有对债务人的破产清算申请权，但不宜享有重整申请权，因为它们依法定职责不能在重整程序中主动做出债权减免的让步，不能为重整做出任何贡献，赋予其重整申请权没有意义。破产企业的职工作为债权人可以申请债务人企业破产或重整。职工提出破产申请应经职工代表大会或者全体职工会议决议通过。商业银行、证券公司、保险公司等金融机构出现破产原因，国务院金融监督管理机构可以向人民法院申请对该金融机构进行重整或破产清算。

2. 破产案件的管辖

破产申请应向对破产案件有管辖权的人民法院提出。企业破产案件由债务人住所地人民法院管辖。债务人住所地是指债务人的主要办事机构所在地。债务人主要办事机构不明确的，由其注册地人民法院管辖。基层人民法院一般管辖县、县级市或者区的工商行政管理机关核准登记企业的破产案件；中级人民法院一般管辖地区、地级市（含本级）以上的工商行政管理机关核准登记企业的破产案件；纳入国家计划调整的企业破产案件，由中级人民法院管辖。金融机构、上市公司的破产与重整案件，或者具有重大影响、法律关系复杂的破产案件，一般由中级人民法院管辖。

小提示

破产申请既可以由债权人提出，也可以由债务人提出，由债务人所在地人民法院管辖。不过，债权人与债务人提出破产申请需要提供的证据材料有所不同。

三、破产申请的受理

1. 破产申请受理的期限

债权人提出破产申请的，人民法院应当自收到申请之日起 5 日内通知债务人；债务人对申请有异议的，应当自收到人民法院通知之日起 7 日内向人民法院提出；人民法院应当自异议期满之日起 10 日内裁定是否受理。除上述规定的情形外，人民法院应当自收到破产申请之日起 15 日内裁定是否受理。特殊情况下，需要延长裁定受理期限的，经上一级人民法院批准，可延长 15 日。

人民法院受理破产申请的，应当自裁定做出之日起 5 日内送达申请人。债权人提出申请的，人民法院应当自裁定做出之日起 5 日内送达债务人。

人民法院裁定不受理破产申请的，应当自裁定做出之日起 5 日内送达申请人并说明理由，申请人对不受理的裁定不服的，可以自裁定送达之日起 10 日内向上一级人民法院提起上诉。

人民法院裁定受理破产申请的，应当同时指定管理人。人民法院应当自裁定受理破产申请之日起 25 日内通知已知债权人，并予以公告。通知和公告应当载明下列事项：① 申请人、被申请人的名称或姓名。② 人民法院受理破产申请的时间。③ 申报债权的期限、地点和注意事项。④ 管理人的名称或姓名，以及处理事务的地址。⑤ 债务人的债务人或者财产持有人应当向管理人清偿债务或者交付财产的要求。⑥ 第一次债权人会议召开的时间和地点。⑦ 人民法院认为应当通知和公告的其他事项。

2. 破产申请受理的效力

1）自人民法院受理破产申请的裁定送达债务人之日起至破产程序终结之日，债务人的有关人员应当承担下列义务：① 妥善保管其占有和管理的财产、印章和账簿、文书等资料。② 根据人民法院、管理人的要求进行工作，并如实回答询问。③ 列席债权人会议并如实回答债权人的询问。④ 未经人民法院许可，不得离开住所地。⑤ 不得新担任其他企业的董事、监事、高级管理人员。上述所称有关人员，是指企业的法定代表人。经人民法院决定，有关人员可以包括企业的财务管理人员和其他经营管理人员。

2）人民法院受理破产申请后，债务人不得对个别债权人的债务进行清偿，否则清偿无效。清偿无效是指清偿没有法律的效力，清偿的财产将被追回。人民法院受理破产申请后，是指人民法院裁定受理破产申请之日起，而不是受理裁定送达债务人之日起。

3）人民法院受理破产申请后，债务人的债务人或财产持有人应当向管理人清偿债务或交付财产。人民法院指定的管理人应当对债务人对外享有的债权予以追偿，该收回的财产予以收回。债务人的债务人或财产持有人必须向管理人清偿债务或交付财产，如果故意违反规定不向管理人而向债务人清偿债务或交付财产，导致债权人受到损失的，不免除其清偿债务或交付财产的义务，即仍然要向管理人清偿债务或交付财产。破产案件相关人员的义务如图 5-1 所示。

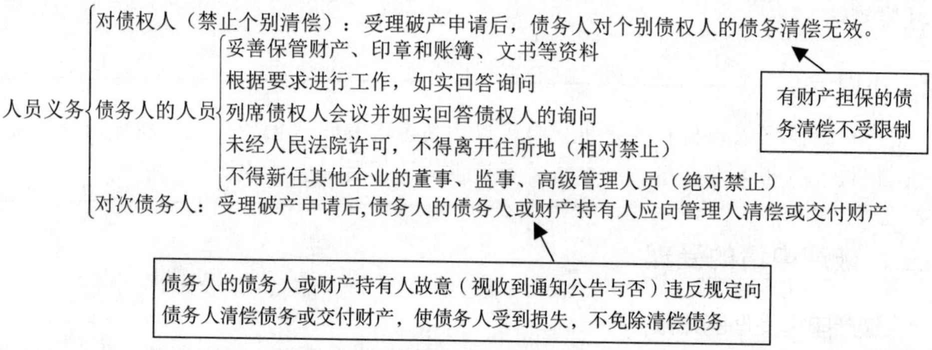

图 5-1 破产案件相关人员的义务

4）人民法院受理破产申请后，管理人对破产申请受理前成立而债务人和对方当事人均未履行完毕的合同，有权决定解除或继续履行，并通知对方当事人。

5）人民法院受理破产申请后，有关债务人财产的保全措施应当解除，执行程序应当中止。这里的财产保全措施，包括诉讼中的财产保全和诉前的财产保全，即人民法院依《民事诉讼法》的规定，对债务人的财产采取的限制债务人处分该财产的强制措施，包括对财产的查封、扣押、冻结等措施。这里的执行程序是指民事判决、裁定、仲裁裁决、调解书及其他应当由人民法院执行的法律文书在发生法律效力后，因一方拒绝履行，对方当事人向人民法院提出执行申请，由人民法院依法予以强制执行的程序。人民法院的强制执行措施包括冻结划拨存款、查封扣押拍卖财产等。破产申请受理后，债务人的财产应作为破产财产，依破产程序处理。破产申请受理前，人民法院的财产保全和强制执行措施是为了某一个债权人的债权得以实现，而破产程序则是为了全体债权人的债权得到公平的受偿。因此，为维护全体债权人的合法权益，在人民法院受理破产申请以后，有关债务人的财产保全措施应当解除，执行程序应当中止。保全措施解除后，财产计入破产财产；执行程序中止后，债权人凭生效的法律文书向受理破产案件的人民法院申报债权。

6）人民法院受理破产申请后，已经开始而尚未终结的有关债务人的民事诉讼或者仲裁应当中止；管理人接管债务人的财产后，该诉讼或者仲裁继续进行。中止是指诉讼或仲裁过程中，因法定的事由出现，由人民法院或者仲裁机构依法裁定暂时停止本案的诉讼或仲裁的制度。

7）人民法院受理破产申请后，有关债务人的民事诉讼，只能向受理破产申请的人民法院提起。

第三节　破产管理人制度

一、破产管理人的概念

破产管理人是指人民法院依法受理破产申请的同时指定的全面接管破产企业并负责破产财产的保管、清理、估价、处理和分配工作，以及总管破产事务的人。破产管理人制度是企业破产法律制度中的一项重要内容。

二、破产管理人的产生和组成

1. 破产管理人的产生

《企业破产法》规定，破产管理人由人民法院指定。债权人会议认为破产管理人不能依法、公正地执行职务或者有其他不能胜任职务情形的，可以申请人民法院予以更换。破产管理人没有正当理由不得辞去职务。破产管理人辞去职务应当经人民法院许可。

2. 破产管理人的组成

《企业破产法》规定，破产管理人可以由有关部门、机构的人员组成的清算组或者依法设立的律师事务所、会计师事务所、破产清算事务所等社会中介机构担任。根据《企业破产法》的规定，有下列情形之一的，不得担任破产管理人：

1）因故意犯罪受过刑事处罚。

2）曾被吊销相关专业执业证书。

3）与本案有利害关系。

4）人民法院认为不宜担任破产管理人的其他情形。

三、破产管理人的职责

破产管理人依法执行职务，向人民法院报告工作，并接受债权人会议和债权人委员会的监督。

根据《企业破产法》的规定，管理人履行下列职责：① 接管债务人的财产、印章、账簿及文书等资料。② 调查债务人财产状况，制作财产状况报告。③ 决定债务人的内部管理事务。④ 决定债务人的日常开支和其他必要开支。⑤ 在第一次债权人会议召开之前，决定继续或者停止债务人的营业。⑥ 管理和处分债务人的财产。⑦ 代表债务人参加诉讼、仲裁或者其他法律程序。⑧ 提议召开债权人会议。⑨ 人民法院认为破产管理人应当履行的其他职责。

第四节　债务人财产

一、债务人财产的一般规定

1. 债务人财产的范围

债务人财产，是指破产申请受理时属于债务人的全部财产，以及破产申请受理后至破产程序终结前债务人取得的财产。债务人被宣告破产后，债务人称为破产人，债务人财产称为破产财产，人民法院受理破产申请时对债务人享有的债权称为破产债权。已作为担保物的财产也属于破产财产。

最高人民法院在《破产法司法解释（二）》中对破产财产的具体范围做出规定，指出“除债务人所有的货币、实物外，债务人依法享有的可以用货币估价并可以转让的债权、股权、知识产权、用益物权等财产和财产权益，均应认定为债务人财产。”但“下列财产不应认定为债务人财产：① 债务人基于仓储、保管、承揽、代销、借用、寄存、租赁等合同或者其他法律关系占有、使用的他人财产。② 债务人在所有权保留买卖中尚未取得所有权的财产。③ 所有权专属于国家且不得转让的财产。④ 其他依照法律、行政法规不属于债务人的财产。”

债务人已依法设定担保物权的特定财产，应当认定为债务人财产。对债务人的特定财产在担保物权消灭或者实现担保物权后的剩余部分，在破产程序中可用以清偿破产费用、共益债务和其他破产债权。

债务人对按份享有所有权的共有财产的相关份额，或者共同享有所有权的共有财产的相应财产权利，以及依法分割共有财产所得部分，属于债务人财产。人民法院宣告债务人破产清算，属于共有财产分割的法定事由。人民法院裁定债务人重整或者和解的，共有财产的分割应当依据《中华人民共和国物权法》（以下简称《物权法》）第 99 条的规定进行；基于重整或者和解的需要而必须分割共有财产，管理人请求分割的，人民法院应予准许。因分割共有财产导致其他共有人损害产生的债务，其他共有人请求作为共益债务清偿的，人民法院应予支持。属于债务人财产的情形如图 5-2 所示。

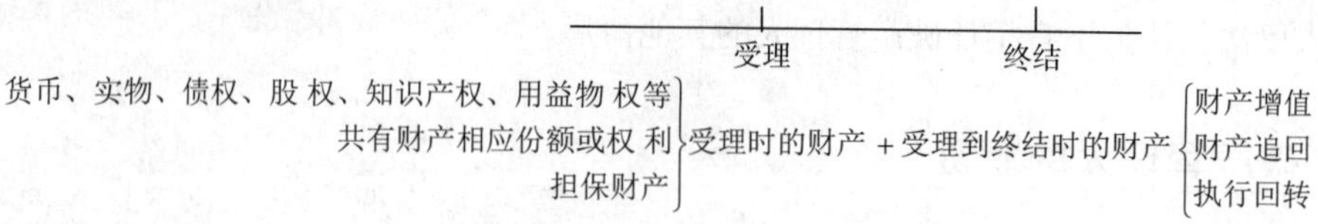

图 5-2　属于债务人财产的情形

2. 债务人财产的收回

人民法院受理破产申请后，管理人的一项重要工作就是清理债务人财产，追收财产。人民法院受理破产申请后，债务人的出资人尚未完全履行出资义务的，管理人应当要求该出资人缴纳所认缴的出资，而不受出资期限的限制。

债务人的董事、监事和高级管理人员利用职权从企业获取的非正常收入和侵占的企业财产，管理人应当追回。

债务人的董事、监事和高级管理人员利用职权获取的以下收入，人民法院应当认定为《企业破产法》第 36 条规定的非正常收入：① 绩效奖金。② 普遍拖欠职工工资情况下获取的工资性收入。③ 其他非正常收入。债务人的董事、监事和高级管理人员拒不向管理人返还上述债务人财产，管理人主张上述人员予以返还的，人民法院应予支持。

人民法院受理破产申请后，管理人可以通过清偿债务或者提供为债权人接受的担保，取回质物或留置物。在质物或者留置物的价值低于被担保的债权额时，以该质物或者留置物当时的市场价值为限。

二、撤销权

撤销权，是指管理人对债务人在破产案件受理前的法定期间内进行的欺诈逃债或损害公平清偿的行为，有申请法院撤销并追回财产的权利。因债务人实施的减少债务人财产的行为危及债权人的债权时，破产管理人可以请求人民法院撤销该行为的权利。设立撤销权制度的目的在于恢复债务人财产，防止因债务人对财产的不当处理而损害债权人的利益，最大限度地确保债权人债权的实现。《破产法司法解释（二）》第 9 条规定："管理人依据《企业破产法》第 31 条和第 32 条的规定提起诉讼，请求撤销涉及债务人财产的相关行为（可撤销行为）并由相对人返还债务人财产的，人民法院应予支持。管理人因过错未依法行使撤销权而导致债务人财产不当减损，债权人提起诉讼并主张管理人对其损失承担相应赔偿责任的，人民法院应予支持。"

1. 可撤销行为

《企业破产法》规定，人民法院受理破产申请前 1 年内，涉及债务人财产的下列行为，破产管理人有权请求人民法院予以撤销：

1）无偿转让财产的。无偿转让财产是指债务人在人民法院受理破产申请前 1 年内，在没有取得对价的情况下，将自己的财产转让给第三人的行为。

2）以明显不合理的价格进行交易的。以明显不合理的价格进行交易，是指债务人在人民法院受理破产申请前 1 年内，以明显低于或明显高于市场同类商品的价格进行交易的行为。这都将严重损害债权人的利益，因此破产管理人均有权请求撤销该行为，以恢复债务人的财产原状。

3）对没有财产担保的债务提供财产担保的。对没有财产担保的债务提供财产担保，是指债务人在人民法院受理破产申请前 1 年内，对本来没有设定财产担保的主债务设定财产担保的行为。这种行为对有财产担保的债权人是有利的，但是对其他债权人是不利的。因为如果该担保是有效的，那么有担保的债权人对该担保财产拥有优先受偿权，从而会损害其他债权人的利益。因此，破产管理人有权要求撤销该担保。

4）对未到期的债务提前清偿的。对未到期的债务提前清偿，又称提前清偿，是指债务人在人民法院受理破产申请前 1 年内，对本来没有到期的债务予以提前清偿的行为。破产申请受理前 1 年内，债务人提前清偿的未到期债务，在破产申请受理前已经到期，管理人请求撤销该清偿行为的，人民法院不予支持；但是，该清偿行为发生在破产申请受理前 6 个月内且债务人有《企业破产法》第 2 条第 1 款规定情形的除外。

5）放弃债权的。放弃债权是指债务人在人民法院受理破产申请前 1 年内，对其依法或依约享有的债权予以放弃的行为。

2. 撤销权的行使

根据《企业破产法》的规定，撤销权的行使应当符合下列要求：

1）必须由破产管理人行使撤销权。人民法院受理破产申请后，破产管理人即全面接管破产企业并负责破产财产的保管、清理、估价、处理和分配工作，总管破产事务，因此应由破产管理人向人民法院请求撤销债务人的不当行为，其他任何人不能行使这一权利。

2）可撤销的行为必须发生在人民法院受理破产申请前1年内；超过1年的，债务人即使发生上述行为，也不属于可撤销的行为。

经破产管理人的请求，被人民法院撤销的行为即归于消灭。如果据此取得财产，破产管理人有权予以追回。对于已领受债务人财产的第三人，应负有返还财产的义务；原物不存在时，应折价赔偿。

3. 个别清偿的撤销

个别清偿是指债务人在对多个债权人承担债务的情况下，只对个别债权人进行债务清偿的行为。债务人进行个别清偿，损害的是其他多数债权人的利益。因此，为了公平地清理债权债务，保护所有债权人的利益，对于个别清偿行为应予以撤销。

《破产法司法解释（二）》第16条规定："债务人对债权人进行的以下个别清偿，管理人请求撤销的，人民法院不予支持：① 债务人为维系基本生产需要而支付水费、电费等的。② 债务人支付劳动报酬、人身损害赔偿金的。③ 使债务人财产受益的其他个别清偿。"该解释第15条规定："债务人经诉讼、仲裁、执行程序对债权人进行的个别清偿，管理人请求撤销的，人民法院不予支持；但是，债务人与债权人恶意串通，损害其他债权人利益的除外。"

经破产管理人的请求，被人民法院撤销的行为即归于消灭。如果据此取得财产，管理人有权予以追回。对于已领受债务人财产的债权人，应负有返还财产的义务；原物不存在时，应折价赔偿。个别债权人的债权，与其他债权人的债权一样计入破产债权。

根据规定，在破产程序终结后2年内，债权人可以行使破产撤销权或针对债务人的无效行为而追回财产。在此期间内追回的财产，应用于对全体债权人的分配。在破产程序终结2年之后，债权人发现因无效行为可追回财产，或可行使民法、合同法的撤销权追回财产时，仍可行使相应权利追回财产；但是，追回的财产一般不再按照破产法的规定用于对全体债权人清偿，而是用于对追回财产的债权人个别清偿。

三、债务人的无效行为

无效行为，也称无效民事行为，是指行为人的行为因不具备法律规定的有效条件而没有法律效力。无效行为自始无效，即行为从实施时起就没有法律约束力。因实施无效行为而取得的财产，应当通过返还财产、赔偿损失等方式使行为人的财产恢复到行为之前的状态。

《企业破产法》规定，涉及债务人财产的下列行为无效：

1）为逃避债务而隐匿、转移财产的。

2）虚构债务或者承认不真实的债务的。

四、抵销权

破产法上的抵销权，是指债权人在破产申请受理前对债务人负有债务的，无论是否已到清偿期限、标的是否相同，均可在破产财产最终分配确定前向管理人主张相互抵销的权利。

《企业破产法》规定："债权人在破产申请受理前对债务人负有债务的，可以向管理人主张抵销。”抵销权对破产债权人具有重要意义，因为债权人的债权按破产程序清偿通常只能得到部分偿还，而债权人对破产企业所负的债务却须完全偿还，抵销权可使破产债权人在抵销的破产债权额内得到全额偿还。

破产法上的抵销权只能由债权人向管理人提出而行使，管理人（或债务人）不得主动主张抵销债务人与债权人的互负债务，但抵销使债务人财产受益的除外。

《企业破产法》规定，有下列情形之一的，不得抵销：

1）债务人的债务人在破产申请受理后取得他人对债务人的债权的。

2）债权人已知债务人有不能清偿到期债务或者破产申请的事实，而对债务人负担债务的；但是，债权人因为法律规定或者有破产申请1年前所发生的原因而负担债务的除外。

3）债务人的债务人已知债务人有不能清偿到期债务或者破产申请的事实，对债务人取得债权的；但是，债务人的债务人因为法律规定或者有破产申请1年前所发生的原因而取得债权的除外。

五、取回权

1. 一般取回权

破产法上的取回权分为一般取回权与特别取回权。《企业破产法》规定：“人民法院受理破产申请后，债务人占有的不属于债务人的财产，该财产的权利人可以通过管理人取回。但是，本法另有规定的除外。”这是对一般取回权的规定。所谓“本法另有规定的除外”，是指在重整程序中行使取回权，应当符合事先约定的条件。《破产法司法解释（二）》第40条规定：“债务人重整期间，权利人要求取回债务人合法占有的权利人的财产，不符合双方事先约定条件的，人民法院不予支持。但是，因管理人或者自行管理的债务人违反约定，可能导致取回物被转让、毁损、灭失或者价值明显减少的除外。”

取回权的基础权利主要是物权，尤其是所有权，但也不排除依债权产生取回权的情况。实践中，取回权主要表现为：加工承揽人破产时，定作人取回定作物；承运人破产时，托运人取回托运货物；承租人破产时，出租人收回出租物；保管人破产时，寄存人或存货人取回寄存物或仓储物；受托人破产时，信托人取回信托财产；等等。

一般取回权在破产案件受理后形成，其行使不受原约定条件、期限的限制，也不受破产程序的限制（重整程序除外），在无争议时无须通过诉讼程序；但因财产在破产管理人的占有之下，权利人须通过诉讼程序取回财产。权利人在取回定作物、保管物等财产时，存在相应对等给付义务的，应向破产管理人交付加工、保管等费用。

对债务人占有的权属不清的、鲜活易腐等不易保管的财产或者不及时变现价值将严重贬损的财产，管理人及时变价并提存变价款后，有关权利人就该变价款行使取回权的，人民法院应予支持。一般取回权的行使通常只限于取回原物。债务人占有的他人财产毁损、灭失，因此获得的保险金、赔偿金、代偿物尚未交付给债务人，或者代偿物虽已交付给债务人但能与债务人财产予以区分的，权利人主张取回就此获得的保险金、赔偿金、代偿物的，人民法院应予支持。

管理人或者相关人员在执行职务过程中，因故意或者重大过失不当转让他人财产或者造成他人财产毁损、灭失，导致他人损害产生的债务作为共益债务，由债务人财产随时清偿不足弥补损失，权利人向管理人或者相关人员主张承担补充赔偿责任的，人民法院应予支持。

2. 出卖人取回权

《企业破产法》规定：“人民法院受理破产申请时，出卖人已将买卖标的物向作为买受人的债务人发运，债务人尚未收到且未付清全部价款的，出卖人可以取回在运输途中的标的物。但是，管理人可以支付全部价款，请求出卖人交付标的物。”这是对特别取回权中出卖人取回权的规定。

《破产法司法解释（二）》第 39 条规定：“出卖人依据破产法规定，通过通知承运人或者实际占有人中止运输、返还货物、变更到达地，或者将货物交给其他收货人等方式，对在运途中的标的物主张了取回权但未能实现，或者在货物未达管理人前已向管理人主张取回在运途中的标的物，在买卖标的物到达管理人后，出卖人向管理人主张取回的，管理人应予准许。出卖人对在运途中的标的物未及时行使取回权，在买卖标的物到达管理人后向管理人行使在运途中的标的物的取回权的，管理人不应准许。”

六、破产费用与共益债务

1. 破产费用

破产费用是指人民法院受理破产申请后，为破产程序的顺利进行及为全体债权人的共同利益而从债务人财产中优先支付的各项费用的总称。

《企业破产法》规定：“人民法院受理破产申请后发生的下列费用，为破产费用：① 破产案件的诉讼费用。② 管理、变价和分配债务人财产的费用。③ 管理人执行职务的费用、报酬和聘用工作人员的费用。”

2. 共益债务

共益债务，是指在破产程序中发生的应由债务人财产负担的债务的总称。《企业破产法》规定：“人民法院受理破产申请后发生的下列债务，为共益债务：① 因管理人或者债务人请求对方当事人履行双方均未履行完毕的合同所产生的债务。② 债务人财产受无因管理所产生的债务。③ 因债务人不当得利所产生的债务。④ 为债务人继续营业而支付的劳动报酬和社会保险费用，以及由此产生的其他债务。⑤ 管理人或者相关人员执行职务致人损害所产生的债务。⑥ 债务人财产致人损害所产生的债务。”

破产费用与共益债务如图 5-3 所示。

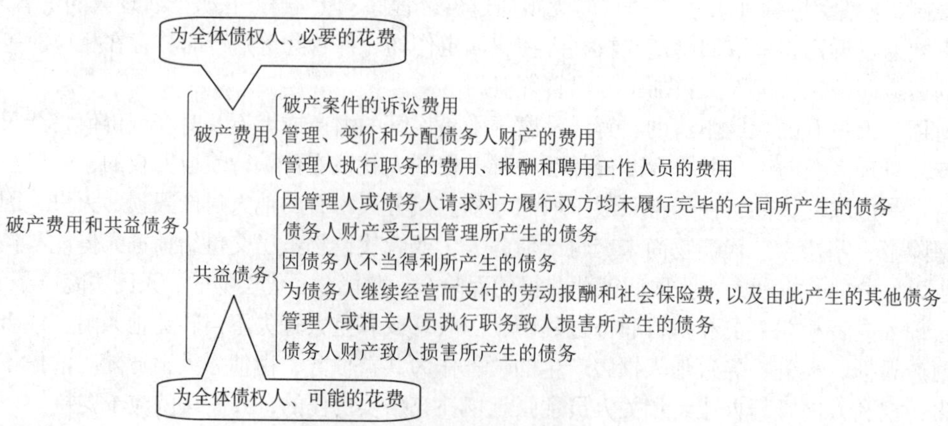

图 5-3　破产费用与共益债务

3. 破产费用与共益债务的清偿

破产费用与共益债务均是以债务人财产为清偿对象的，并享有优先于其他债权的受偿权。但是，它们优先受偿的范围仅限于债务人的无担保财产。

根据《企业破产法》的规定，破产费用和共益债务的清偿，按照下列原则进行：

1）破产费用和共益债务由债务人财产随时清偿。

2）债务人财产不足以清偿所有破产费用和共益债务的，先行清偿破产费用。

3）债务人财产不足以清偿所有破产费用或共益债务的，按照比例清偿。

4）债务人财产不足以清偿破产费用的，破产管理人应当提请人民法院终结破产程序。人民法院应当自收到请求之日起 15 日内裁定终结破产程序，并予以公告。

第五节 破产债权与债权申报

一、破产债权与债权申报的概念

破产债权是依破产程序启动前原因成立的，经依法申报确认，并得由破产财产中获得清偿的可强制执行的财产请求权。人民法院“受理”破产申请时对债务人享有的债权称为破产债权。

债权申报是指债务人的债权人在接到人民法院的破产申请受理裁定通知或者公告后，在法定期限内向人民法院申请登记债权，以取得破产债权人地位的行为。

债权人在法定期限内申报了债权即成为破产债权人，因而享有破产债权人的权利；但是，如果未在法定期限内申报债权，则视为放弃债权。破产债权人在破产过程中享有如下主要权利：① 参加债权人会议，并享有表决权。② 提出对债务人重整的申请。③ 参加破产财产的分配。

二、债权申报的期限

债权申报的期限是指《企业破产法》规定或经人民法院允许，债权人向人民法院申报债权的期间。债权申报的期限对债权的申报是否有效起着至关重要的作用。如果债权人没有在申报期内申报债权，视同其放弃参加破产程序的权利，即不能成为破产债权人，不享有破产债权人在破产过程中享有的表决权、破产财产分配权等权利，最终也就放弃了债权。

1. 法定申报期限

法定申报期限是指《企业破产法》规定的债权申报期限。《企业破产法》规定，人民法院受理破产申请后，应当确定债权人申报债权的期限。债权申报期限自人民法院发布受理破产申请公告之日起计算，最短不得少于 30 日，最长不得超过 3 个月。

2. 延展申报期限

延展申报期限也称补充申报期限，是指在人民法院确定的债权申报期限内，债权人未申报债权的，可以在破产财产最后分配前补充申报；但是，此前已进行的分配，不再对其进行补充分配。补充申报必须在破产财产最后分配前提出，得到的清偿以补充申报后的破产财产为限。为审查和确认补充申报债权所发生的费用，由补充申报人承担。

三、债权申报的范围

根据《企业破产法》的规定，债权人申报债权时，应当按照下列要求进行。

1）未到期的债权，在破产申请受理时视为到期。附利息的债权自破产申请受理时起停止计息。

2）附条件、附期限的债权和诉讼、仲裁未决的债权，债权人可以申报。

3）债权人应当在人民法院确定的债权申报期限内向管理人申报债权。债务人所欠职工的工资及医疗、伤残补助、抚恤费用，所欠的应当划入职工个人账户的基本养老保险、基本医疗保险费用，以及法律、行政法规规定应当支付给职工的补偿金，不必申报，由破产管理人调查后列出清单并予以公示。职工对清单记载有异议的，可以要求破产管理人予以更正；破产管理人不予更正的，职工可以向人民法院提起诉讼。

4）债权人申报债权时，应当书面说明债权的数额和有无财产担保，并提交有关证据。申报的债权是连带债权的，应当说明。

5）连带债权人可以由其中一人代表全体连带债权人申报债权，也可以共同申报债权。

6）债务人的保证人或者其他连带债务人已经代替债务人清偿债务的，以其对债务人的求偿权申报债权。债务人的保证人或者其他连带债务人尚未代替债务人清偿债务的，以其对债务人的将来求偿权申报债权；但是，债权人已经向管理人申报全部债权的除外。

7）连带债务人数人被裁定适用《企业破产法》规定的程序的，其债权人有权就全部债权分别在各破产案件中申报债权。

8）破产管理人或者债务人依照《企业破产法》规定解除合同的，对方当事人以因合同解除所产生的损害赔偿请求权申报债权。

9）债务人是委托合同的委托人，被裁定适用《企业破产法》规定的程序，受托人不知该事实，继续处理委托事务的，受托人以由此产生的请求权申报债权。

10）债务人是票据的出票人，被裁定适用《企业破产法》规定的程序，该票据的付款人继续付款或者承兑的，付款人以由此产生的请求权申报债权。

第六节　债权人会议

一、债权人会议的概念与性质

我国破产程序中的债权人会议，是指由所有依法申报债权的债权人组成，以保障债权人的共同利益为目的，为实现债权人的破产程序参与权，讨论决定有关破产事宜，表达债权人意志，协调债权人行为的破产议事机构。

二、债权人会议的组成

依法申报债权的债权人为债权人会议的成员，有权参加债权人会议，享有表决权。需要注意的是，申报债权者均有权参加第一次债权人会议，有权参加对债权的核查、确认活动，并可依法提出异议。

债权人会议应当有债务人的职工和工会的代表参加，并可对有关事项发表意见。

债权人会议设主席 1 人，由人民法院从有表决权的债权人中指定。债权人会议主席主持债权人会议。

三、债权人会议的召集与职权

1. 债权人会议的召集

债权人会议是以召集方式开展活动的议决机关。第一次债权人会议由人民法院召集，自债权申报期限届满之日起 15 日内召开。之后的债权人会议，在人民法院认为必要时，或者破产管理人、债权人委员会、占债权总额 1/4 以上的债权人向债权人会议主席提议时召开。召开债权人会议，管理人应当提前 15 日通知已知的债权人。

2. 债权人会议的职权

《企业破产法》规定，债权人会议行使下列职权：① 核查债权。② 申请人民法院更换破产管理人，审查破产管理人的费用和报酬。③ 监督破产管理人。④ 选任和更换债权人委员会成员。⑤ 决定继续或者停止债务人的营业。⑥ 通过重整计划。⑦ 通过和解协议。⑧ 通过债务人财产的管理方案。⑨ 通过破产财产的变价方案。⑩ 通过破产财产分配方案。⑪ 人民法院认为应当由债权人会议行使的其他职权。债权人还应当对所议事项的决议做成会议记录。

3. 债权人会议的决议

债权人会议的决议，由出席会议的有表决权的债权人过半数通过，并且其所代表的债权额占无财产担保债权总额的 1/2 以上，但《企业破产法》另有规定的除外。债权人会议的决议，对于在该决议事项上有表决权的全体债权人均有约束力。

债权人认为债权人会议的决议违反法律规定，损害其利益的，可以自债权人会议做出决议之日起 15 日内，请求人民法院裁定撤销该决议，责令债权人会议依法重新做出决议。

除以上规定外，《企业破产法》还规定了特殊情况下更为严格的条件：①通过和解协议草案的决议，由出席会议的有表决权的债权人过半数通过，并且其所代表的债权额占无财产担保债权总额的 2/3 以上。②通过重整计划草案的决议，按债权类型分组进行表决，由出席会议同一表决组的债权人过半数同意，并且其所代表的债权额占该组债权总额的 2/3 以上的，为该组通过。各表决组均通过时，重整计划即通过。债权人会议的决议通过的要求如表 5-1 所示。

表 5-1　债权人会议的决议通过的要求

情况	决议通过的要求
一般情况	出席会议的有表决权的债权人过半数（>1/2）通过，并且其所代表的债权额占无财产担保债权总额的 1/2 以上（≥1/2）
和解	出席会议的有表决权的债权人过半数通过，并且其所代表的债权额占无财产担保债权总额的 2/3 以上
重整	出席会议的有表决权的债权人过半数通过，并且其所代表的债权额占债权总额的 2/3 以上

人民法院做出的裁定，可以在债权人会议上宣布或者另行通知债权人。

四、债权人委员会

1. 债权人委员会的概念与组成

债权人委员会是遵循债权人的共同意志，代表债权人会议监督破产管理人行为及破产程序的合法、公正进行，处理破产程序中有关事项的常设监督机构。

债权人会议可以决定设立债权人委员会。由于债权人会议是债权人的非常设机构，在闭会期间无法行使其权利，不足以保护全体债权人的利益，因此，债权人会议可以根据实际情况决定设立债权人委员会，专门行使日常监督权。

债权人委员会由债权人会议选任的债权人代表和 1 名债务人的职工代表或者工会代表组成。债权人委员会成员不得超过 9 人。选任的债权人委员会成员并非当然成为债权人委员会成员，债权人委员会成员还应当经人民法院书面决定认可才有效。

2. 债权人委员会的职权

债权人委员会行使下列职权：① 监督债务人财产的管理和处分。② 监督破产财产分配。③ 提议召开债权人会议。④ 债权人会议委托的其他职权。债权人委员会执行职务时，有权要求破产管理人、债务人的有关人员对其职权范围内的事务做出说明或者提供有关文件。破产管理人、债务人的有关人员违反法律规定，拒绝接受监督的，债权人委员会有权就监督事项请求人民法院做出决定，强制实施。人民法院接到债权人委员会的请求后，应当在 5 日内做出决定。

为了切实保护债权人的利益，《企业破产法》规定，管理人实施下列行为时，应当及时向债权人委员会报告：① 涉及土地、房屋等不动产权益的转让。② 探矿权、采矿权、知识产权等财产权的转让。③ 全部库存或者营业的转让。④ 借款。⑤ 设定财产担保。⑥ 债权和有价证券的转让。⑦ 履行债务人和对方当事人均未履行完毕的合同。⑧ 放弃权利。⑨ 担保物的取回。⑩ 对债权人利益有重大影响的其他财产处分行为。未设立债权人委员会的，破产管理人实施上述行为时，应当及时向人民法院报告。

第七节　重整程序

一、重整的概念

重整是指对已经或可能发生破产原因但又有挽救希望与价值的企业，通过对各方利害关系人的利益协调，借助法律强制进行股权、营业、资产重组与债务清理，以使企业避免破产、获得重生的法律制度。

小提示

重整制度的适用范围为企业法人。由于其程序复杂、费用高昂、耗时很长，实践中主要适用于大型企业，中小型企业则往往采用更为简化的和解程序。

二、重整申请和重整期间

1. 重整申请

《企业破产法》规定，债务人或者债权人可以依法直接向人民法院申请对债务人进行重整。债务人对自己的资产、财务状况、困境及发展有着准确的了解，因此，可以直接向人民法院提出重整申请。为保证自己债权的实现，债权人也可以向人民法院提出重整申请，使债务人经过重整后恢复偿债能力。债权人申请对债务人进行破产清算的，在人民法院受理破产申请后、宣告债务人破产前，债务人或者出资额占债务人注册资本 1/10 以上的出资人，可以向人民法院申请重整；其他债权人也可以申请对债务人进行重整。

债务人提出重整申请，除应提交《企业破产法》规定的材料外，还应当提交债务人通过重整程序，能够持续经营、获得经济效益，以偿还债务、摆脱困境的重整可行性报告。

人民法院经审查认为重整申请符合法律规定的，应当裁定债务人重整，并予以公告。

2. 重整期间

重整期间是指自人民法院裁定债务人重整之日起至重整程序终止时的期间。

重整期间，经债务人申请，人民法院批准，债务人可以在破产管理人的监督下自行管理财产和营业事务。这种情形下，已接管债务人财产和营业事务的破产管理人应当向债务人移交财产和营业事务，有关破产管理人的职权由债务人行使。

重整期间，对债务人的特定财产享有的担保权暂停行使。但是，担保物有损坏或者价值明显减少的可能，足以危害担保权人权利的，担保权人可以向人民法院请求恢复行使担保权。债务人合法占有的他人财产的权利人在重整期间要求取回财产的，应当符合事先约定的条件。债务人的出资人不得请求投资收益分配。债务人的董事、监事、高级管理人员不得向第三人转让其持有的债务人的股权。但是，经人民法院同意的除外。

重整期间，有下列情形之一的，经管理人或者利害关系人请求，人民法院应当裁定终止重整程序，并宣告债务人破产：① 债务人的经营状况和财产状况继续恶化，缺乏挽救的可能性。② 债务人有欺诈、恶意减少债务人财产或者其他显著不利于债权人的行为。③ 债务人的行为致使破产管理人无法执行职务。

三、重整计划的制订和批准

1. 重整计划的制订

（1）重整计划草案由债务人或管理人制定

债务人自行管理财产和营业事务的，由债务人制定重整计划草案。管理人负责管理财产和营业事务的，由管理人制定重整计划草案。

（2）重整计划草案应当在法定期限内制定

债务人或者管理人应当自人民法院裁定债务人重整之日起 6 个月内，同时向人民法院和债权人会议提交重整计划草案。上述规定的期限届满后，经债务人或者管理人请求，有正当理由的，人民法院可以裁定延期 3 个月。债务人或者管理人未按期提出重整计划草案的，人民法院应当裁定终止重整程序，并宣告债务人破产。

（3）重整计划草案的内容

重整计划草案应当包括下列内容：① 债务人的经营方案。② 债权分类。③ 债权调整方案。④ 债权受偿方案。⑤ 重整计划的执行期限。⑥ 重整计划执行的监督期限。⑦ 有利于债务人重整的其他方案。

2. 重整计划的批准

债权人参加讨论重整计划草案的债权人会议，依照下列债权分类，对重整计划草案进行分组表决：① 对债务人的特定财产享有担保权的债权。② 债务人所欠职工的工资和医疗补助、伤残补助、抚恤费用，所欠的应当划入职工个人账户的基本养老保险、基本医疗保险费用，以及法律、行政法规规定应当支付给职工的补偿金。③ 债务人所欠税款。④ 普通债权。此外，人民法院在必要时可以决定在普通债权组中设小额债权组，对重整计划草案进行表决。重整计划不得规定减免债务人欠缴的上述第② 项规定以外的社会保险费用，该项费用的债权人不参加重整计划草案的表决。

人民法院应当自收到重整计划草案之日起 30 日内召开债权人会议，对重整计划草案进行表决。出席会议的同一表决组的债权人过半数同意重整计划草案，并且其所代表的债权额占该组债权总额的 2/3 以上的，即该组通过重整计划草案。

债务人的出资人代表可以列席讨论重整计划草案的债权人会议。重整计划草案涉及出资人权益调整事项的，应当设出资人组，对该事项进行表决。

各表决组均通过重整计划草案时，重整计划即通过。自重整计划通过之日起 10 日内，债务人或者管理人应当向人民法院提出批准重整计划的申请。人民法院经审查认为符合规定的，应当自收到申请之日起 30 日内裁定批准，终止重整程序，并予以公告。

部分表决组未通过重整计划草案的，债务人或者破产管理人可以同未通过重整计划草案的表决组协商。该表决组可以在协商后再表决一次。双方协商的结果不得损害其他表决组的利益。未通过重整计划草案的表决组拒绝再次表决或者再次表决仍未通过重整计划草案，但重整计划草案符合《企业破产法》的规定条件的，债务人或者破产管理人可以申请人民法院批准重整计划草案。

重整计划草案未获得通过且未依照《企业破产法》的规定获得批准，或者已通过的重整计划未获得批准的，人民法院应当裁定终止重整程序，并宣告债务人破产。

四、重整计划的执行

1. 重整计划由债务人负责执行

《企业破产法》规定，重整计划由债务人负责执行。若重整期间债务人财产和营业事务由管理人接管的，在人民法院裁定批准重整计划后，已接管财产和营业事务的管理人应当向债务人移交财产和营业事务。

2. 重整计划的执行由管理人监督

《企业破产法》规定，自人民法院裁定批准重整计划之日起，在重整计划规定的监督期内，由管理人监督重整计划的执行。监督期届满时，管理人应当向人民法院提交监督报告。自监督报告提交之日起，管理人的监督职责终止。管理人向人民法院提交的监督报告，重整计划的利害关系人有权查阅。此外，经破产管理人申请，人民法院可以裁定延长重整计划执行的监督期限。

人民法院裁定批准的重整计划，对债务人和全体债权人均有约束力。债权人未依照规定申报债权的，在重整计划执行期间不得行使权利；在重整计划执行完毕后，可以按照重整计划规定的同类债权的清偿条件行使权利。债权人对债务人的保证人和其他连带债务人所享有的权利，不受重整计划的影响。

3. 重整计划执行的终止

债务人不能执行或者不执行重整计划的，经破产管理人或者利害关系人请求，人民法院应当裁定终止重整计划的执行，并宣告债务人破产。人民法院裁定终止重整计划执行的，债权人在重整计划中做出的债权调整的承诺失去效力；债权人因执行重整计划所受的清偿仍然有效，债权未受清偿的部分作为破产债权。受上述规定限制的债权人，只有在其他同位债权人同自己所受的清偿达到同一比例时，才能继续接受分配。

按照重整计划减免的债务，自重整计划执行完毕时起，债务人不再承担清偿责任。

第八节 和解制度

一、和解的概念

和解是指具备破产原因的债务人，为了避免破产清算，而与债权人会议达成协商解决债务的协议制度。

和解并非法院做出破产宣告的必经程序，是否和解完全依债务双方当事人的意思而定。债务人可以提出和解申请及和解协议草案，由债权人会议表决，如能获得通过，再经人民法院裁定认可后生效执行，可以避免被宣告破产。

二、和解的程序

和解申请只能由债务人一方提出。债务人可以依法直接向人民法院申请和解，也可以在人民法院受理破产申请后、宣告破产前，向人民法院申请和解。债务人申请和解，应当提出和解协议草案。和解协议草案的主要内容是债务清偿方案，其中包括延长清偿的期限、分期清偿的数额、申请减免债务的额度及比例等。

债权人会议通过和解协议决议的条件是，出席会议的有表决权的债权人过半数同意，并且其所代表的债权额占无财产担保债权总额的 2/3 以上。对债务人的财产享有担保权的债权人，对此事项无表决权。

债权人会议通过和解协议的，由人民法院裁定认可，终止和解程序，并予以公告；破产管理人应当向债务人移交财产和营业事务，并向人民法院提交执行职务的报告。和解协议草案经债权人会议表决未获得通过，或者已经债权人会议通过的和解协议未获得人民法院认可的，人民法院应当裁定终止和解程序，并宣告债务人破产。

三、和解协议的法律效力

和解协议的法律效力体现在以下几个方面：

1）经人民法院裁定认可的和解协议，对债务人和全体和解债权人均有约束力。和解债权人只能按照和解协议的规定接受清偿，不得要求或接受和解协议外的单独利益，也无权提起民事执行程序。和解债权人是指人民法院受理破产申请时，对债务人享有无财产担保债权的人。

2）和解债权人对债务人的保证人和其他连带债务人所享有的权利，不受和解协议的影响，即债务人的保证人和其他连带债务人的保证责任或者连带清偿责任并不因和解协议的生效而减少，而是仍按原债务责任承担担保责任和连带清偿责任。

3）债务人应当按照和解协议规定的条件清偿债务，使每个和解债权人均能公平受偿。

4）和解协议无强制执行效力。如果债务人不履行和解协议，债权人不能请求人民法院强制执行，只能请求人民法院终止和解协议的执行，宣告其破产。

四、和解协议的终止

因债务人的欺诈或者其他违法行为而成立的和解协议，人民法院应当裁定无效，并宣告债务人破产。

债务人不能执行或者不执行和解协议的，经和解债权人请求，人民法院应当裁定终止和解协议的执行，并宣告债务人破产；同时，和解债权人在和解协议中做出的债权调整的承诺失去效力，和解债权未受清偿的部分作为破产债权。受上述规定限制的债权人，只有在其他债权人同自己所受的清偿达到同一比例时，才能继续接受分配。此外，上述情形下，为和解协议的执行提供的担保继续有效。

债务人不能执行或者不执行和解协议的行为有：① 拒不执行或者延迟执行和解协议。② 财务状况继续恶化，足以影响和解协议的执行。③ 给个别债权人和解协议以外的特殊利益。④ 转移、隐匿或私分财产。⑤ 非正常压价出售财产，放弃自己的债权。⑥ 对原来没有财产担保的债务提供财产担保、对未到期的债务进行提前清偿等行为。

按照和解协议减免的债务，自和解协议执行完毕时起，债务人不再承担清偿责任。

人民法院受理破产申请后，债务人与全体债权人就债权债务的处理自行达成协议的，可以请求人民法院裁定认可，并终结破产程序。

第九节　破产清算程序

一、破产宣告

破产宣告是指人民法院依据当事人的申请或法定职权，裁定宣告债务人破产以清偿债务的活动。

根据《企业破产法》的规定，有下列情形之一的，人民法院应当以书面裁定宣告债务人企业破产：① 企业不能清偿到期债务，又不具备法律规定的不予宣告破产条件的。② 企业被人民法院依法裁定终止重整程序的。③ 人民法院依法裁定终止和解协议执行的。

人民法院依法宣告债务人破产的，应当自裁定做出之日起 5 日内送达债务人和管理人，自裁定做出之日起 10 日内通知已知债权人，并予以公告。

债务人被宣告破产后，债务人称为破产人，债务人财产称为破产财产，人民法院受理破产申请时对债务人享有的债权称为破产债权。

破产宣告前，有下列情形之一的，人民法院应当裁定终结破产程序，并予以公告：① 第三人为债务人提供足额担保或者为债务人清偿全部到期债务的。② 债务人已清偿全部到期债务的。

二、别除权

对破产人的特定财产享有担保权的权利人，对该特定财产享有优先受偿的权利。此项权利即破产法理论上的别除权。别除权是指债权人因其债权设有物权担保或享有法定特别优先权，而在破产程序中就债务人（即破产人）特定财产享有的优先受偿权利。

《企业破产法》规定，别除权之债权属于破产债权，其担保物属于破产财产。据此，别除权人享有破产申请权，也应当申报债权，未依法申报债权者不得依照《企业破产法》规定的程序行使权利。

别除权人行使优先受偿权利却未能完全受偿的，其未受偿的债权视作普通债权。别除权人放弃优先受偿权利的，其债权视作普通债权，与其他债权人的债权一起依破产程序予以清偿。

三、破产财产的变价

1. 管理人及时拟订破产财产变价方案

在破产财产变价过程中，破产财产变价方案的制订是一个关键的环节。破产管理人是人民法院指定的接管破产企业，以及管理、处分、分配破产财产的组织。由破产管理人制订破产财产变价方案正是其职责范围内的事项。但是，破产财产变价方案关系破产案件当事人尤其是债权人的利益，因此，管理人拟订的破产财产变价方案应提交债权人会议讨论通过。

《企业破产法》规定，管理人应当按照债权人会议通过的或者人民法院依法裁定的破产财产变价方案，适时变价出售破产财产。

2. 破产财产变价出售的方式

为了规范破产财产变价出售行为、保护破产过程中各当事人的合法权益，《企业破产法》对破产财产变价出售做出如下规定：

1）变价出售破产财产应当通过拍卖方式进行。但是，如果债权人会议根据破产财产的性质及实际情况，对其变价出售方式做出决议，且其决议不违反法律的规定，那么就应按该决议的方式变价，而不采取拍卖的方式。

2）破产企业可以被全部或者部分变价出售。

3）国家规定不能拍卖或者限制转让的财产，应当按照国家规定的方式处理。

四、破产财产的分配

破产财产分配，是指将破产财产按照法律规定的债权清偿顺序和案件实际情况决定的受偿比例进行清偿的顺序。

1. 破产财产的分配顺序

破产财产的分配顺序是指将破产财产分配给债权人的先后顺序。也就是说下一顺序的债权只有在上一顺序的债权受偿后才能受偿；同一顺序的债权，或者依法律规定平等受偿，或者按法律规定按比例受偿。破产财产的分配顺序关系破产案件各方当事人特别是债权人的利益能否实现或实现的程度，因此必须由法律做出明确规定。

根据《企业破产法》的规定，破产财产按照下列顺序进行分配。

（1）破产财产优先清偿破产费用和共益债务

破产费用和共益债务是一种特殊的债权。它既不同于一般的破产债权，也不同于对破产企业特定财产享有优先受偿权的债权。它具有优于一般破产债权受偿的权利，但是它相对针对破产企业特定财产享有优先受偿权的债权没有优先权。破产费用可随时用破产财产支付；破产财产不足以支付破产费用的，人民法院根据破产管理人的申请裁定终结破产程序。

（2）破产财产在清偿破产费用和共益债务后的清偿顺序

在清偿破产费用和共益债务后，破产财产依照下列顺序进行清偿：

1）破产企业所欠职工的工资和医疗补助、伤残补助、抚恤费用，所欠的应当划入职工个人账户的基本养老保险、基本医疗保险费用，以及法律、行政法规规定应当支付给职工的补偿金。

2）破产企业欠缴的除前项规定以外的社会保险费用和破产企业所欠税款。

3）普通破产债权，具体包括无财产担保债权、放弃优先受偿权的债权、行使优先权后未能完全受偿的债权部分。

破产财产不足以清偿同一顺序的清偿要求的，按照比例分配。

应当注意的是，清偿职工工资时，破产企业的董事、监事和高级管理人员的工资不能完全按破产企业破产前的实际工资进行清偿，而是按照该企业职工的平均工资计算。

小提示

破产清算必须界定清楚破产债权及破产财产的构成，破产财产的分配顺序不能前后颠倒，只能按上述顺序进行分配。

2. 破产财产的分配方案

管理人应当及时拟订破产财产分配方案。破产财产分配方案应当载明下列事项：

1）参加破产财产分配的债权人名称或者姓名、住所。债权人是自然人的，载明其姓名和住所；债权人是组织或机构的，包括代表国家行使征税权的税务机关，载明其名称和住所。

2）参加破产财产分配的债权额。这应包括各债权人的债权数额和全体债权人的债权总额。

3）可供分配的破产财产数额。这包括破产企业的账户存款、变卖破产财产后所得价款及剩余的实物财产和财产性权利等。

4）破产财产分配的顺序、比例及数额。

5）实施破产财产分配的方法。

管理人拟定的破产财产分配方案，首先应当提交债权人会议讨论。破产财产分配方案的表决必须由出席会议的有表决权的债权人过半数通过，并且其所代表的债权额占无财产担保债权总额的 1/2 以上。经债权人会议表决通过的破产财产分配方案对全体债权人具有约束力。债权人会议通过破产财产分配方案后，由破产管理人提请人民法院裁定认可。

3. 破产财产分配方案的实施

破产财产分配方案经人民法院裁定认可后，由破产管理人执行。破产管理人按照破产财产分配方案实施多次分配的，应当公告本次分配的财产额和债权额；破产管理人实施最后分配的，应当在公告中指明。

对于附生效条件或者解除条件的债权，管理人应当将其分配额提存。管理人依照规定提存的分配额，在最后分配公告日，生效条件未成就或者解除条件成就的，应当分配给其他债权人；在最后分配公告日，生效条件成就或者解除条件未成就的，应当交付给债权人。

债权人未受领的破产财产分配额，管理人应当将其提存。债权人自最后分配公告之日起满2个月仍不领取的，视为放弃受领分配的权利，管理人或者人民法院应当将提存的分配额分配给其他债权人。

对破产财产进行分配时，对于诉讼或者仲裁未决的债权，管理人应当将其分配额提存；自破产程序终结之日起满2年仍不能受领分配的，人民法院应当将提存的分配额分配给其他债权人。

五、破产程序的终结

1. 破产程序的终结的含义

破产程序的终结，又称破产程序的终止，是指人民法院受理破产案件后，在出现法定事由时，由人民法院依法裁定终结破产程序，结束破产案件的审理。

破产程序的终结根据终结事由的不同分为正常的终结和非正常的终结。正常的终结是指因破产财产分配完毕、破产目的已经实现而终结破产程序；非正常的终结是指没有经过破产财产的分配就终结破产程序。

根据《企业破产法》的规定，破产程序的终结事由有：① 因和解、重整程序顺利完成而终结。② 因债务人以其他方式解决债务清偿问题（包括第三人代为清偿债务、自行和解）而终结。③ 因债务人的破产财产不足以支付破产费用而终结。④ 因破产财产分配完毕而终结。破产清算程序中仅涉及后两种情况。

破产人无财产可供分配的，管理人应当请求人民法院裁定终结破产程序。在破产人有财产可供分配的情况下，管理人在最后分配完结后，应当及时向人民法院提交破产财产分配报告，并提请人民法院裁定终结破产程序。人民法院应当自收到管理人终结破产程序的请求之日起15日内做出是否终结破产程序的裁定；裁定终结的，应当予以公告。

管理人应当自破产程序终结之日起10日内，持人民法院终结破产程序的裁定，向破产人的原登记机关办理注销登记。破产管理人于办理注销登记完毕的次日终止执行职务；但是，存在诉讼或者仲裁未决情况的除外。

2. 遗留事务的处理

通常情况下，管理人应于办理破产人注销登记完毕的次日终止执行职务。但是，破产案件中存在债权诉讼或者仲裁未决等情况时，管理人可以在破产程序终结后，继续办理破产案件的遗留事务。

在破产程序因债务人的财产不足以支付破产费用而终结，或者因破产人无财产可供分配或破产财产分配完毕而终结时，自终结之日起2年内，有下列情形之一的，债权人可以请求人民法院按照破产财产分配方案进行追加分配：

1）发现破产案件中有可撤销行为、无效行为或者债务人的董事、监事和高级管理人员利用职权从企业获取非正常收入和侵占企业财产的情况，应当追回财产的。

2）发现破产人有应当供分配的其他财产的。

有上述情形，但财产数量不足以支付分配费用的，不再进行追加分配，由人民法院将其上交国库。

第十节　违反破产法的法律责任

《企业破产法》对造成企业破产及违反企业破产法律规定的行为规定了具体的法律责任，主要包括以下几项：

1）企业董事、监事或者高级管理人员违反忠实义务、勤勉义务，致使所在企业破产的，依法承担民事责任。有上述规定情形的人员，自破产程序终结之日起 3 年内不得担任任何企业的董事、监事及高级管理人员。

2）有义务列席债权人会议的债务人的有关人员，经人民法院传唤，无正当理由拒不列席债权人会议的，人民法院可以拘传，并依法处以罚款。债务人的有关人员违反规定，拒不陈述、回答，或者做虚假陈述、回答的，人民法院可以依法处以罚款。

3）债务人违反规定，拒不向人民法院提交或者提交不真实的财产状况说明、债务清册、债权清册、有关财务会计报告，以及职工工资的支付情况和社会保险费用的缴纳情况的，人民法院可以对直接责任人员依法处以罚款。债务人违反规定，拒不向管理人移交财产、印章和账簿，以及文书等资料的，或者伪造、销毁有关财产证据材料而使财产状况不明的，人民法院可以对直接责任人员依法处以罚款。

4）债务人违反规定，处理债务人财产、损害债权人利益的，债务人的法定代表人和其他直接责任人员依法承担赔偿责任。

5）债务人的有关人员违反规定，擅自离开住所地的，人民法院可以予以训诫、拘留，可以依法并处罚款。

6）管理人未按照规定勤勉尽责、忠实执行职务的，人民法院可以依法对其处以罚款；给债权人、债务人或者第三人造成损失的，管理人依法承担赔偿责任。

7）违反规定，构成犯罪的，依法追究刑事责任。

思考题

1．如何界定企业的破产界限？

2．人民法院裁定宣告企业破产的情形有哪些？

3．试分析破产财产与破产债权的构成。

4．简述破产财产的分配顺序。

案例分析题

1．某国一家企业经债权人申请，被法院正式宣告破产，并于 2011 年 4 月 3 日成立清算小组，对该企业进行财产债务清理。清理情况如下：

（1）总资产共 6 200 万元，其中第 1 号房产 1 000 万元、第 2 号房产 800 万元、机器设备 1 100 万元、运输设备 300 万元、对 B 公司债权 100 万元。

（2）负债共 9 300 万元，其中欠中国工商银行贷款 700 万元、中国建设银行贷款 500 万元，均以第 1 号房产做抵押；欠 A 公司货款 1 600 万元，以第 2 号房产做抵押；欠 B 公司货款 600 万元，欠职工工资 400 万元，欠缴税款 850 万元，欠职工集资借款实际本金和按同期银行存款利率计算的利息共550万元。

（3）因破产发生破产费用30万元；清算组决定终止与C公司的合同，给C公司造成损失应赔偿20万元。

（4）财产变卖前，D公司提供有效证明表明破产企业的运输设备是从D公司租用的，财产所有权应归D公司；同时，清算组收到举报材料，经查实破产企业对欠A公司货款的担保合同是法院受理破产案件后补签的。

要求：根据以上资料，分别回答下列问题：

（1）别除权、抵销权、取回权、撤销权金额分别是多少？

（2）扣除破产费用和以上4项权利后，该破产企业的破产财产金额为多少？

（3）破产财产分配的顺序是什么？每一顺序应分配财产的数额为多少？

2．甲国一家企业（以下简称甲企业）因经营管理不善，长期亏损，已严重不能清偿到期债务。2011年1月4日，甲企业向人民法院提出了破产申请。人民法院受理此案后，依照法定程序，于2011年2月4日宣布甲企业破产，并于同年2月14日成立了清算组。随后，清算组在对甲企业的财产进行清理时，发现以下问题：

（1）2010年12月1日，甲企业和A企业签订土地使用权转让合同，甲企业于2010年12月20日依法取得土地使用权，但至破产宣告时，甲企业尚未支付土地使用权的转让价款1 000万元。

（2）2010年10月1日，甲企业因不能清偿B银行的到期贷款100万元，被B银行提起诉讼，受理案件的人民法院于当年12月25日依法查封了甲企业的办公楼，拟用于偿还B银行的贷款本息。至甲企业的破产案件受理之日，该财产尚未执行。

（3）2010年12月1日，甲企业和C企业签订了汽车买卖合同，甲企业将一辆价值20万元的汽车转让给C企业。至破产宣告时，甲企业已经将该汽车交付给C企业，但该汽车尚未办理产权过户手续。

（4）2010年12月10日，甲企业和E企业签订了标的200万元的买卖合同，双方约定的违约金为10万元。因清算组解除合同，给E企业造成的实际损失为5万元。

（5）2010年12月20日，甲企业因侵犯F企业的专利权，经人民法院裁定，甲企业赔偿F企业50万元的经济损失。

（6）G企业欠甲企业货款80万元，但G企业于2011年2月5日受让H企业的破产债权100万元，G企业向清算组主张，行使抵消权后，G企业的破产债权为20万元。

要求：根据破产法律制度规定，分别回答以下问题：

（1）根据问题（1）所提示的内容，你认为土地使用权是否属于甲企业的破产财产？请说明理由。

（2）根据问题（2）所提示的内容，你认为被查封的办公楼是否属于甲企业的破产财产？请说明理由。

（3）根据问题（3）所提示的内容，你认为甲企业转让给C企业的汽车是否属于甲企业的破产财产？请说明理由。

（4）根据问题（4）所提示的内容，你认为E企业的破产债权是多少？请说明理由。

（5）根据问题（5）所提示的内容，你认为F企业的破产债权是多少？请说明理由。

（6）根据问题（6）所提示的内容，你认为G企业的主张是否成立？请说明理由。

3．2011年3月，某国一家企业被债权人申请破产。法院受理了此案，并依法发布公告通知债权人，之后由依法成立的清算组接管该破产企业。清算组查明，该企业破产时经营管理的财产为200万元（包括一座已抵押出去的办公楼）；对外投资100万元；租用他人的设备价值为100万元；持有的一项专利权经评估后确认价值为20万元。共有4名债权人向法院申报了债权：甲的债权额为100万元，其中50万元由破产企业的一座办公楼足额抵押担保；乙为某银行，其贷款债权额为100万元，约定年利率为8%，5年后共偿还本息140万元，破产宣告时尚有2年到期；丙的债权为200万元，同时破产企业对丙债权人另有60万元债权；丁债权人因清算组解除破产企业未履行的合同而受到实际损失50万元。另外，该企业在破产宣告之前，拖欠职工工资和劳动保险费用合计100万元，拖欠税款50万元；本案的破产费用为30万元。

要求：根据以上资料分别回答下列问题：

（1）上述财产中哪些为破产财产？总额为多少？

（2）上述各债权人的哪些债权属于破产债权？数额共计多少？

（3）结合本案例，说明破产财产的分配顺序。

第三篇　市场规制法

第六章　物权法律制度

本章目的和任务

通过本章的学习，学生应掌握物权的概念与特征，以及所有权、用益物权和担保物权的具体内容；理解物权的分类及物权法的基本原则；了解物权法的含义及占有的相关规定；能够运用本章所学的内容解决现实生活中的物权问题。

本章要点

- 物权法律制度
- 所有权
- 用益物权
- 担保物权
- 占有

第一节　物权法律制度概述

一、物的概念与种类

1. 物的概念

物是物权的客体。《物权法》规定："本法所称的物，包括不动产和动产。法律规定权利作为物权客体的，依照其规定。"

物权法上的物指的是有体物，是除人的身体之外，凡能为人力所支配、能独立满足人类社会生活需要的物。

物权法上的物具有以下特点：① 有体性。我国物权法上的物仅指有体物，权利、行为、智力成果（包括电脑程序）等均不是物权法上的物；权利在特殊情况下经法律规定可成为物权客体，如权利质权。② 可支配性。能为人力所支配并满足人的需要，不为人力所支配或不为人所需物，因其不具有交易价值而不属于物权法上的物。前者如太阳、月亮、星星，后者如汽车尾气。③ 非人格性。人是权利主体，不能成为物权客体；但是，人体器官若脱离人的身体，则可成为物。

2. 物的种类

（1）流通物、限制流通物与禁止流通物

流通物是指可自由进入市场流通的物；限制流通物是指被法律限制市场流通的物；禁止流通物是指法律禁止流通的物。《物权法》规定："法律规定专属于国家所有的不动产和动产，任何单位和个人不能取得所有权。"

（2）动产与不动产

动产是指能够移动并且不因移动损害价值的物。大多数的物都是属于动产。不动产是指不可移动或者若移动将损害其价值的物。不动产包括土地以及房屋、林木等地上定着物。

（3）可替代物与不可替代物

该分类仅限于动产。可替代物是在交易上依数量、容量或重量而确定的物。可替代物常被称为种类物，如书、粮食等。不可替代物亦称特定物，是指具有独特特征或不能以他物替代的物。比如，齐白石的画就等于不可替代物。

（4）消耗物与非消耗物

该分类仅限于动产。消耗物是指依其性质只能一次性使用或让与的物。比如，粮食、金钱等都属于消耗物。非消耗物则相反。

（5）可分物与不可分物

可分物是指不因分割而变更其性质或减损其价值的物。比如，米、酒等属于可分物。反之，如牛、汽车等则属于不可分物。

（6）主物与从物

一物可能不是他物的成分，而只是作为他物发挥作用的辅助工具而存在。此时，相对于起主要效用的物（主物）而言，该辅助之物为从物。比如电视机的遥控器、旅馆设置的家具、房间的钥匙、书的封套、机器的维修工具等就是主物与从物的关系。

（7）原物与孳息物

根据两物之间存在的原有物产生新物的关系，物可分为原物与孳息物。其中，孳息又有天然孳息与法定孳息之别。孳息是独立于原物的物。原物、孳息属于两个物。《物权法》规定："天然孳息，由所有权人取得；一物之上既有所有权人，又有用益物权人的，由用益物权人取得。当事人另有约定的，从其约定。"

二、物权与物权法的概念

1. 物权的概念与特征

物权是指权利人依法对特定的物享有直接支配和排他的权利。物权包括所有权、用益物权和担保物权。物权是和债权相对应的一种民事权利，它们共同组成民法最基本的财产权形式。与债权相比，物权具有如下特征：

1）支配性。物权是对于标的物具有直接支配力的财产权，物权人有权仅以自己的意志实现权利，无须第三人的积极行为协助，属于支配权。债权则属于请求权，其实现有赖于债务人的履行行为。

2）排他性。物权人对于标的物具有意志支配力。物权人能够排除他人意志，以同样的方式支配标的物，故一物之上只能成立一项所有权。债权则具有兼容性，即同一标的物上可以成立双重买卖，两项买卖合同均可有效，并不相互排斥。

3）绝对性。物权是对抗所有人的财产权，排除任何他人的干涉，其他人有义务予以尊重，故为绝对权或称对世权。债权则仅对特定的债务人存在，属于相对权或称对人权。

2. 物权的分类

1）自物权与他物权。物权包括所有权、用益物权和担保物权。其中，所有权属于自物权（完全物权，对于自己之物所享有的物权），用益物权和担保物权属于他物权（限制物权，在他人所有之物上设定的物权）。自物权与他物权比较如图 6-1 所示。

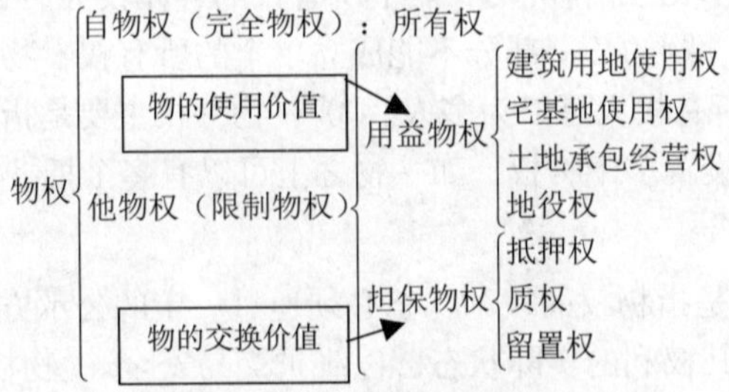

图 6-1　自物权与他物权比较

2）用益物权和担保物权。用益物权和担保物权均属限制物权。以使用他人之物为目的的物权，称为用益物权。它主要包括国有土地使用权、宅基地使用权 、农村土地承包经营权等。以担保债权实现为目的的物权，称为担保物权。它包括抵押权、质权和留置权。 用益物权针对的是物的使用价值，担保物权则针对物的交换价值。

3）动产物权和不动产物权。动产物权是指设定在动产之上的物权，如动产所有权、动产质权、留置权等；不动产物权是指设定于不动产之上的物权， 如不动产所有权、土地使用权、不动产抵押权等。质权与留置权不得设于不动产之上。

4）独立物权与从物权。能够独立存在的物权为独立物权，如所有权、建设用地使用权；从属于其他权利、不能独立存在的物权为从物权，如担保物权、地役权。

3. 物权法的概念

物权法是调整物的归属及主体因对物的占有、利用而发生的财产关系和归属关系的法律规范的总称，主要是指 2007 年 3 月 16 日第十届全国人民代表大会第五次会议通过的《物权法》。该法于 2007 年 10 月 1 日正式实施，其主要内容包括：物权法的基本原则；物权的设立、变更、转让和消灭；所有权；用益物权；担保物权；占有。

三、我国物权法的基本原则

1. 平等保护原则

平等保护原则是指物权主体在法律地位上是平等的，其享有的所有权和其他物权在受到侵害以后，应当受到法律的平等保护。平等保护原则是民法平等原则在物权法中的具体体现。

2. 物权法定原则

《物权法》第 5 条规定了物权法定原则："物权的种类和内容，由法律规定。" 物权法定原则包括两个方面的内容：

1）物权种类法定，即当事人不得自由创设法律未规定的新种类物权。例如，我国的担保物权只能是抵押权、质押权和留置权 3 种。

2）物权内容法定，即物权的方式、效力等内容都由法律明文规定，当事人不得在物权中自由创设新的内容。例如，法律规定动产质押必须移转占有权，当事人创设不移转占有权的动产质押就不能产生物权效力。

3. 一物一权原则

一物一权原则包括以下几项内容：① 一个所有权的客体仅为一个独立物。② 一个独立物上只能存在一个所有权；一物的某一部分不能成立单个的所有权，物只能在整体上成立一个所有权；但是，一物之上的所有权人可以为多人。③ 一物一权主要是指一物之上只能设定一个所有权，并非一物之上不能设置多个物权，如一物之上可以有多个抵押权的存在。

4. 公示、公信原则

1）公示原则。公示，是指物权的权利状态必须通过一定的公示方法向社会公开，使得第三人在物权变动时能够知道其权利的实际状态，以维护交易安全。《物权法》规定："不动产物权的设立、变更、转让和消灭，应当依照法律规定登记。动产物权的设立和转让，应当依照法律规定交付。"

2）公信原则。公信，是指物权依据法律规定进行了公示后，即使公示方法表现出来的物权实际存在瑕疵，为保护交易安全，对基于信赖该公示的物权而从事物权交易的人，法律仍承认物权变动的法律效果。《物权法》关于善意取得制度的规定就是公信原则的体现。

四、物权变动

1. 物权变动的含义

物权变动是指物权的发生（取得、设定）、变更和消灭。

2. 物权变动的形态

物权变动包括物权的取得、物权的变更与物权的消灭 3 种基本形态。

物权的取得分为原始取得与继受取得。物权的原始取得是指物权的取得非自他人之手继受而来。典型的原始取得如基于对无主物的先占而取得所有权、依自己的所有权而取得原物孳息、通过建造取得房屋所有权等。继受取得又称传来取得，是指权利自前手继受而来。典型的继受取得是通过法律行为让与权利，但亦可基于法律行为之外的方式发生（如继承）。物权的继受取得可能是移转型，如所有权人将其所有权让与他人；亦可能是创设型，如所有权人为他人设立限制物权。

物权的变更包括主体、客体及内容 3 个方面的变更，其中物权主体变更实际上是物权转让。

物权的消灭可分为绝对消灭与相对消灭两种。绝对消灭是指物权本身不复存在，而相对消灭是指原主体权利的丧失和新主体权利的取得。

3. 物权变动的原因

物权变动的原因可以分为两类：一是基于法律行为而引起的物权变动；二是非基于法律行为而引起物权变动。

1）基于法律行为而引起物权变动。这主要是指以当事人意思表示为要素的行为。这种变动可以是双方法律行为而导致的变动，如买卖合同、赠予合同；也可以是单方法律行为引起的物权变动，如抛弃物的行为。

2）非基于法律行为而引起物权变动。这主要包括：① 事实行为，即当事人不以意思表示为要素的行为，如先占取得、拾得遗失物、发现埋藏物或隐藏物、添附等。② 根据法律的直接规定，如善意取得、时效取得、法定继承等。③ 因公权力而引起物权变动，如因法院的判决、强制执行而导致的物权变动、没收和征用等。

物权变动的原因如图 6-2 所示。

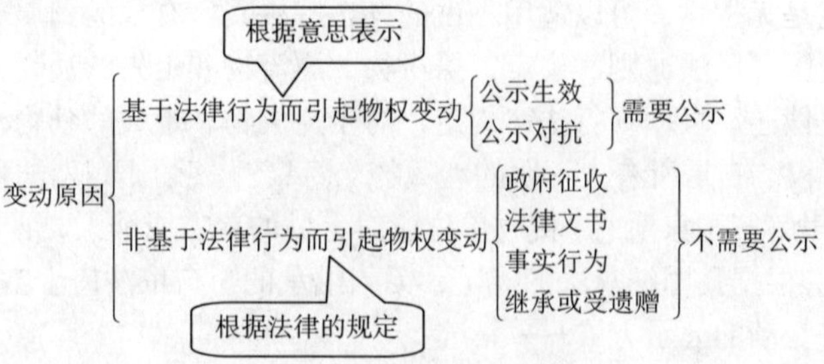

图 6-2　物权变动的原因

4．物权变动的公示方式

依物权公示原则，基于法律行为的物权变动需要公示。公示是物权变动的法律标志。公示方式依动产或不动产物权变动而有所不同。

（1）动产物权变动的公示方式——交付

《物权法》规定，动产物权的设立和转让，自交付时发生效力，法律另有规定的除外。交付有现实交付与交付替代两种形态。

1）现实交付。现实交付指的是将物直接交由对方占有。现实交付是最为典型的交付形态。

2）交付替代。当现实交付不可能或没必要时，可以其他方式替代交付。交付替代方式包括：① 简易交付。简易交付是指动产物权设立和转让前，权利人已经先行占有该动产，无须现实交付，物权在法律行为生效时发生变动效力。② 指示交付。指示交付又称返还请求权让与，指动产物权让与时，该动产由第三人占有，让与人可以将其对第三人的原物返还请求权让与受让人以替代交付。因此，指示交付的公示效果不如简易交付。③ 占有改定。占有改定指动产物权让与时，当事人约定出让人仍继续占有该动产，受让人作为间接占有人获得动产所有权。因此，占有改定在几种交付中的公示效果较弱。

动产物权变动的公示方式如表 6-1 所示。

表 6-1　动产物权变动的公示方式

交付生效	总规定	动产物权的设立和转让，自交付时发生效力，法律另有规定的除外
	质押	以动产设定质押的，质权自交付时设立
登记对抗	特殊动产所有权	船舶、航空器和机动车等物权的设立、变更、转让和消灭，未经登记，不得对抗善意第三人
	抵押	（1）以生产设备、原材料、半成品、产品、交通运输工具或者正在建造的船舶、航空器做抵押的，抵押权自抵押合同生效时设立，未经登记，不得对抗善意第三人 （2）企业、个体工商户、农业生产经营者以现有的及将有的生产设备、原材料、半成品、产品做抵押的，抵押权自抵押合同生效时设立，未经登记，不得对抗善意第三人

另外，《物权法》还对所有权的取得做了特别规定：① 善意取得。善意取得是指动产占有人或者不动产的名义登记人将动产或者不动产不法转让给受让人以后，如果受让人善意取得财产，即可依法取得该财产所有权或其他物权的法律制度。法律规定善意取得制度的目的在于保护占有及登记公信力，保护交易当事人的信赖利益和交易安全，维护交易秩序。因此，善意取

得是原始取得。② 无主物。一是抛弃物，是指所有人抛弃了他的所有权的物。垃圾是典型的抛弃物，此时抛弃物就是无主物，可以适用先占的办法解决其所有权的归属。二是拾得物、漂流物和走失的动物。我国《民法通则》规定，拾得物、漂流物和走失的动物，应该归还失主，因此支付的费用由失主偿还。根据现行法律规定，对于遗失物和走失的动物，不管占有的时间多长，都不能享有所有权。三是所有人不明的埋藏物、隐藏物。我国《民法通则》规定："所有人不明的埋藏物、隐藏物，归国家所有。接收单位应对上缴的单位或个人，给予精神或物质奖励。"③ 无人继承的财产。根据我国继承法的规定，无人继承的财产依法应上缴国家和归集体所有。

（2）不动产物权变动的公示方式——登记

1）不动产物权变动的基本规则。《物权法》规定："不动产物权的设立、变更、转让和消灭，经依法登记，发生法律效力；未经登记，不发生效力，但法律另有规定的除外。"登记要件是不动产物权变动的基本原则。依法属于国家所有的自然资源，所有权可以不登记。本条所指的不动产物权不限于所有权，还包括在不动产上设立的用益物权和担保物权。国家所有的自然资源，其所有权虽然可以不登记，但如果在自然资源上设定用益物权和担保物权，则应当办理登记。"法律另有规定的除外" 主要是指个别不动产物权的变动以登记为对抗要件的情形包括：① 土地承包经营权自土地承包经营权合同生效时设立；未经登记，不得对抗善意第三人。② 地役权自地役权合同生效时设立；未经登记，不得对抗善意第三人。③ 已经登记的宅基地使用权转让或者消灭的，应当及时办理变更登记或者注销登记。

2）不动产物权登记。① 登记的含义。不动产物权登记是指国家登记机构将不动产物权的设立和变动的情况记载于不动产登记簿上，以供公众查阅的法律行为。② 登记机构。不动产物权登记，由不动产所在地的登记机构办理。在我国，不动产物权登记的部门主要包括土地管理部门、房产管理部门、农业主管部门、林业主管部门、海洋主管部门等。③ 登记机构的审查义务。《物权法》第 12 条规定，登记机构审查不动产物权应采纳以形式审查为主、以实质审查为辅的审查制度。登记机构的审查职责包括如下几个方面：查验申请人提交的必要材料；就有关登记事项询问申请人；如实、及时登记有关事项；法律、行政法规规定的其他职责。④ 登记的查询。《物权法》规定，权利人、利害关系人可以申请查询、复制登记资料，登记机构应当予以提供。⑤ 预告登记。预告登记的目的是保护不动产买卖合同中买受人的合法权益。根据《物权法》规定，当事人签订买卖房屋或者其他不动产物的协议，为保障将来实现物权，按照约定可以向登记机构申请预告登记。预告登记后，未经预告登记的权利人同意，处分该不动产的，不发生物权效力。预告登记后，债权消灭或者自能够进行不动产登记之日起 3 个月内未申请登记的，预告登记失效。⑥ 登记簿与权属证书。《物权法》规定："不动产权属证书是权利人享有该不动产物权的证明。不动产权属证书记载的事项，应当与不动产登记簿一致；记载不一致的，除有证据证明不动产登记簿确有错误外，以不动产登记簿为准。" 不动产物权变动自记载于不动产登记簿时发生效力。⑦ 不动产登记的效力。不动产自记载于不动产登记簿之日起，发生物权设立和变动的效力。根据《物权法》规定，当事人之间订立有关设立、变更、转让和消灭不动产物权的合同，除法律另有规定或者合同另有约定外，自合同成立时生效；未办理物权登记的，不影响合同效力。也就是说，物权合同不以登记为生效要件。

不动产物权变动的公示方式如表 6-2 所示。

表 6-2　不动产物权变动的公示方式

登记生效	总规定	不动产物权的设立、变更、转让和消灭，经依法登记，发生效力；未经登记，不发生效力，但法律另有规定的除外
	抵押	以建筑物和其他土地附着物、建设用地使用权，以及以招标、拍卖、公开协商等方式取得的荒地等土地承包经营权、正在建造的建筑物设定抵押的，应当办理抵押物登记，抵押权自登记之日起设立
	建设用地使用权	（1）建设用地使用权的设立、转让、互换、出资、赠予，应当办理登记手续；建设用地使用权自登记时设立、转移 （2）建设用地使用权消灭的，出让人应当及时办理注销登记，登记机构应当收回建设用地使用权证书
登记对抗	土地承包经营权	土地承包经营权人将土地承包经营权互换、转让，当事人要求登记的，应当向县级以上地方人民政府申请土地承包经营权变更登记；未经登记，不得对抗善意第三人
	地役权	地役权自地役权合同生效时设立，当事人要求登记的，可以向登记机构申请地役权登记；未经登记，不得对抗善意第三人

（3）船舶、航空器和机动车等物权的变动

《物权法》没有出台之前，这些物的变动以登记作为生效要件，《物权法》的颁布改变了这一规则。《物权法》规定："船舶、航空器和机动车等物权的设立、变更、转让和消灭，未经登记，不得对抗善意第三人。"因此，这 3 类物以交付作为物权变动的生效要件，但是并非完全不考虑登记；未经登记不得对抗善意第三人。

物权变动情形如图 6-3 所示。

- 物权变动
  - 法律行为
    - 所有权
      - 不动产：登记生效
      - 动产
        - 一般：交付生效
        - 船舶、航空器、机动车：交付生效、登记对抗
    - 用益物权不动产：登记生效
      - 建设用地使用权：登记生效
      - 土地承包经营权、地役权：合同生效、登记对抗
    - 担保物权
      - 抵押权
        - 不动产：登记生效
        - 动产：合同生效、登记对抗
      - 质权
        - 动产：交付生效
        - 权利
          - 基金、股权、知识产权、应收账款：登记生效
          - 有价证券（三票、三单）：有凭证交付生效，否则登记生效
  - 非法律行为：不以公示为生效要件，但处分前要公示

图 6-3　物权变动情形

第二节　所有权

一、所有权概述

1. 所有权的概念、特征和权能

所有权是指所有人依法对自己的财产享有的占有、使用、收益和处分的权利。所有权是所有人在法定限度内对物最充分、最完全的支配。所有权的内容包括人对物和人对人两个方面的权利。人对物的权利是指人对物全面支配的权利，包括占有、使用、收益、处分几项具体的权利。人对物的权利属于原权，是所有权的核心内容，属于所有权的积极内容。人对人的权利是指所有人排除他人非法干预的法定权利，包括所有权返还请求权、所有权妨害排除请求权、所有权妨害预防请求权、所有权恢复原状请求权等权利。人对人的权利属于救济权，是所有人基于对特定范围内财产的权利而产生的对非所有人的权利，属于所有权的消极内容。

所有权的特征包括：① 所有权具有自权性。② 所有权具有完全性。③ 所有权具有归一性或整体性。④ 所有权具有恒久性或永久性。⑤ 所有权具有弹力性。

所有权的权能，是指所有人为实现其对所有物的利益，而于法律规定的范围内可以采取的各种措施和手段。所有权的权能具体包括：① 占有权能，即实际掌握、控制物的权能。② 使用权能，即依照物的性能和用途，在不毁损物的本体或变更物的性质的情况下，对物加以利用，以实现权利人对物的利益的权能。③ 收益权能，即民事主体通过合法途径获取基于财产而产生的物质利益的权能，包括孳息和利润。④ 处分权能，即依法对物进行处置，决定物的法律命运的权能。处分权能被认为是拥有所有权的根本标志。

2.《物权法》规定的所有权的类型

（1）国家所有权

国家所有权的主体是国家，具有明确性、唯一性和统一性。国家所有权的标的具有广泛性，主要包括：① 土地、矿藏、水流、海域、森林、山岭、草原、荒地、滩涂等自然资源。② 野生动植物资源。③ 无线电频谱资源。④ 文物。⑤ 国防资产。⑥ 铁路、公路、电力、电信设施和油气管道等基础设施。其中，有些财产是专属于国家所有的，如矿藏、水流、海域、城市的土地、国防资产、无线电频谱资源等。

（2）集体所有权

农民集体所有的不动产和动产，属于本集体成员集体所有；城镇集体所有的不动产和动产，依照法律、行政法规的规定，由本集体享有占有、使用、收益和处分的权利。除专属于国家所有的物之外，其他种类的物原则上都可以成为集体所有权的标的。农民集体所有权由本集体成员集体或者其代表、代理人行使；城镇集体所有权由本集体或者其代表、代理人行使。

（3）私人所有权

广义的私人包括自然人、法人和其他社会团体；狭义的私人仅指自然人。私人所有权是指私人依法享有的占有、使用、收益和处分其生产资料和生活资料的权利。根据《物权法》的规定，私人对其合法的收入、房屋、生活用品、生产工具、原材料等不动产和动产享有所有权；私人合法的储蓄、投资及其收益也受到法律保护。另外，企业、社会团体依法所有的不动产和动产，受法律保护。

二、所有权的取得和消灭

1. 所有权的取得

所有权的取得，是指所有权因一定的法律事实的存在而与特定主体相结合的事实。所有权的取得方式，依是否以他人所有权为前提划分为两类：①原始取得。这是指非依他人既存的权利而是基于法律规定直接取得所有权。其取得方式包括先占、生产、收益孳息、添附、无主物和罚没物的法定归属、动产的善意取得、没收等。②继受取得。这是指基于他人既存的权利而取得所有权。其方式主要是法律行为。

（1）不动产所有权的取得

1）依法律行为而取得。这具体分为两类：① 双方法律行为，如基于买卖合同、赠予合同、互易合同而形成的变更登记。② 单方法律行为，如受遗赠。

2）依法律行为以外的事实而取得。这具体分为两类：① 建造，如房屋的建造、围海造田、树木的栽种。② 法院判决、强制执行，以及公用征收、没收等行政行为。

（2）动产所有权的取得

1）依法律行为而取得。这具体分为两类：① 双方法律行为，如基于买卖合同、赠予合同、互易合同而形成的交付。② 单方法律行为，如受遗赠。

2）依法律行为以外的事实而取得。这具体分为：① 法院判决、强制执行，以及公用征收、没收、罚款等。② 收取孳息，除法律另有规定或当事人另有约定外，孳息所有权由原物所有人取得；但所有权与用益物权分离的，应由用益物权人取得。③ 所有人不明的埋藏物、隐藏物的归属，《物权法》规定，自发布招领公告之日起 6 个月内无人认领的，归国家所有。④ 无人认领的遗失物、漂流物、失散的饲养动物的归属，《物权法》规定，自发布招领公告之日起 6 个月内无人认领的，归国家所有。⑤ 无人继承遗产的归属，《继承法》规定，无人继承又无人受遗赠的财产归国家所有；死者生前是集体所有制组织成员的，则归集体组织所有。

3）善意取得。善意取得的适用条件有 3 个：一是受让人受让该不动产或者动产时是善意的；二是以合理的价格转让；三是转让的不动产或者动产依照法律规定应当登记的已经登记，不需要登记的已经交付给受让人。《物权法》排除遗失物的善意取得。

2. 所有权的消灭

所有权的消灭，是指所有权与特定主体相分离的事实。它包括绝对消灭和相对消灭两种情况。绝对消灭，即所有权与其主体分离，他人亦未取得该权利。相对消灭，即所有权与其主体分离，而由他人取得该权利。

1）所有权因法律行为而消灭，具体包括：① 所有权的抛弃，即以消灭自己的所有权为目的而做出的单方意思表示。② 所有权的出让，即旨在消灭自己的所有权而使他人取得该所有权的行为，如赠予、出卖、互易等。

2）所有权因法律行为以外的事实而消灭，具体包括：① 作为所有人的自然人死亡或法人终止。② 标的物灭失。③ 判决、强制执行、罚款、没收、纳税等。④ 动产因添附于他人的不动产或动产，依法由他人取得动产所有权。

三、共有

共有，是指 2 个以上的人对同一物共同享有一个所有权的法律状态。共有关系的权利主体是 2 个以上的人，共有关系的客体是一项特定的财产。共有是所有权的联合，而不是一种独立的所有权类型。共有的所有权在形态上是 1 个。只有当同一个所有权由多个人享有时，共有才成立。共有的内容是各共有人对共有物共享权利、共负义务，各主体的权利、义务是平行的，而不是对应的。每个共有人的权利均及于共有物的全部。共有可以基于当事人的意思而成立，如依合同约定而成立；也可以基于法律的规定而成立，如夫妻财产共有、家庭财产共有、遗产分割前全体继承人对遗产的共有、添附物的共有等。对所有权以外的其他物权的共有，构成准共有。共有分为按份共有和共同共有两种形态。

1. 按份共有

按份共有是指共有人按各自确定的份额享有所有权的共有形态。按份共有人对共有的不动产或者动产按照其份额享有所有权。

按份共有的效力包括：共有人内部依份额享有共有权；各共有人对共有物有分割请求权；共有人享有共有物的优先购买权；共有人可在其份额上设定担保物权；共有人享有物上请求权，即当共有物受到损害时，各共有人可单独或共同行使物上请求权；共有人对外享有连带债权，承担连带债务。

2. 共同共有

共同共有是指数人对同一物平等和不分份额地共同享有所有权的共有形态。共同共有人对共有的不动产或者动产共同享有所有权。共同共有以共同关系的存在为前提。共同关系，是指以基于共同目的而形成的关系，如家庭关系、夫妻关系。共同关系不存在，共同共有也就不存在。在共同关系存续期间，任何共有人都不得请求划分其共有权的份额，不得请求分割共有物。

共同共有的效力包括：对共有物的处分行为，只有在全体共有人意思一致的情况下，才发生对外效力；在共同共有关系存续期间，共同共有人原则上无分割请求权，也无共有物的优先购买权；共同共有关系终止时，对共有物的分割与按份共有相同；共有人对外享有连带债权，承担连带债务。

3. 共有物的分割

分割共有物，应依其性质采取相应的分割方式。① 实物分割，适用于可分物的分割。② 变价分割，适用于共有物不能分割或分割有损其价值且各共有人都不愿意取得共有物的情形，此时可将共有物变卖，分割其价金。③ 作价分割，适用于不可分的共有物归属于共有人中的 1 人或数人的情形，取得共有物的共有人对其他共有人应得的份额，用货币给予补偿。

四、建筑物区分所有权

1. 建筑物区分所有权的概念和法律特征

建筑物区分所有权，《物权法》称为“业主的建筑物区分所有权”，是指由区分所有建筑物的专有部分的所有权、共有部分的共有权及对建筑物进行共同管理的成员权三者所构成的特别所有权。

建筑物区分所有权具有以下法律特征：

1）复合性。建筑物区分所有权是由 3 项权利构成的特别所有权，有别于单一的不动产所有权。

2）专有部分所有权的主导性。在构成建筑物区分所有权的三要素中，专有部分所有权具有主导性：① 区分所有人取得专有部分所有权，即取得共有部分共有权及成员权。② 专有部分所有权的大小决定共有权及成员权的大小。③ 区分所有权成立登记时，只登记专有部分所有权，共有权及成员权并不单独登记。

3）一体性。构成建筑物区分所有权的三要素具有一体性，不可分离。发生权利变动时，建筑物区分所有权必须一体变动。

4）主体身份的多重性。建筑物区分所有权人集所有权人、共有人、成员三重身份于一身。

5）建筑物区分所有权的客体是兼有独立用途部分和必要共同设施的建筑物。

2. 建筑物区分所有权的内容

1）专有部分所有权，系空间所有权，是指区分所有人对专有部分的自由占有、使用、收益及处分的权利。专有部分，是指在构造上能明确区分，具有排他性且可独立使用的建筑物部分，并能登记成为特定业主所有权的客体。

2）共有部分共有权，是指建筑物区分所有人依照法律或管理规约的规定，对区分所有建筑物的共有部分所享有的占有、使用及收益的权利。根据我国有关司法解释的规定，建筑物的基础、承重结构、外墙、屋顶等基本结构部分，通道、楼梯、大堂等公共通行部分，以及消防、公共照明等附属设施、设备、避难层、设备层或者设备间等结构部分属于共有部分。

3）成员权，是指建筑物区分所有人（业主）基于一栋建筑物的构造、权利归属及使用上的密切关系而形成的，作为建筑物管理团体之一成员所享有的权利。业主可以设立业主大会，选举业主委员会。业主大会与其事务执行机构——业主委员会属于《民事诉讼法》第 49 条所规定的“其他组织”（非法人团体），具有诉讼能力，可以以自己的名义提起诉讼。业主大会或者业主委员会的决定，对业主具有约束力。成员权通过业主大会行使，包括表决权、参与制定规约权、选举及解任管理者的权利等。

五、相邻权

1. 相邻关系

相邻关系是指 2 个或 2 个以上相互毗邻的不动产的所有人或使用人，在行使不动产的所有权或使用权时，因相邻各方应当给予便利和接受限制而发生的权利义务关系。主张相邻关系的当事人，既可以是不动产的所有人，也可以是不动产的使用人。相邻关系产生的原因很多，种类也很复杂。主要的相邻关系有以下几种：

1）因通行而产生的相邻关系。根据《物权法》的规定，相邻一方因生产和生活上的需要，必须临时或长期通过对方使用的土地的，对方应当提供必要的方便。

2）因用水、排水而产生的相邻关系。根据《物权法》的规定，不动产权利人应当为相邻权利人用水、排水提供必要的便利。对自然流水的利用，应当在不动产的相邻权利人之间进行合理分配。对自然流水的排放，应当尊重其自然流向。

3）因修建施工、防险而产生的相邻关系。根据《物权法》的规定，不动产权利人因建造、修缮建筑物及铺设电线、电缆、水管、暖气和燃气管线等必须利用相邻土地、建筑物的，该土地、建筑物的权利人应当提供必要的便利，但不动产权利人不得危及相邻不动产的安全。

4）因通风、采光而产生的相邻关系。根据《物权法》的规定，相邻各方修建房屋和其他建筑物，必须与邻居保持适当距离，不得违反国家有关工程建设标准，不得妨碍邻居的通风和采光。

5）因不可量物而产生的相邻关系。不动产权利人不得违反国家规定弃置固体废物，以及排放大气污染物、水污染物、噪声、光、电磁波辐射等有害物质。

2. 相邻权的类型

相邻权是指相毗邻的不动产的所有人或使用人为行使其所有权或使用权的必要，而对他方不动产所有权或使用权依法予以限制的权利。一方相邻权的行使，构成对他方的限制，但此种限制只要在法律规定的限度之内，他方即得容忍。法律之所以规定相邻权，目的在于平衡各方利益。

（1）关于土地的相邻权

1）邻地通行权，是指无适宜的通道与公共道路联络的土地占有人，可以从邻人的土地上通行的权利。

2）邻地管线安设权，是指在必要情况下，土地占有人有通过邻人土地安设管线的权利。

3）邻地使用权，是指土地占有人在自己的土地与他人的土地相邻接的边缘修建房屋或其他建筑物，有利用邻人土地之必要时，使用邻人土地的权利。

4）邻地环境保护权，是指对于来自邻地的环境污染，土地占有人有请求邻人停止侵害、排除和防止妨害、恢复原状及赔偿损失的权利。

5）邻地安全保护权，是指相邻一方在其土地上施工或其土地上的竹木根枝的延伸危及对方土地使用安全时，对方有请求排除危险、恢复原状及赔偿损失的权利。

（2）关于水流的相邻权

1）相邻水流使用权，是指相邻各方在共同使用同一自然水流时，应当依其自然形成的流向，按照由远至近、由高到低的原则依次使用。任何一方为自身利益而擅自改变流水流向或堵截水源，以致影响他方正常的生产、生活的，他方有请求排除妨碍、恢复原状和赔偿损失的权利。

2）相邻水流排放权，具体包括：① 自然排水，土地占有人对此应承受。② 人工排水，需要利用邻人土地的，邻人应允许，但排水方应采取必要的保护措施。因排水而造成邻人损害的，邻人有请求停止侵害、恢复原状和赔偿损失的权利。

（3）关于建筑物的相邻权

1）相邻通风、采光权，是指相邻各方建造房屋和其他建筑物，应与邻人的房屋保持适当的距离，不得妨碍邻人的通风、采光。

2）相邻通行权，是指建筑物范围内历史形成的通道，邻人有继续通行的权利，任何一方均不得堵塞。

3）相邻环境保护权，是指相邻各方可能产生有害气体的设施，应与邻人的生产、生活建筑物保持安全距离，并应采取预防和应急措施；相邻各方不得以持续的噪声、震动等妨碍邻人。

第三节　用益物权

一、用益物权概述

1. 用益物权的概念和特征

用益物权是指对他人所有的不动产或动产，依法享有占有、使用、收益的权利。其特征为：① 用益物权不包括所有权；用益物权与所有权相比，在时间和范围上皆有一定限度。用益物权人只能在一定范围内对标的物占有、使用、收益。另外，用益物权的存在对所有权也构成一定的限制，即所有权人不得妨碍用益物权人行使其用益物权。② 用益物权是以使用收益为目的的限定物权。③ 用益物权的享有和行使以对物的占有为前提。④ 用益物权是一种独立的物权。

2. 用益物权的种类

《物权法》规定了 4 类主要的用益物权：土地承包经营权、建设用地使用权、宅基地使用权、地役权。另外,《物权法》第 122 条、第 123 条还宣示性地规定了海域使用权、探矿权、采矿权、取水权、养殖权和捕捞权等准物权。

二、使用权

使用权是指对国家或集体所有的土地、自然资源依法享有的使用和收益的权利。依《民法通则》及相关法律的规定，使用权的客体限于土地及森林、山岭、草原、荒地、滩涂、水面等自然资源。矿藏、地下埋藏物不能成为使用权的客体。就整体而言，使用权的内容限于使用和收益两种权能；就个体而言，每一项使用权的具体内容都有法定限度，使用权人必须按设立权利的法定目的、用途及存续时间，对标的物进行使用和收益，而且不得随意改变。

1. 建设用地使用权

建设用地使用权是指按照法律的具体规定，对国家所有的土地享有的占有、使用和收益的权利。该权利可以在土地的地表、地上或者地下分别设立，权利人则因此有在国有土地之上建造建筑物、构筑物及其附属设施的权利。

2. 国有自然资源使用权

国有自然资源使用权，是指对国有的森林、山岭、草原、荒地、滩涂、水面等自然资源享有的使用和收益的权利。

3. 宅基地使用权

宅基地使用权，是指自然人（主要是农村居民）依法享有的，在集体所有的土地上建造住宅及其附属设施的权利。

三、土地承包经营权

土地承包经营权是指依承包合同，对集体所有或国家所有的由集体使用的耕地、林地、草地及其他用于农业的土地享有的占有、使用和收益的权利。其特征如下：

1）土地承包经营权的主体限于从事农业生产的集体组织或公民个人。

2）土地承包经营权的客体是集体所有或国家所有的由集体使用的耕地、林地、草地及其他用于农业的土地。

3）土地承包经营权的内容是依承包合同取得的对耕地、林地、草地及其他用于农业的土地直接进行占有、使用和收益的权利，如从事种植业、林业、畜牧业等农业生产。

4）土地承包经营权依承包合同而产生，权利存续有具体期限。

四、地役权

地役权是指地役权人为提高自己不动产的效益，有权依合同约定使用他人不动产的一种用益物权。提供便利的不动产称为供役地，享受便利的不动产称为需役地。在地役权关系中，需役地与供役地不以相互毗邻为必要条件，即使不相毗邻，地役权亦可成立。其特征如下：

1）地役权是存在于他人不动产上的物权。

2）地役权具有从属性。地役权虽是一种独立的权利，但它是以需役地的所有权或使用权的存在为前提的，不能离开需役地而存在。其具体表现为地役权从属于需役地所有权或使用权，不得与需役地分离而单独让与。

3）地役权具有不可分性，即地役权为不可分割的权利。这主要表现在：① 需役地被分割时，地役权为分割后的各部分的利益仍然存在，但如果地役权的行使按其性质只关系到需役地的一部分的，则分割后地役权仅在该部分存在。② 供役地被分割时，地役权就分割后的各部分仍然存在，但地役权的行使按其性质只关系到供役地的一部分的，则分割后地役权仅在该部分有效。

4）地役权是为需役地的便利而设定的物权。

5）地役权的享有不以对土地的占有为要件。此特点与其他用益物权不同。

第四节　担保物权

一、担保物权的概念和特性

1. 担保物权的概念

担保物权是指在债务人不履行到期债务或者发生当事人约定的实现担保物权的情形下，债权人依法享有就担保财产优先受偿权利的一种他物权。

担保物权是重要的他物权类型。其特点是：① 以担保主债权的实现为目的。② 是价值权，权利人支配的是担保财产的交换价值。③ 是从属于主债权的物权。④ 其客体可以是债务人的财产或权利，也可以是第三人的财产或权利。

2. 担保物权的特性

（1）从属性

担保物权设立的目的就是担保债权的实现，故担保物权具有从属性，具体体现在以下3个方面。

1）发生上的从属性。担保物权的设立，原则上以主债权存在为前提。主债权不存在，担保物权也不能设立。

2）移转上的从属性。担保物权不能与主债权分离而转让。

3）消灭上的从属性。原则上，主债权消灭，担保物权也归于消灭；但是，主债权部分消灭时，基于担保物权的不可分性特性，担保物权并不部分消灭。

（2）不可分性

担保物权的不可分性，是指担保物的全部担保债权的各部分，担保物的各部分担保债权的全部。即在所担保的债权全部受清偿前，担保权人可就担保物的全部行使权利；债权部分消灭，债权人仍就未清偿部分的债权对担保物的全部行使权利；担保物部分灭失，残存部分仍担保债权全部。之所以规定担保物权具有不可分性，主要是为了强化担保物权的效利。

（3）物上代位性

担保物权注重物的交换价值，因此当担保物灭失后，其价值变为他物或权利时，担保物权继续存在于该物或该权利之上。这是法律承认担保物权物上代位性的原因。在担保期间，如果担保财产毁损、灭失或被征收等，则担保物权人可以就获得的保险金、赔偿金或补偿金等优先受偿；被担保债权的履行期未届满的，也可以提存该保险金、赔偿金或补偿金等。

二、抵押权

1. 抵押权的概念与特征

抵押权是指债务人或者第三人不转移对财产的占有，而是将该财产抵押给债权人，当债务人不履行到期债务或者发生当事人约定的实现抵押权的情形时，债权人有权依法以该财产折价或以拍卖、变卖该财产的价款优先受偿。抵押中提供财产担保的债务人或者第三人称为抵押人，债权人称为抵押权人，提供担保的财产称为抵押物。

抵押权作为担保物权的一种，具有从属性、不可分性和物上代位性等特性。另外，抵押权是不转移标的物占有权的一种担保物权，这是抵押权与其他担保物权的重要区别。由于抵押权的设定不需要转移标的物的占有权，因此抵押权的设定不能采用占有权转移的公示方法，而必须采用登记或其他方法进行公示。

2. 抵押权的设定

抵押权主要通过法律行为取得，也可以基于法律行为以外的法律事实取得（如基于继承取得抵押权）。基于法律行为取得抵押权的，就是抵押权的设定。抵押权的设定由双方当事人签订书面抵押合同完成。抵押当事人包括抵押人和抵押权人。其中，抵押权人就是债权人；抵押人即抵押财产的所有人，既可能是债务人，也可能是第三人。设定抵押权属于处分财产的行为，因此抵押人必须对设定抵押的财产享有所有权或处分权。

（1）抵押物

抵押物又称抵押财产，是指抵押人用以设定抵押权的财产。抵押物是抵押权的标的物。

根据《物权法》的规定，下列财产可以作为抵押物：① 建筑物和其他土地附着物。② 建设用地使用权。③ 以招标、拍卖、公开协商等方式取得的荒地等土地承包经营权。④ 生产设备、原材料、半成品、产品。⑤ 正在建造的建筑物、船舶、航空器。⑥ 交通运输工具。⑦ 法律、行政法规未禁止抵押的其他财产。抵押人可以将上述财产一并抵押。

根据《物权法》的规定，下列财产不得抵押：① 土地所有权。② 耕地、宅基地、自留地、自留山等集体所有的土地使用权，但是法律规定可以抵押的除外。③ 学校、幼儿园、医院等以公益为目的的事业单位、社会团体的教育设施、医疗卫生设施和其他社会公益设施。④ 所有权、使用权不明或者有争议的财产。⑤ 依法被查封、扣押、监管的财产。⑥ 法律、行政法规规定不得抵押的其他财产。

（2）抵押登记

1）登记是抵押权的设立条件。根据《物权法》的规定，如果以下列 4 种财产设定抵押的，应当办理抵押物登记：① 建筑物和其他土地附着物。② 建设用地使用权。③ 以招标、拍卖、公开协商等方式取得的荒地等土地承包经营权。④ 正在建造的建筑物。抵押权自登记之日起设立。

2）登记为对抗第三人的效力。当事人以《物权法》规定的生产设备、原材料、半成品、产品，正在建造的船舶、航空器，以及交通运输工具设定抵押，或者以《物权法》规定的动产设定抵押的，抵押权自抵押合同生效时设立；未经登记，不得对抗善意第三人。

3. 抵押权的效力

抵押权的效力主要体现为抵押关系当事人的权利义务。

（1）抵押人的权利

1）抵押物的占有权。抵押设定以后，除法律和合同另有约定以外，抵押人有权继续占有抵押物，并有权取得抵押物的孳息。因此，抵押权的效力原则上不及于抵押物的孳息。

2）抵押物的收益权。抵押权设定以后，由于抵押物仍然归抵押人占有，因此抵押人有权将抵押物出租。这里需要注意抵押权与出租之间的关系：① 如果抵押权设定在先，出租在后，则抵押权实现后，租赁合同对抵押权人不具有约束力。抵押人将已抵押的财产出租时，如果抵押人未书面告知承租人该财产已抵押的，抵押人对出租抵押物造成的承租人的损失承担赔偿责任；如果抵押人已书面告知承租人该财产已抵押的，因抵押权实现而造成的承租人的损失，由承租人自己承担。② 抵押权设立后，抵押财产出租的，该租赁关系不得对抗已登记的抵押权。

3）抵押物的处分权。抵押设定以后，抵押人并不丧失对抵押物的所有权，抵押人仍有权将抵押物转让给他人，但抵押人处分财产的权利受到一定的限制。

4）设定多项抵押的权利。抵押人可以就同一抵押物设定多个抵押权。同一抵押物上有数个抵押权时，各个抵押权人应按照法律规定的顺序行使抵押权。

（2）抵押权人的权利

1）保全抵押物。在抵押期间，抵押权人虽未实际占有抵押物，但为了维护抵押权人的利益，法律赋予其保全抵押物的权利。如果抵押物受到抵押人或第三人的侵害，则抵押权人有权要求停止侵害、恢复原状及赔偿损失。如果因抵押人的行为使抵押物价值减少，则抵押权人有权要求抵押人恢复抵押物的价值，或者提供与减少的价值相当的担保。

2）放弃抵押权或者变更抵押权的顺位。《物权法》规定，抵押权人可以放弃抵押权或者抵押权的顺位。抵押权人与抵押人可以协议变更抵押权顺位及被担保的债权数额等内容，但抵押权的变更未经其他抵押权人书面同意，不得对其他抵押权人产生不利影响。债务人以自己的财产设定抵押，抵押权人放弃该抵押权、抵押权顺位或者变更抵押权的，其他担保人在抵押权人丧失优先受偿权益的范围内免除担保责任，但其他担保人承诺仍然提供担保的除外。

3）优先受偿权。债务人不履行债务时，抵押权人有权以抵押财产折价或以拍卖、变卖抵押物的价款优先于普通债权人受偿。抵押物折价或者拍卖、变卖该抵押物的价款不足以清偿债权的，不足清偿的部分由债务人按普通债权进行清偿。

4. 抵押权的实现

担保物权的担保范围包括主债权及其利息、违约金、损害赔偿金、保管担保财产和实现担保物权的费用；当事人另有约定的，从其约定。如果债务人不履行到期债务或者发生当事人约定的实现抵押权的情形，抵押权人可以与抵押人协议以抵押财产折价或以拍卖、变卖该抵押财产所得的价款优先受偿。

如果同一物上并存数个抵押权或并存数个物权（包括一项抵押权），则会产生优先受偿权的位序问题。优先受偿权的位序问题，由法律明确规定。

（1）多个抵押权并存时的清偿顺序

同一财产向 2 个以上债权人抵押的，拍卖、变卖抵押物所得的价款按照以下规定清偿：

1）抵押权已登记的，按照登记的先后顺序清偿；顺序相同的，按照债权比例清偿。

2）抵押权已登记的先于未登记的受偿。

3）抵押权未登记的，按照债权比例清偿。

4）顺序在先的抵押权与该财产的所有权归属一人时，该财产的所有权人可以其抵押权对抗顺序在后的抵押权。

5）顺序在后的抵押权所担保的债权先到期的，抵押权人只能就抵押物价值超出顺序在先的抵押担保债权的部分受偿。

（2）与其他物权并存时的清偿顺序

当抵押权与其他物权并存时，也存在优先受偿权的位序问题。

1）抵押权与质权并存。对于同一财产，法定登记的抵押权与质权并存时，抵押权人优先于质权人受偿。

2）抵押权与留置权并存。对于同一财产，抵押权与留置权并存时，留置权人优先于抵押权人受偿。

5. 最高额抵押

最高额抵押是指为担保债务的履行，债务人或第三人对一定期间内将要连续发生的债权提供担保财产的，债务人不履行到期债务或者发生当事人约定的实现抵押权的情形时，抵押权人有权在最高债权额限度内就该担保财产优先受偿。

最高额抵押权的设定不以已经存在的债权为前提，而是对将来发生的债权进行担保。

抵押权人实现最高额抵押权时，如果实际发生的债权余额高于最高限额，则以最高限额为限，超过部分不具有优先受偿的效力；如果实际发生的债权余额低于最高限额，则以实际发生的债权余额为限对抵押物优先受偿。

三、质押权

1. 质押权概述

质押权是指债务人或第三人将其动产或权利移交债权人占有，将该财产作为债的担保，当债务人不履行债务或者发生当事人约定的实现抵押权的情形时，债权人有权依法以该财产变价所得优先受偿。该财产称为质物，提供财产的人称为出质人，享有质权的人称为质权人。

质押权是一种担保物权，因此同样具备担保物权的特征，即从属性、不可分性、物上代位性。但与抵押权相比，两者有一定的区别：① 质押的标的物可以是动产或权利，但不能是不动产；抵押的标的物既可以是动产，也可以是不动产。② 质押权的设定要求必须转移质押物的占有；抵押权的设定不要求转移抵押物的占有。③ 由于质押转移标的物的占有，因此质押人虽然享有对标的物的所有权，但不能直接对质押物进行占有、使用和收益；由于抵押权设定不转移标的物的占有，因此抵押人可以继续对抵押物占有、使用和收益。

质押分为动产质押和权利质押。

2. 动产质押

动产质押，是以动产作为标的物的质押。

（1）动产质押的设定

设定动产质押，出质人和质权人应当以书面形式订立质押合同。根据《物权法》的规定，质押合同是诺成合同，原则上自双方当事人意思表示一致时成立。质物占有的转移不是质押合同的生效要件。

质权自质物移交给质权人占有时设立。因此，只有出质人将出质的动产移交给债权人占有，债权人才能取得质权。出质人以间接占有的财产出质的，书面通知送达占有人时视为质物移交。

和抵押合同一样，质权人在债务履行期届满前，不得与出质人约定债务人不履行到期债务时质押财产归债权人所有。

根据《物权法》的规定，出质人与质权人可以协议设立最高额质权。最高额质权除适用动产质押的有关规定外，参照最高额抵押权的规定。

（2）动产质押的标的物

在动产上设定动产质押是对财产的处分行为，因此要求出质人对财产有处分权。但出质人以其不具有所有权但合法占有的动产出质的，法律保护善意质权人的权利。善意质权人行使质权给动产所有人造成损失的，由出质人承担赔偿责任。

（3）动产质押的效力

动产质押设立后，在主债务清偿以前，质权人有权占有质物，并有权收取质物所生的孳息。质权人收取孳息，并非取得孳息所有权，而是将孳息作为质押标的。

在质权存续期间，质权人为担保自己的债务，经出质人同意，以其所占有的质物为第三人设定质权的，应当在原质权所担保的债权范围之内，超过的部分不具有优先受偿的效力。转质权的效力优于原质权。

比如，甲向乙借款 18 万元，以汽车出质，现在汽车在债权人乙手里。而乙随后又欠丙货款 18 万元，经过甲同意，乙将该汽车出质给丙，现在汽车又在丙的手里，丙的质权是转质权，乙的质权是原质权。如果甲到期不偿还乙的债务，乙到期不偿还丙的债务，转质权人丙优先于乙行使质权，即丙有权拍卖汽车，价款优先偿还丙的债务。这就是转质权效力优于原质权。

3. 权利质押

权利质押是指以可转让的权利为标的物的质押。法律将权利质押与动产质押共同规定在质押中，仅就权利质押做了一些特殊规定，对于权利质押的一般问题直接适用动产质押的有关规定。

根据《物权法》的规定，可以作为权利质押的权利有：① 汇票、支票、本票。② 债券、存款单。③ 仓单、提单。④ 可以转让的基金份额、股权。⑤ 可以转让的注册商标专用权、专利权、著作权等知识产权中的财产权。⑥ 应收账款。⑦ 法律、行政法规规定可以出质的其他财产权利。

权利质押因设定质押的权利标的不同，其生效条件也不同。

1）有价证券的质押。以汇票、支票、本票、债券、存款单、仓单、提单出质的，当事人应当订立书面合同。质权自权利凭证交付质权人时设立。没有权利凭证的，质权自有关部门办理出质登记时设立。以票据、债券、存款单、仓单、提单出质的，质权人再转让或质押的，其转让或质押无效。如果汇票、支票、本票、债券、存款单、仓单、提单的兑现日期或提货日期先于主债权到期的，质权人可以兑现或者提货，并与出质人协议将兑现的价款或提取的货物用于提前清偿债务或提存。

2）可以转让的基金份额、股权的质押。以基金份额、股权出质的，当事人应当订立书面合同。以基金份额、证券登记结算机构登记的股权出质的，质权自证券登记结算机构办理出质登记时设立；以其他股权出质的，质权自工商行政管理部门办理出质登记时设立。基金份额、股权出质后，不得转让，但经出质人与质权人协商同意的除外。出质人转让基金份额、股权所得的价款，应当向质权人提前清偿债务或提存。

3）知识产权的质押。依法可以转让的商标专用权、专利权、著作权中的财产权可以作为质押的客体。对于这类权利质押，应注意以下几点：① 知识产权的内容既包括财产权，也包括人身权，但设定质押的知识产权仅限于可以转让的财产权，以知识产权中的人身权设定质押无效。② 设定质权后，未经质权人同意，不得转让或许可他人使用。未经质权人许可转让或许可他人使用质权的，应当认定为无效，因此给质权人或者第三人造成损失的，由出质人承担民事责任。③ 以知识产权设定质押的，应当向有关管理部门办理出质登记，质权才能生效。

4）应收账款的质押。根据《物权法》的规定，以应收账款出质的，当事人应当订立书面合同。质权自信贷征信机构办理出质登记时设立。应收账款出质后不得转让，但经出质人与质权人协商同意的除外。出质人转让应收账款所得的价款，应当向质权人提前清偿债务或提存。

四、留置权

1. 留置权概述

留置权是指债权人合法占有债务人的动产，在债务人不履行到期债务时，债权人有权依法留置该财产，并有权就该财产优先受偿。留置权有如下特征：① 留置权属于担保物权，因此具有担保物权的从属性、不可分性和物上代位性等特征。② 留置权属于法定的担保物权。留置权的产生不是依据当事人之间的约定，而是在符合法律规定的条件时产生，但当事人可以通过合同约定排除留置权的适用。

2. 留置权的成立条件

1）债权人合法占有债务人的动产。债权人的占有必须合法，因此如果动产是因侵权行为而占有的，则不能产生留置权。原则上，动产应当属于债务人所有，但根据《物权法》和有关担保法的司法解释的规定，留置权可以善意取得，即如果债权人合法占有债务人交付的动产时，不知债务人无处分该动产的权利，债权人仍可以行使留置权。

2）所占有的动产与债权属于同一法律关系。《物权法》规定，债权人留置的动产，应当与债权属于同一法律关系，但企业之间留置的除外。

3）债务已届清偿期且债务人未按规定期限履行义务。

3. 留置权的效力

留置权人占有留置物期间，除了留质物本身以外，留置权的效力还涉及从物、孳息和代位物。《物权法》规定，留置的财产为可分物的，留置物的价值应当相当于债务的金额；留置物为不可分物的，留置权人可以就其留置物的全部行使留置权。

留置权的效力分两个层次：

1）留置标的物。债权人在其债权没有得到清偿时，有权留置债务人的财产，并给债务人确定一个履行期限。根据《物权法》的规定，该履行期限应当为 2 个月以上。自留置开始之时起，留置权人就享有收取留置物孳息的权利。

2）优先受偿。债务人超过规定的期限仍不履行其债务时，留置权人可依法以留置物折价或拍卖、变卖该留置物所得价款优先受偿。留置财产折价或被拍卖、变卖后，其价款超过债权数额的部分归债务人所有，不足部分由债务人清偿。同一动产上已设立抵押权或者质权，该动产又被留置的，留置权人优先受偿。

第五节　占有

一、占有的概念

占有是指民事主体对物进行管领所形成的事实状态。与占有权不同，占有强调的是一种事实状态，不以有权利来源为前提。只要主体对物有客观上的控制且主观上有管领的意思，物权法上的占有即成立。《物权法》规定的占有制度，是以事实上的管领为规范对象的。例如，小偷对赃物的占有也是法律上的一种占有，能得到《物权法》的保护。占有的客体只能是物；对于物之外的财产，只能是准占有成立，占有不能成立。

根据《物权法》的规定，基于合同关系等产生的占有，有关不动产或者动产的使用、收益、违约责任等，按照合同约定；合同没有约定或约定不明确的，依照有关法律规定。因此，《物权法》对占有的规定，只有在其他法律没有规定的情形下才能适用。

二、占有的种类

1. 自主占有与他主占有

这是按占有意思的不同所做的分类。以所有的意思占有标的物称为自主占有；不以所有的意思占有标的物称为他主占有。

2. 直接占有与间接占有

直接占有是指直接对物进行事实上的管领和控制；间接占有是指不直接占有某物，但可以依据一定的法律关系对直接占有该物的人享有返还占有请求权，因而对物形成间接的管领和控制。例如，A 将自己的房屋出租给 B，B 作为承租人直接占有该物，则 B 对该物是直接占有，A 通过 B 的占有取得间接占有。

3. 有权占有与无权占有

有权占有是指基于法律规定或合同约定享有占有某物的权利；无权占有则是指没有权利来源的占有，如不当得利人对标的物的占有等。

4. 善意占有与恶意占有

这是对无权占有的进一步分类。善意占有是指无权占有人在占有他人财产时不知道且不应当知道其占有是非法占有的情形；恶意占有是指无权占有人在占有他人财产时明知或者应当知道其占有行为属于非法，但仍然继续占有的情形，如占有赃物等。

三、无权占有人与返还请求权人的关系

根据《物权法》的规定，在无权占有的情况下，权利人请求返还占有物的，无权占有人与返还请求权人之间产生如下法律关系：

1）不动产或者动产被占有人占有的，权利人可以请求返还原物及其孳息，但应当支付善意占有人因维护该不动产或者动产支出的必要费用。

2）占有人因使用占有的不动产或动产，致使该不动产或动产受到损害的，恶意占有人应当承担赔偿责任。

3）所占有的不动产或者动产毁损、灭失，该不动产或者动产的权利人请求赔偿的，占有人应当将因毁损、灭失取得的保险金、赔偿金或补偿金等返还给权利人；权利人的损害未得到足够弥补的，恶意占有人应当赔偿损失。

四、占有的法律保护

根据《物权法》的规定，占有的不动产或者动产被侵占的，占有人有权请求返还原物；对妨害占有的行为，占有人有权请求排除妨害或者消除危险；因侵占或妨害造成损害的，占有人有权请求损害赔偿。占有人返还原物的请求权，自侵占发生之日起 1 年内未行使的，该请求权消灭。

思考题

1．物权的特征是什么？

2．简述《物权》法的基本原则。

3．物权的效力有哪些？

4．简述物权的分类。

5．所有权的特征有哪些？

6．所有权的权能有哪些？

7．简述相邻关系的各种类型。

8．抵押权的特征是什么？

9．依我国法律，可作为权利质权的他物权有哪些？

10．试述抵押权的效力。

11．哪些财产可以抵押？哪些财产不得抵押？

案例分析题

1．王某是某房屋的所有权人，他以 5 万元的价格将房屋出售给丁某，双方签订了买卖合同，丁某交付了定金。3 日后，李某了解到王某要出售房屋，遂与王某协商，愿以 7 万元的价格购买，王某同意，双方签订了房屋买卖合同，李某交付了 7 万元购房款，王某和李某到房产局办

理了房屋产权过户手续。办妥过户手续后，王某找到丁某，告知房屋已出售给李某，并退回了丁某交付的定金，丁某不同意，要求王某交付房屋，王某则以房屋已办理过户手续为由拒绝交付房屋。丁某遂诉至法院，要求法院判定王某和李某的房屋买卖合同无效，要求王某交付房屋给自己。

要求：根据以上资料回答下列问题：

（1）本案涉及哪些法律关系？

（2）本案中，房屋所有权应由谁享有？为什么？

2．2009 年，李某与张某共同出资购买了两辆东风牌汽车从事长途运输，其中李某出资 10 万元、张某出资 6 万元。双方约定，盈亏按照出资比例分担。两年中，双方盈利均按约定比例做了分配。2011 年，李某在张某外出之际，将其中一辆车以 9 万元的价格出售给王某，双方办理了车辆登记手续。张某回来后，不同意卖车，要求李某追回该车；李某则认为自己当初出资 10 万元，占全部出资的大部分，因而认为自己有权出售汽车。张某遂诉至法院，要求确认李某和王某的买卖行为无效。

要求：根据以上资料回答下列问题：

（1）张某与李某之间就两辆汽车形成何种关系？

（2）李某出卖汽车的行为是否有效？为什么？

（3）王某能否取得汽车的所有权？为什么？

第七章　合同法律制度

本章目的和任务

通过本章的学习，学生应掌握合同订立的形式与方式、合同的主要条款、合同的效力、无效合同与可撤销合同、合同履行的规则与抗辩权的行使、合同担保的概念和主要方式、合同权利义务终止的情形和承担违约责任的主要形式；理解合同的保全措施、合同的变更与转让、效力待定合同；了解合同的概念和分类，以及合同法的概念及适用范围；能够运用本章所学的内容解决现实生活中的合同问题。

本章要点

- 合同的概念、分类，以及《合同法》的基本原则
- 合同的订立
- 合同的效力
- 合同的履行
- 合同的担保
- 合同的变更和转让
- 合同的权利义务终止
- 违约责任

第一节　合同与合同法概述

一、合同概述

1. 合同的概念与特征

《合同法》所称合同，是指平等主体的自然人、法人或其他组织之间设立、变更、终止民事权利义务关系的协议。合同具有以下法律特征：

1）合同是平等主体之间的民事法律关系。

2）合同是多方当事人的法律行为。

3）合同是从法律上明确当事人之间特定权利与义务关系的文件。

4）合同是具有相应法律效力的协议。

2. 合同的分类

合同可以按照不同的标准分为不同的类型。

1）依法律是否为合同规定了一定的名称为标准，将合同分为有名合同与无名合同。有名合同是指法律、法规规定了具体名称和调整规范的合同；无名合同是指法律、法规尚未规定名称和相应的调整规范的合同。《合同法》规定了 15 种有名合同：① 买卖合同。② 供用电、水、气、热力合同。③ 赠予合同。④ 借款合同。⑤ 租赁合同。⑥ 融资租赁合同。⑦ 承揽合同。

⑧ 建设工程合同。⑨ 运输合同。⑩ 技术合同。⍰ 保管合同。⍰ 仓储合同。⍰ 委托合同。⍰ 行纪合同。⍰ 居间合同。

2）以合同成立是否需要以实际交付标的为标准，将合同分为诺成合同与实践合同。诺成合同是指双方当事人意思表示一致即告成立的合同；实践合同是指除双方当事人意思表示一致外，还须交付标的物才能成立的合同。

3）以合同成立或生效是否应采取一定的形式为标准，将合同分为要式合同与不要式合同。要式合同是指法律、法规要求或当事人约定必须具备特定形式和手续才能成立的合同；不要式合同是不以特定形式为成立要件的合同。

4）以当事人一方还是双方承担义务为标准，将合同分为双务合同与单务合同。双务合同是指当事人双方都享有权利并承担义务的合同；单务合同是指当事人一方只享有权利不承担义务，而另一方只承担义务不享有权利的合同。

5）以当事人从合同中获取利益是否需要支付相应代价为标准，将合同分为有偿合同与无偿合同。这是按照当事人权利的获得是否支付代价为标准进行的分类。有偿合同是指必须偿付代价才能享有权利的合同，如买卖合同；无偿合同是指不必偿付代价而享有权利的合同，如赠予合同。

6）以两个合同之间的主从关系为标准，将合同分为主合同与从合同。不需要依赖其他合同而能独立存在的合同为主合同，如承揽合同；需要依赖其他合同（主合同）才能成立的合同为从合同，如担保合同。主合同和从合同是相对而言的。

二、合同法概述

合同法是调整平等主体之间商品交换关系的法律规范的总称。它调整合同的订立、效力、履行、变更和解除、终止、违约责任等合同关系。

知识库

1999 年 3 月 15 日，第九届全国人民代表大会第二次会议通过了《合同法》，规定自 1999 年 10 月 1 日起施行，原先制定的《经济合同法》《涉外经济合同法》《技术合同法》同时废止。

1.《合同法》的调整范围

《合同法》调整的是平等主体之间的民事关系。政府的经济管理活动属于行政管理关系，不是民事关系，不适用于《合同法》；企业、单位内部的管理关系，不是平等主体间的关系，也不适用于《合同法》。

《合同法》主要调整法人、其他组织之间的经济贸易合同关系，同时包括自然人之间的买卖、租赁、借贷、赠予等合同关系。这里的其他组织是指不具备法人资格的合伙组织及分支机构等。

有关婚姻、收养、监护等身份关系的协议，不适用于《合同法》的规定，而由其他法律调整。

其他法律对合同另有规定的，依照其规定，但仍适用于《合同法》总则的规定。

对无名合同，也就是《合同法》或者其他法律没有明文规定的合同，适用于《合同法》总则的规定，并可以参照《合同法》分则或者其他法律最相类似的规定。

2.《合同法》的基本原则

《合同法》的基本原则是合同当事人在合同活动中应当遵守的基本准则，也是人民法院、仲裁机构审理、仲裁合同纠纷时应当遵循的原则。《合同法》关于合同的订立、效力、履行、违约责任，以及各个分则的内容等，都是根据这些基本原则制定的。

（1）平等原则

《合同法》规定，合同当事人的法律地位平等，一方不得将自己的意志强加给另一方。也就是说，当事人无论具有什么身份，在合同关系中，相互之间的法律地位是平等的，即都是独立、平等的合同当事人，没有高低、主从之分。

（2）自愿原则

自愿原则是指合同当事人通过协商，自愿决定和调整相互之间的权利义务关系，任何单位和个人不得非法干预。

当然，自愿也不是绝对的，当事人订立、履行合同，应当遵守法律、行政法规的规定，尊重社会公德，不得扰乱社会经济秩序、损害社会公共利益。

（3）公平、诚实信用原则

公平、诚实信用原则要求当事人在订立、履行合同，以及合同终止后的全过程中，都要心怀善意，要诚实、讲信用，要相互协作，并且不得滥用权力。该原则具体包括：① 订立合同时，应当遵循公平原则确定双方的权利和义务，不得欺诈，不得假借订立合同恶意进行磋商或有其他违背诚实信用的行为。② 履行合同义务时，当事人应当遵循诚实信用的原则，根据合同的性质、目的和交易习惯履行通知、协助、提供必要的条件、防止损失扩大、保密等义务。③ 合同终止后，当事人也应当遵循诚实信用的原则，根据交易习惯履行通知、协助、保密等义务（称为后契约义务）。④ 根据公平原则确定违约责任。

（4）不得损害社会公共利益的原则

合同的订立、履行都必须在法律规定的范围内进行，并不得有损于社会公共利益。合同的订立和履行，属于合同当事人之间的民事权利义务关系，主要涉及当事人的利益，所以国家一般不予干预，而由当事人自主约定。

（5）成立的合同对当事人具有法律约束力的原则

当事人依法订立合同后，应当按照合同的约定履行自己的义务；未依法律规定或者取得对方同意，不得擅自变更或者解除合同。如果合同当事人不履行合同义务或者履行合同义务不符合约定，则要承担违约责任。如果受损害方向法院起诉，法院则要依法维护其利益。

第二节　合同的订立

一、合同订立概述

1. 合同订立的概念

合同的订立，是指 2 个或 2 个以上的当事人，依法就合同的主要条款经过协商一致，达成协议的法律行为。订立合同的形式，是合同双方当事人之间明确相互权利义务的方式，是双方当事人意思表示一致的外在表现。

合同当事人可以是自然人，也可以是法人或其他组织。订立合同，当事人必须具备与所订合同相适应的民事权利能力和民事行为能力。当事人也可以依法委托代理人订立合同。

2. 合同的内容

合同的内容是合同中经双方当事人协商一致，规定双方当事人权利义务的具体条款。合同的类型和性质不同，其条款可能也有所不同，但一般应当包括以下条款：

1）当事人的名称或姓名、住所。

2）标的，即合同双方当事人权利义务所共同指向的对象。

3）数量。

4）质量。

5）价款或者报酬。

6）履行期限、地点和方式。

7）违约责任。

8）解决争议的方法。

解决争议的方法指合同当事人对合同的履行发生争议时所采取的解决途径和方式。可以选择的解决争议的方法主要有当事人协商和解、第三人调节、仲裁、诉讼。如果当事人希望通过诉讼解决争议，则可以不进行约定；如果希望通过其他途径解决争议，则要经过事先或者事后约定。若当事人选择仲裁解决方式，则还要明确选择具体的仲裁机构。

《合同法》还规定，当事人可以参照各类合同的示范文本订立合同。实践中，各类合同的示范文本可以提示当事人在订立合同时更好地明确各自的权利义务。另外，有些行业需要进行频繁的、重复性的交易，在此情况下，为了简化合同订立的程序，便形成了“格式条款”（又称格式合同）。格式条款是指当事人为了重复使用而预先拟订，并在订立合同时未与对方协商的条款。当事人采用格式条款订立合同时，提供格式条款的一方应当遵循公平原则确定当事人之间的权利和义务，采取合理的方式提请对方注意格式条款中免除或限制其责任的条款，并按照对方的要求对该条款予以说明。

3. 合同的形式

合同的形式是指合同当事人达成的协议的表现形式。《合同法》规定，当事人订立合同可以有 3 种形式：书面形式、口头形式和其他形式。实践中，书面形式是当事人采用最为普遍的一种合同约定形式。对于不即时清算的和较重要的合同，则不宜采用口头形式。

二、合同订立的方式

《合同法》第 13 条规定：“当事人订立合同，采取要约、承诺方式。”

1. 要约

要约是希望和他人订立合同的意思表示，是一方当事人向对方提出签订合同的建议和要求。发出要约的当事人称为要约人，要约所指向的对方当事人则称为受要约人。

（1）要约应具备的条件

1）内容具体、确定。① 要约必须是特定人的意思表示。② 受要约人一般也是特定的；但在有些场合，要约人也可以向不特定人发出要约。③ 要约必须具有足以决定合同内容的主要条款，包括标的、数量、质量、价款或者报酬、履行期限、地点和方式等，对方一经接受，合同即告成立。如果要约内容含混不清，即使受要约人同意，也会因权利不清而使合同无法确立。

2）表明经受要约人承诺，要约人即受该意思表示约束。要约是一种法律行为，要约人受要约的约束，即要约送达给受要约人后，在要约的有效期限内，要约人不得擅自撤回要约或变更要约内容。也就是说，对方接受要约，合同即告成立。

要约应具备的条件如图 7-1 所示。

（2）要约邀请

要约邀请是希望他人向自己发出要约的意思表示。要约邀请与要约不同，实践中要注意从下列几个方面进行区别：① 要约是以订立合同为目的的法律行为，一经发出就会产生一定的法律效果；要约邀请的目的则是让他人向自己发出要约，本身不具有法律意义，不受所发邀请的约束。② 要约内容要明确、具体，要约邀请的内容则不受此约束。

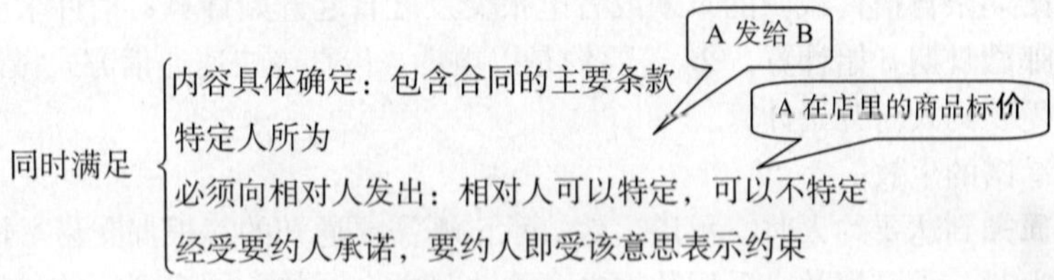

图 7-1　要约应具备的条件

（3）要约生效时间

要约到达受要约人时生效。采用数据电文形式订立合同，收件人指定特定系统接收数据电文的，该数据电文进入该系统的时间，视为要约到达时间；未指定特定系统的，该数据电文进入收件人的任何系统的首次时间，视为要约到达时间（这一规定同样适用承诺到达时间）。需要注意的是，要约到达受要约人，并不是指要约一定要实际送达受要约人或者其代理人手中，要约只要送达受要约人通常的地址、住所或者能够控制的地方（如信箱等）即送达。

（4）要约的撤回、撤销与失效

要约撤回，是指要约人发出要约后、要约生效前，使要约不发生法律效力的意思表示。由于要约在到达受要约人时即生效，因此撤回要约的通知应当在要约到达受要约人之前或与要约同时到达受要约人。

要约撤销，是指要约人在要约生效后，使要约丧失法律效力的意思表示。《合同法》规定，撤销要约的通知应当在受要约人发出承诺通知之前到达受要约人。由于撤销要约可能会给受要约人带来不利的影响，损害受要约人的利益，因此法律规定了两种不得撤销要约的情形：① 要约人确定了承诺期限或者以其他形式明示要约不可撤销。② 受要约人有理由认为要约是不可撤销的，并已经为履行合同做了准备工作。除这两种情况外，要约可以撤销。

要约失效，是指要约丧失法律效力，即要约人不再受其约束，受要约人也终止其承诺。《合同法》规定了要约失效的几种情形：① 拒绝要约的通知到达要约人。② 要约人依法撤销要约。③ 承诺期限届满，受要约人未做出承诺。④ 受要约人对要约的内容做出实质性变更。

2. 承诺

承诺是受要约人同意要约的意思表示。承诺生效时合同成立。

承诺应当具备以下条件：① 必须由受要约人做出，若由代理人做出承诺，则代理人必须有合法的委托手续。② 必须向要约人做出。③ 承诺的内容应当和要约的内容一致。④ 必须在规定的期限内做出。不符合上述条件的，不能认为承诺。

（1）承诺的方式

承诺的方式是指受要约人将其承诺的意思表示传达给要约人所采用的方式。《合同法》规定，承诺应当以通知的方式做出，但根据交易习惯或要约表明可以通过行为做出承诺的除外（如受要约人根据交易习惯做出履行行为等）。

（2）承诺的期限

承诺应当在要约确定的期限内到达要约人。要约没有确定承诺期限的，承诺应当依照下列规定到达：① 要约以对话方式做出的，应当即时做出承诺，但当事人另有约定的除外。② 要约以非对话方式做出的，承诺应当在合理期限内到达。

关于承诺期限的计算，《合同法》规定了两种形式：① 若要约是以信件或者电报方式做出的，则承诺期限自信件载明的日期或者电报交发之日起开始计算；信件未载明日期的，以投寄该信件的邮戳日期开始计算。② 若要约是以电话、传真等快速通信方式做出的，则承诺期限自要约到达受要约人时开始计算。

（3）承诺的生效

承诺通知到达要约人时，承诺生效。承诺不需要通知的，根据交易习惯或要约的要求做出承诺的行为时，承诺生效。采用数据电文形式订立合同的，承诺到达的时间同前面所述要约到达的时间一样。

承诺也可以撤回。撤回承诺的通知应当在承诺通知到达要约人之前或者与承诺通知同时到达要约人。

受要约人超过承诺期限发出承诺的，除要约人及时通知受要约人该承诺有效外，该承诺为新要约。受要约人在承诺期限内发出承诺，按照通常情形能够及时到达要约人，但因其他原因到达要约人时超过承诺期限的，除要约人及时通知受要约人因承诺超过期限而不接受外，该承诺有效。

受要约人对要约的内容做出实质性变更的，变更后的要约为新要约。有关合同标的、数量、质量价款或报酬、履行期限、履行地点和方式、违约责任和解决争议方法等的变更，是对要约内容的实质性变更。承诺对要约的内容做出非实质性变更的，除要约人及时表示反对或要约表明承诺不得对要约的内容做出任何变更外，该承诺有效。合同的内容以承诺的内容为准。

3. 合同成立的时间和地点

（1）合同成立的时间

《合同法》针对当事人订立合同的不同形式，规定了确认合同成立的不同时间标准。一般情况下，承诺生效时合同即告成立。合同成立的具体时间依不同情况而定：① 当事人采用合同书形式订立合同的，合同自双方当事人签字或者盖章时成立。② 当事人采用信件、数据电文等形式订立合同的，可以在合同成立之前要求签订确认书，合同自签订确认书时成立。③ 法律、行政法规规定或者当事人约定采用书面形式订立合同，当事人未采用书面形式但一方已经履行主要义务且对方接受的，该合同成立。④ 采用合同书形式订立合同，在签字或者盖章之前，当事人一方已经履行主要义务且对方接受的，该合同成立。

（2）合同成立的地点

一般来说，承诺生效的地点为合同成立的地点，具体包括以下几种情况：① 采用数据电文形式订立合同的，收件人的主营业地为合同成立的地点；没有主营业地的，其经常居住地为合同成立的地点。② 当事人采用合同书、确认书形式订立合同的，双方当事人签字或者盖章的地点为合同成立的地点。③ 合同需要完成特殊的约定或法律形式才能成立的，以完成合同的约定形式或法定形式的地点为合同的成立地点。④ 当事人对合同的成立地点另有约定的，按照其约定。

三、缔约过失责任

缔约过失责任是指合同在订立合同的过程中，当事人因违反法律规定、违背诚实信用原则，致使合同未能成立，并给对方造成损失，从而应承担的损害赔偿责任。《合同法》规定，当事人在订立合同过程中有下列情形之一，给对方造成损失的，应当承担损害赔偿责任：

1）假借订立合同，恶意进行磋商。

2）故意隐瞒与订立合同有关的重要事实或提供虚假情况。

3）无论合同是否成立，当事人对自己在订立合同过程中所知悉的商业秘密予以泄露或不正当地使用。

4）有其他违背诚实信用原则的行为，如违背诚实信用原则终止谈判的行为。

第三节　合同的效力

合同的效力是指合同是否有效。《合同法》对合同的效力规定了 4 种情况：①依法成立的合同是有效合同；②无效合同；③可撤销合同；④效力待定合同。

一、合同的生效

依法成立的合同，自成立时生效。法律、行政法规规定应当办理批准、登记等手续生效的合同，依照其规定。

当事人对合同的效力可以约定附条件。附生效条件的合同，自条件成就时生效。例如，甲、乙约定，如果甲能从单位分得住房，甲现在住的房子就租给乙，则甲、乙之间的房屋出租合同的效力就取决于甲能否从单位分得住房。附解除条件的合同，自条件成就时失效。例如，甲、乙约定，如果甲能买到住房，就解除双方之间的房屋租赁关系。当事人为自己的利益不正当地阻止条件成就的，视为条件已成就；不正当地促成条件成就的，视为条件不成就。

当事人对合同的效力可以约定附期限。附生效期限的合同，自期限届至时生效；附终止期限的合同，自期限届满时失效。

二、无效合同

无效合同，是指已经订立，因违反法律、行政法规规定的生效条件而不发生法律效力，国家不予承认和保护的合同。

无效合同根据其无效程度和范围，分为部分无效合同和全部无效合同两种。部分无效合同，是指合同的某些条款虽然违反法律规定，但并不影响其他条款法律效力的合同。合同部分无效，不影响其他部分效力的，其他部分仍然有效。无效合同自始没有法律约束力。

根据《合同法》第 52 条的规定，下列合同无效：

1）一方以欺诈、胁迫的手段订立合同，损害国家利益的。

2）恶意串通，损害国家、集体或第三人利益的。

3）以合法形式掩盖非法目的的。

4）损害社会公共利益的。

5）违反法律、行政法规的强制性规定的。

合同无效后，因该合同取得的财产，应当予以返还；不能返还或没有必要返还的，应当折价补偿。有过错的一方应当赔偿对方因此所受到的损失；双方都有过错的，应当各自承担相应的责任。当事人恶意串通，损害国家、集体或第三人利益的，因此取得的财产收归国家所有或者返还集体、第三人。

《合同法》第 53 条规定，合同中的下列免责条款无效：①造成对方人身伤害的；②因故意或者重大过失造成对方财产损失的。

三、可撤销或可变更合同

可撤销或可变更合同，是指因合同当事人订立合同时意思表示不真实，通过有撤销权的当事人行使撤销权，可使已经生效的合同变更或归于无效的合同。

有撤销权的当事人是指有权请求人民法院或者仲裁机构变更或撤销合同的当事人。《合同法》规定，对于下列合同，当事人一方有权请求人民法院或者仲裁机构撤销或者变更：

1）因重大误解订立的合同。所谓重大误解，是指当事人对合同的性质、对方当事人，以及标的物的种类、质量、数量等涉及合同后果的重要事项存在错误认识，违背其真实意思表示订立合同，并因此可能受到较大损失的行为。但是，对订立合同后能否得到经济利益、商业风险大小而产生的错误认识，不属于重大误解。

2）订立合同时显失公平的合同。显失公平是指一方当事人利用优势或者对方没有经验，在订立合同时致使双方的权利与义务明显违反公平、等价、有偿原则的行为。

3）一方以欺诈、胁迫的手段或者乘人之危，使对方在违背真实意思的情况下订立的合同。

对于因重大误解订立的合同和订立时明显有失公平的合同，当事人任一方均有权请求变更或者撤销合同，主要是误解方或受害方行使请求权；对于一方以欺诈、胁迫的手段或者乘人之危，使对方在违背真实意思的情况下订立的合同，则只有受损害方当事人才可以行使请求权。

当事人请求变更合同的，人民法院或者仲裁机构不得撤销。

四、效力待定合同

对于某些方面不符合合同生效的要件，但并不属于前面所讲的无效合同或可撤销合同，法律允许根据情况予以补救的合同，称为效力待定合同。

一般来说，一个有效的合同，应当具备 3 个条件：① 合同当事人具有相应的民事权利能力和民事行为能力，即主体合法。② 意思表示真实。③ 不违反法律或者社会公共利益。3 个条件缺少其中 1 个或几个，就可能导致合同无效或可撤销，但法律允许在几种情况下可以采取补救措施，使之成为有效合同。这几种情况如下：

（1）限制民事行为能力人订立的合同，经法定代理人追认后，该合同有效。但如果是纯获利益的合同或者与其年龄、智力、精神健康状况相适应而订立的合同，不必经法定代理人追认，合同当然有效。相对人也可以催告法定代理人在 1 个月内予以追认；法定代理人未做出表示的，视为拒绝追认。合同被追认之前，善意相对人有撤销的权利。所谓“善意”，这里是指合同的相对人在签订合同时并不知道或不可能知道对方当事人是限制民事行为能力人。撤销应当以通知的方式做出。限制民事行为能力人订立合同的效力情形如图 7-2 所示。

2）行为人没有代理权、超越代理权或者代理权终止后以被代理人名义订立的合同，未经被代理人追认，对被代理人不发生效力，由行为人承担责任。相对人可以催告被代理人在 1 个月内予以追认；被代理人未做出表示的，视为拒绝追认。合同被追认之前，善意相对人有撤销的权利。撤销应当以通知的方式做出。行为人没有代理权、超越代理权或者代理权终止后以被代理人名义订立合同，相对人有理由相信行为人有代理权的，该代理行为有效。法人或者其他组织的法定代表人、负责人超过权限订立的合同，除相对人知道或应当知道其超越权限的以外，该代理行为有效。

- 限制民事行为能力人订立合同的情形
  - 法定代理人代理：有效
  - 无代理
    - 能独立实施（与年龄、智力相当；纯获益；没有发病期间）：生效
    - 不能独立实施
      - 合同：效力待定合同
      - 单方民事行为：无效

图 7-2　限制民事行为能力订立合同情形

3）无处分权的人处分他人财产，经权利人追认，或者无处分权的人订立合同后取得处分权的，该合同有效。处分能力欠缺的合同效力问题如图 7-3 所示。

【思考】处分能力欠缺的合同效力如何?

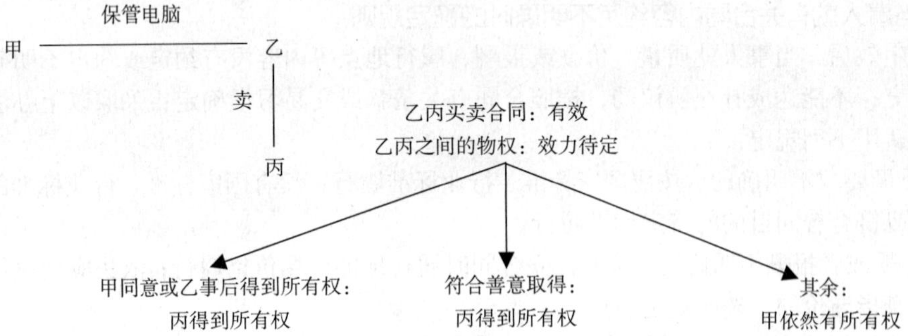

图 7-3　处分能力欠缺的合同效力问题

合同的生效、无效合同、可撤销合同、效力待定合同的比较如表 7-1 所示。

表 7-1　合同的生效、无效合同、可撤销合同、效力待定合同的比较

合同效力 / 主要区别	合同的生效	无效合同	可撤销合同	效力待定合同
概念	依法成立的合同，自成立之日起生效	不具有法律效力的合同	订立时意思表示不真实，撤销后合同归于无效	不符合生效要件，法律允许补救的合同

续表

主要区别 \ 合同效力	合同的生效	无效合同	可撤销合同	效力待定合同
法律后果	• 在当事人之间产生法律效力 • 对当事人以外的第三人产生法律约束力	• 返还财产 • 赔偿损失 • 财产收归国家或者返还集体、第三人	被撤销的合同同无效合同一样，自始至终没有法律约束力	法律允许采取补救措施，使之成为有效合同

第四节　合同的履行

一、合同履行的概念

合同的履行，是指合同生效后，双方当事人按照合同规定的各项条款，完成各自承担的义务和实现各自享受的权利，使双方当事人的合同目的得以实现的行为。

合同的履行是合同法律约束力的首要表现。当事人应当按照合同约定全面履行自己的义务。合同生效后，当事人不得因姓名、名称的变更或者法定代表人、负责人、承办人的变动而不履行合同义务。

二、合同履行的规则

1. 当事人就有关合同内容约定不明确时的确定规则

合同生效后，当事人就质量、价款或报酬、履行地点等内容没有约定或约定不明确的，可以协议补充；不能达成补充协议的，按照合同有关条款或交易习惯确定；采取以上办法仍不能确定的，适用下列规定：

1）质量要求不明确的，按照国家标准、行业标准履行；没有国家标准、行业标准的，按照通常标准或符合合同目的的特定标准履行。

2）价款或者报酬不明确的，按照订立合同时履行地的市场价格履行；依法应当执行政府定价或者政府指导价的，按照规定履行。

3）履行地点不明确，给付货币的，在接受货币一方所在地履行；交付不动产的，在不动产所在地履行；其他标的，在履行义务一方所在地履行。

4）履行期限不明确的，债务人可以随时履行，债权人也可以随时要求履行，但应当给对方必要的准备时间。

5）履行方式不明确的，按照有利于实现合同目的的方式履行。

6）履行费用的负担不明确的，由履行义务一方负担。

2. 执行政府定价或政府指导价的合同的价格履行规则

执行政府定价或政府指导价的，若在合同约定的交付期限内政府价格做出调整，则按照交付时的价格计价。逾期交付标的物的，遇价格上涨时，按照原价格执行；价格下降时，按照新价格执行。逾期提取标的物或者逾期付款的，遇价格上涨时，按照新价格执行；价格下降时，按照原价格执行。

三、合同履行的抗辩权

合同分为双务合同和单务合同。一般来讲，绝大部分合同都是双务合同。也就是说，合同各方当事人既享有权利，也负有义务。抗辩权就是指在双务合同中，一方当事人有依法对抗对方要求或否认对方权利主张的权利。《合同法》规定了同时履行抗辩权、后履行抗辩权和不安（先履行）抗辩权 3 种抗辩权。

1. 同时履行抗辩权

同时履行抗辩权是指当事人互负债务，没有先后履行顺序的，应当同时履行。一方在对方履行之前有权拒绝其履行要求；一方在对方履行债务不符合约定时，有权拒绝其相应的履行要求。

同时履行抗辩权的行使，需要具备以下条件：

1）基于同一双务合同。双方当事人因同一合同互负债务，在履行上存在关联性，形成对价关系，这是同时履行抗辩权成立的前提条件。单务合同因只有一方有履行义务，所以无法发生抗辩权。

2）根据合同约定或合同性质要求当事人同时履行合同义务。同时履行，是指合同订立后，在合同期限内，双方当事人不分先后地履行各自的义务。

3）双方债务已届清偿期。当事人行使抗辩权必须以双方债务都已到清偿期为前提，否则不能抗辩。

4）一方当事人有证据证明应同时履行义务的对方当事人未履行或未适当履行合同。

同时履行抗辩权只是暂时阻止对方当事人请求权的行使，非永久的抗辩权。如果对方当事人履行了合同义务，同时履行抗辩权即消灭，主张抗辩权的当事人就应当履行自己的义务。

案例 7-1　甲服装厂与乙工厂签订定做 2 000 套工作服的合同。双方约定在 2011 年 5 月 10 日钱货两清。2011 年 5 月 9 日，甲通知乙工作服只加工完成一半，另一半缺乏资金购买材料，要求乙先付 2 000 套工作服的款项，甲先交付已加工完的工作服，另一半工作服到 6 月 10 日交货。这时，乙根据同时履行抗辩权制度，可以拒绝甲的请求。

2. 后履行抗辩权

后履行抗辩权是指合同当事人互负债务，有先后履行顺序，先履行一方未履行的，后履行一方有权拒绝其履行要求；先履行一方履行债务不符合约定的，后履行一方有权拒绝其相应的履行要求。

后履行抗辩权的行使有 4 个条件：

1）基于同一双务合同。

2）该合同由一方当事人先履行。

3）应当先履行的当事人不履行合同或不适当履行合同。

4）后履行抗辩权的行使人是履行义务顺序在后的一方当事人。

后履行抗辩权不是永久的，它的行使只是暂时阻止对方当事人请求权的行使。先履行一方的当事人如果完全履行了合同义务，则后履行抗辩权消灭，主张后履行抗辩权的当事人就应当履行自己的义务。

案例 7-2 承案例 7-1，若双方约定 5 月 10 日甲先交付服装，乙验收合格后付款。结果，甲在 5 月 10 日交货，乙验货后发现甲交付的工作服质量、样式与合同规定不符，则乙根据后履行抗辩权制度，有权拒绝付款。

3. 不安抗辩权

不安抗辩权，又称先履行抗辩权，是指双务合同成立后，应当先履行债务的当事人，有确切证据证明对方不能履行债务或有不能履行债务的可能时，在对方没有履行或没有提供担保之前，有权中止履行合同义务。

不安抗辩权行使的条件也需要基于双务合同，但它由应先履行债务的一方当事人行使。设立不安抗辩权是为了切实保护当事人的合法权益，防止对方借合同进行欺诈，促使对方履行合同义务。但是，对不安抗辩权要严格加以限制，必须依法行使，不能滥用。《合同法》规定，应当先履行债务的当事人，有确切证据证明对方有下列情形之一的，可以中止履行：

1）经营状况严重恶化。

2）转移财产、抽逃资金，以逃避债务。

3）丧失商业信誉。

4）有丧失或可能丧失履行债务能力的其他情形。

案例 7-3 画家张某与顾客李某约定，由张某为李某画像，李某应先预付酬金 5 000 元。合同生效后，张某患重病卧床不起，极有可能无法再为李某画像。鉴于此种情形，李某行使不安抗辩权，通知对方中止履行先行支付酬金的义务。张某接到通知后，向李某提出，如果自己在 30 日内病情好转并开始作画，李某仍应先行支付酬金。30 日后，张某病情仍未好转，于是李某主张解除合同。

四、保全措施

为防止因债务人的财产不当减少而给债权人的债权带来危害，法律允许债权人为保全其债权的实现而采取的法律措施，称为合同的保全措施。保全措施包括代位权和撤销权两种。

1. 代位权

代位权是指因债务人怠于行使其到期债权，对债权人造成损害，债权人可以向人民法院请求以自己的名义代位行使债务人的债权。

案例 7-4 甲与乙订有货物买卖合同，约定甲交付了货物，乙应当履行向甲支付货款的义务。另外，丙从乙处借有一笔款项，丙应向乙偿还本金和利息。如果丙不还乙的借款，就可能影响乙向甲支付货款（也就是所谓的“三角债”）。因此，乙应当积极向丙追索到期借款，以便向甲支付货款。如果乙怠于行使向丙追索到期债权，就会对甲造成损害。这种情况下，甲可以请求人民法院准许甲以自己的名义向丙行使债权。

代位权的行使有以下 4 个条件：

1）债务人与债权人的合同关系已到期，债务人已陷于迟延履行。

2）债务人对第三人享有到期债权，并且此债权是非专属于债务人自身的权利。

3）债务人怠于行使其债权。

4）因债务人怠于行使自己的债权，对债权人履行债务造成损害。

代位权的行使范围以债权人的债权为限。债权人行使代位权的必要费用，由债务人负担。

2. 撤销权

撤销权是指因债务人放弃其到期债权或者无偿转让财产，对债权人造成损害的，或者债务人以明显不合理的低价转让财产，对债权人造成损害，并且受让人知道该情形的，债权人可以请求人民法院撤销债务人的行为。

引起撤销权发生的要件是债务人有损害债权人债权的行为发生，包括放弃到期债权、无偿转让财产或者以明显不合理的低价转让财产。无偿行为不论第三人是善意还是恶意取得，均可撤销；有偿转让行为以第三人的恶意取得为要件，若第三人主观上无恶意，则不能撤销其善意取得的行为。

撤销权自债权人知道或应当知道撤销事由之日起 1 年内行使。自债务人的行为发生之日起 5 年内没有行使撤销权的，该撤销权消灭。

第五节　合同的担保

一、合同担保的概念

合同的担保，是指为保障合同债权的实现，由双方当事人依照法律规定，经过协商一致而设立的法律措施。设定担保的根本目的是保证合同的切实履行，既保障合同债权人实现其债权，也促使合同债权人履行其债务。

知识库

1995 年 6 月 30 日，第八届全国人民代表大会常务委员会第十四次会议通过了《中华人民共和国担保法》(以下简称《担保法》)。根据《担保法》和《物权法》的规定，在借贷、买卖、货物运输、加工承揽等经济活动中，债权人需要以担保方式保障其债权实现的，可以设定保证、抵押、质押、留置和定金 5 种方式的担保。

二、担保的主要方式

抵押、质押和留置 3 种担保方式已经在第六章中做了介绍，本章主要介绍保证和定金两种方式。

1. 保证

（1）保证和保证人

保证是指第三人为债务人的债务履行做担保，由保证人和债权人约定，当债务人不履行债务时，保证人按照约定履行债务或者承担责任的行为。

按照《担保法》的规定，具有代为清偿债务能力的法人、其他组织或者公民，可以做保证人；国家机关、学校、幼儿园、医院等以公益为目的的事业单位、社会团体，企业法人的分支机构、职能部门，不得做担保人。但是，在经国务院批准，为使用外国政府或者国际经济组织贷款进行转贷的情况下，国家机关可以做保证人；企业法人的分支机构有法人书面授权的，可以在授权范围内提供保证。保证人的要求如图 7-4 所示。

- 保证人
  - 国家机关
    - 一般：不可以
    - 例外：国务院批准为使用外国政府或国际经济组织贷款进行转贷的情况：可以
  - 事业单位、社会团体
    - 学校、幼儿园、医院等以公益为目的：不可以
    - 从事经营活动：可以
  - 企业法人的职能部门：不可以
  - 企业法人的分支机构
    - 书面授权：可以
    - 无授权或超授权：不可以

图 7-4　保证人的要求

（2）保证内容和保证方式

保证的内容，应当由保证人与债权人在以书面形式订立的保证合同中加以确定，具体包括被保证的主债权（即主合同债权，下同）种类与数额、债务人履行债务的期限、保证的方式、保证担保的范围、保证的期限及双方认为需要约定的其他事项。保证合同不完全具备以上规定内容的，可以补正。

保证的方式，分为一般保证和连带责任保证两种。当事人在保证合同中约定，债务人不能履行债务时，由保证人承担担保保证责任的，为一般保证。一般保证的保证人在主合同纠纷未经审判或者仲裁，并就债务人财产依法强制执行仍不能履行债务前，对债权人可以拒绝承担保证责任。当事人在保证合同中约定保证人与债务人对债务承担连带责任的，为连带责任保证。连带责任保证的债务人在主合同规定的债务履行期届满没有履行债务的，债权人可以要求债务人履行债务，也可以要求保证人在其保证范围内承担保证责任。当事人对保证方式没有约定或者约定不明确的，按照连带责任保证承担保证责任。一般保证和连带责任保证对比如表 7-2 所示。

表 7-2　一般保证和连带责任保证对比

	一般保证	连带责任保证
定义	当债务人不能履行债务时，由保证人承担保证责任的行为	保证人与债务人对债务承担连带责任的行为
先诉抗辩权	（1）含义：主合同未经审判或仲裁并对财产强制执行前，保证人拒绝承担保证责任 （2）一般保证有先诉抗辩权	连带责任保证无先诉抗辩权
界定	对保证方式没有约定或者约定不明确的，按照连带责任保证承担保证责任	
行使	一般保证和连带责任保证的保证人享有债务人的抗辩权。债务人放弃对债务的抗辩权的，保证人仍有权抗辩	

（3）保证责任

保证人在约定的保证担保范围内承担保证责任。保证担保的范围包括主债权及利息、违约金、损害赔偿金和实现债权的费用。保证合同另有约定的，从其约定。当事人对保证担保的范围没有约定或者约定不明确的，保证人应当对全部债务承担责任。同一债务有 2 个以上保证人的，保证人应当按照保证合同约定的保证份额，承担保证责任没有约定保证份额的，保证人承担连带责任，债权人可以要求任何一个保证人承担全部保证责任，任何一个保证人都负有担保全部债权实现的义务。已经承担保证责任的保证人，有权向债务人追偿，或者要求承担连带责任的其他保证人清偿其应当承担的份额。同一债权既有保证又有物的担保的，保证人对物的担保以外的债权承担连带保证责任。债权人放弃物的担保的，保证人在债权人放弃权利的范围内免除保证责任。

保证人在与债权人约定的保证期间或者法律规定的保证期间内承担保证责任。保证期间，债权人依法将主债权转让给第三人的，保证人在原保证担保的范围内继续承担保证责任。保证合同另有约定的，从其约定。保证期间，债权人许可债务人转让债务的，应当取得保证人的书面同意；未经保证人书面同意的，保证人不再承担保证责任。

保证人承担保证责任后，有权向债务人追偿。

2. 定金

定金是指合同当事人约定一方向对方给付一定数额的货币作为债权的担保。债务人履行债务后，定金抵作价款或收回。给付定金的一方不履行约定的债务的，无权要求返还定金；收受定金的一方不履行约定的债务的，应当双倍返还定金。

定金应当以书面形式约定。当事人在定金合同中应当约定交付定金的期限。定金合同从实际交付定金之日起生效。定金的数额由当事人约定，但不得超过主合同标的额的 20%。

第六节　合同的变更与转让

一、合同的变更

依法订立的合同，即具有法律约束力，受法律保护，当事人必须全面履行合同规定的义务，任何一方都不得擅自变更或者解除合同。但是，在合同的履行过程中，由于主客观情况的变化，使原合同的履行已经不可能或不必要时，为了减少不必要的损失，合同当事人可以依法变更合同。

合同的变更，是指合同没有履行或者没有完全履行时，当事人双方根据客观情况的变化，依照法律规定的条件和程序，对原合同进行修改或者补充。合同的变更是在合同的主体不改变的前提下对合同内容或标的的变更，合同性质和标的性质并不改变。例如，有关标的物数量的增减、质量标准的修改、履行地点的变动、标的物包装要求的改变等，都属于合同的变更。《合同法》规定，当事人经协商一致，可以变更合同；法律、行政法规规定变更合同应当办理批准、登记等手续的，依照其规定。合同依法变更后，当事人按照变更后的合同享受权利和承担义务。当事人对合同变更的内容约定不明确的，推定为未变更。

二、合同的转让

合同的转让，是指合同当事人一方将其合同的权利和义务全部或部分转让给第三人。合同的转让一般由当事人自主决定，但法律、行政法规规定转让权利或义务应当办理批准登记等手续的，依照其规定。合同的转让可分为债权让与、债务承担和合同承受 3 种形式。

1. 债权让与

债权让与，就是合同权利的转让，是指不改变合同的内容，由债权人将合同权利的全部或部分转让给第三人的行为。这里，转让债权的人称为让与人，受让债权的第三人称为受让人。合同权利全部转让的，受让人取代原债权人的地位，成为新的债权人，原债权人脱离合同关系。合同权利部分转让的，受让人作为第三人加入到合同关系中，与原债权人共同享有债权。债权人转让主权利时，附属于该主权利的从权利也一并转让；受让人在取得债权时，也取得与债权有关的从权利，但该从权利专属于债权人自身的除外。

除下列 3 种情形外，债权人均可自主决定让与债权：① 根据合同性质不得转让。② 根据当事人约定不得转让。③ 依照法律规定不得转让。债权人转让权利，不需要经债务人同意，但应当通知债务人；未通知债务人的，该转让对债务人不发生效力。债务人接到债权转让通知后，债权让与行为生效。债务人对让与人的抗辩，可以向受让人主张。债权人转让权利的通知不得撤销，但经受让人同意的除外。

例如，甲公司欠乙公司 10 万元，乙公司欠丙公司 10 万元，乙公司与丙公司达成协议，把乙公司对甲公司的债权让与丙公司，于是乙公司通知甲公司把 10 万元钱直接还给丙公司。这就是债权让与。

2. 债务承担

债务承担，就是合同义务的转移，是指经债权人同意，债务人将合同的义务全部或部分转移给第三人的行为。

正如债权人可以全部或部分转让权利一样，债务人也可以将合同的义务全部或部分转移给第三人。转移合同义务也是法律赋予债务人的一项权利。但是，债权人和债务人的合同关系是建立在相互了解的基础上的，在订立合同时，债权人一般要对债务人的资信情况和偿还能力进行调查了解，而对于取代债务人或者加入到债务人中的第三人的资信情况及履行债务的能力，债权人不可能完全清楚。这样，如果债务人不经债权人的同意就将债务转让给第三人，对于债权人显然是不公平的，不利于保障债权人合法利益的实现。所以，《合同法》规定，债务人将合同的义务全部或部分转移给第三人的，应当经债权人同意。

3. 合同承受

合同承受，就是合同权利义务的一并转让，是指合同当事人一方将自己在合同中的权利和义务一并转让给第三人的行为。但是，根据合同性质、按照当事人约定或依照法律规定不得转让的除外。权利、义务转移，从权利、从义务也随之转移，但专属于原债权人、债务人自身的除外。

第七节　合同的权利义务终止

一、合同的权利义务终止的概念

合同的权利义务终止是指合同当事人双方终止合同关系，合同确立的权利、义务关系随之消灭。

二、合同的权利义务终止的具体情形

根据法律规定，合同的权利义务终止，可分为下列几种情形。

1. 债务已经按照约定履行

当事人双方为了一定的目的，订立了合同，合同生效后，当事人应当按照约定履行自己的义务。如果债务人完全履行了自己的义务，债权人实现了自己的全部权利，则订立合同的目的已经实现，合同确立的权利义务关系自然就消灭了，合同因此终止。

2. 合同解除

合同解除是指合同依法成立后，当具备法律规定的合同解除条件时，因当事人一方或双方的意思表示而使合同关系归于消灭的行为。

合同解除有两种情况：一是协议解除，二是法定解除。

协议解除是指当事人双方在合同成立后，未履行或未完全履行之前，通过协商一致解除合同，或者在订立合同时就约定了解除合同的条件，当条件成就时合同自然解除的行为。

法定解除是指合同成立后，未履行或未完全履行之前，由于出现了法定解除情形，当事人一方行使法定解除权而使合同终止的行为。一般来说，合同生效后，当事人是不能擅自解除合同的；但在履行合同的过程中有时会产生特定的情形，使合同的解除成为必要（如因不可抗力无法履行合同，或者由于一方当事人违约），那么为了维护相对方的合法权益，应当允许其解除合同。

《合同法》规定，有下列情形之一的，当事人可以解除合同：

1）因不可抗力致使不能实现合同目的。

2）在履行期限届满之前，当事人一方明确表示或以自己的行为表明不履行主要债务。

3）当事人一方迟延履行主要债务，经催告后在合理期限内仍未履行。

4）当事人一方迟延履行债务或有其他违约行为，致使不能实现合同目的。

5）法律规定的其他情形。

当事人一方行使解除权或主张解除合同的，应当通知对方；合同自通知到达对方时解除，对方有异议的，可以请求人民法院或仲裁机构确认解除合同的效力。

合同解除后，尚未履行的，终止履行；已经履行的，根据履行情况和合同性质，当事人可以要求恢复原状或采取其他补救措施，并有权要求赔偿损失。合同的权利义务终止，不影响合同中结算和清理条款的效力。合同解除的情形如图 7-5 所示。

- 合同解除
  - 协议解除
    - 协商解除：事后约定
    - 约定解除：事前约定
  - 法定解除
- 单方解除

图 7-5　合同解除的情形

3. 债务相互抵销

当事人互负到期债务，该债务的标的物种类、品质相同的，任何一方可以将自己的债务与对方的债务抵销，但依照法律规定或合同性质不得抵销的除外。当事人主张抵销的，应当通知对方；抵销通知自到达对方时生效。抵销不得附条件或者附期限。当事人互负债务，标的物种类、品质不相同的，经双方协商一致，也可以抵销。

4. 债务人依法将标的物提存

提存，是指由于债权人的原因，债务人无法向其交付合同标的物而将该标的物交给提存机关，从而消灭合同的制度。

《合同法》规定，有下列情形之一，债务人难以履行债务的，可以将标的物提存：

1）债权人无正当理由拒绝受领。

2）债权人下落不明。

3）债权人死亡且未确定继承人，或债权人丧失民事行为能力且未确定监护人。

4）法律规定的其他情形。

标的物不适于提存或者提存费用过高的，债务人依法可以拍卖或者变卖标的物，提存所得的价款。

标的物提存后，除债权人下落不明的以外，债务人应当及时通知债权人或债权人的继承人、监护人。标的物提存后，毁损、灭失的风险由债权人承担。提存期间，标的物的孳息归债权人所有。提存费用由债权人承担。债权人领取提存物的权利，自提存之日起 5 年内不行使而消灭。提存物扣除提存费用后归国家所有。标的物提存的相关规定如图 7-6 所示。

- 标的物提存
  - 情形
    - 债权人没有正当理由拒绝受领
    - 债权人下落不明
    - 债权人死亡且未确定继承人，或债权人丧失民事行为能力且未确定监护人
  - 通知：除债权人下落不明的以外，债权人应及时通知债权人或债权人的继承人、监护人
  - 效力
    - 毁损、灭失的风险由债权人承担
    - 标的物的孳息归债权人所有
    - 提存费用由债权人负担
  - 期限：债权人领取提存物的权利，自提存之日起5年内不行使而消灭
    提存物扣除提存费用后归国家所有

图 7-6　标的物提存的相关规定

5. 债权人免除债务

债权人免除债务，即债权人自愿放弃了债权，债务人的债务即被解除。债权人免除债务人部分或全部债务的，合同的权利义务部分或全部终止。

6. 债权债务同归于一人

由于某种事实的发生，使一项合同中原本由一方当事人享有的债权和由另一方当事人承担的债务同归于一人时，合同的履行就失去了实际意义，合同的权利义务终止。例如，由于甲、乙两家企业合并，使甲、乙企业之间原先订立的合同中的权利义务同归于合并后的企业，因此甲、乙双方的债权债务关系自然终止。

7. 法律规定或者当事人约定终止的其他情形

小提示

在合同权利义务终止的情形中，要特别注意法定解除的原因和标的物提存的情形。

第八节　违约责任

一、违约责任的概念

违约责任，即违反合同的民事责任，是指合同当事人一方不履行合同义务或履行合同义务不符合约定时，依照法律规定或合同约定所承担的法律责任。当事人双方都违反合同的，应当各自承担相应的责任。

一般来说，违约责任的追究，要在合同履行期限届满时才能开始，因为只有在履行期限届满时才能确定债务人是否履行了合同或履行义务是否符合约定；但在合同生效后，履行期限届满前，当事人一方明确表示或以自己的行为表明不履行合同义务的，对方可以在履行期限届满之前要求其承担违约责任，这样可以保证当事人及时保护自己的权利。

二、承担违约责任的主要形式

根据《合同法》的规定，违约的当事人承担违约责任的主要形式有继续履行、采取补救措施、赔偿损失、支付违约金和返还定金等。具体适用哪种违约责任，由当事人自己选择。

1. 继续履行

订立合同的目的是实现合同的约定，即实际履行合同。继续履行合同，既是为了实现合同目的，又是一种违约责任。当事人一方违反合同约定，不履行或履行不符合约定，对方当事人有权要求其继续履行，以维护自己的合法权益。

《合同法》规定，当事人一方未支付价款或报酬的，对方可以要求其支付价款或报酬。当事人一方不履行非金钱债务或履行非金钱债务不符合约定的，对方可以要求履行，但有下列情形之一的除外：① 法律上或者事实上不能履行。②债务的标的不适于强制履行或履行费用过高。③ 债权人在合理期限内未要求履行。

2. 采取补救措施

《合同法》规定，履行合同义务不符合约定的，应当按照当事人的约定承担违约责任； 对违约责任没有约定或者约定不明确的，当事人可以协议补充，或者按照合同有关条款或交易习惯确定；采取以上措施后仍不能确定的，受损害方根据标的的性质及损失的大小，可以合理选择要求对方承担修理、更换、重做、退货、减少价款或报酬等违约责任。

3. 赔偿损失

当事人一方不履行合同义务或履行合同义务不符合约定的，在履行义务或采取补救措施后，对方还有其他损失的，应当赔偿损失。

当事人一方不履行合同义务或履行合同义务不符合约定，给对方造成损失的，损失赔偿额应当相当于因违约所造成的损失，包括合同履行后可以获得的利益，但不得超过违约合同一方订立合同时预见到或应当预见到的因违反合同可能造成的损失。当事人可以在合同中约定因违约产生的损失赔偿额的计算方法。

4. 支付违约金

违约金是指合同当事人一方由于不履行合同或履行合同不符合约定，按照合同的约定，向对方支付的一定数额的货币。违约金是对不能履行或不能完全履行合同行为的一种带有惩罚性质的经济补偿手段，不论违约的当事人一方是否已给对方造成损失，都应当支付违约金。

5. 给付或双倍返还定金

当事人可以依照《担保法》约定一方向对方给付定金作为债权的担保。债务人履行债务后，定金应当抵作价款或收回。给付定金的一方不履行约定的债务的，无权要求返还定金；收受定金的一方不履行约定的债务的，应当双倍返还定金。

小提示

在承担违约责任的形式中，赔偿损失的条件是有违约行为，采取其他补救措施后还有损失；而支付违约金的条件是有违约行为（不管是否给对方造成损失），在合同中有约定。当事人在合同中既约定违约金，又约定定金的，一方违约时，对方可以选择适用违约金或定金条款，但由于两者在目的、性质、功能等方面具有共性，因此不能并用。

案例 7-5 甲公司于 2011 年 3 月 20 日收到乙公司的产品推荐材料。材料上主要介绍了乙公司所生产的 A 产品的质量、性能及主要技术参数等常规资料。4 月 10 日，甲公司以电传方式向乙公司提出以下购货要求：

（1）购买 A 产品 200 箱，每箱 50 件，每箱价格 8 000 元；运费由供货方负担；乙方分两次供货，分别于5月5日、5月25日前各供货 100 箱。

（2）产品质量、性能符合国家标准。

（3）产品运到甲方后，经验收无误，甲方支付第一批货物货款的 70%，待第二批货到后，甲方支付第一批货物的余款，同时支付第二批货物 60%的款项，最后 40%的欠款于 6 月 25 日前一次付清。

4 月 16 日，乙方以电传方式回电给甲方，内容如下：

（1）对甲方关于订货数量、质量、运费和付款方式均无异议。

（2）A 产品每箱价格不低于 8 500 元。

（3）甲方必须提供可靠的保证。

4 月 18 日，甲方书面通知乙方，内容如下：

（1）乙方提出的价格可以接受，其他条件不变。

（2）甲方以价值 90 万元的房产提供抵押担保，并附丙同意对该项交易债权债务提供担保的书面承诺。

（3）任何一方违约均按总标的额的 10%支付违约金。

4 月 21 日，乙方通知甲方接受甲方提出的两种担保方式和违约金条款，并于当日办妥了抵押房产登记手续。

5 月 5 日，乙方按要求将第一批货物运到甲方，甲方支付该批货物 70%的货款。

5 月 25 日，乙方将第二批货物运到甲方，甲方以目前 A 产品市场滞销，当初签订合同时对合同内容有重大误解，该合同应予撤销为由，拒付第二批货款，并要求撤销该合同，乙方不同意。

6 月 25 日，甲方仍未支付应于 5 月 25 日应支付的货款，也未补付第一批货物剩余所欠的货款。乙方多次向甲方要求付款未果。

9 月 20 日，乙方向法院申请，追究担保人的责任，并放弃对抵押房产的受偿权，要求由担保人丙支付甲所欠的所有货款及违约金。丙认为乙的要求超过了丙应承担的担保责任范围。

要求：根据以上资料，分析回答下列问题：

（1）甲、乙双方在合同签订过程中，要约生效的时间是何时？合同于何时正式生效？

（2）甲方要求终止履行该合同的理由是否充分？乙方拒绝甲方停止支付第二期货款的要求是否合法？

（3）丙方作为保证人，应承担保证责任的金额是多少？

（4）若乙方于去年由于业务往来欠甲方 30 万元货款，甲方提出以此抵销其所欠乙方部分债务，甲、乙就此协商一致，那么此种债务的相互抵销是否合法？

案例分析：

（1）该合同经过双方多次要约，最终要约生效时间为 4 月 18 日。4 月 21 日承诺生效，故该合同于 4 月 21 日正式签订生效。

（2）乙方的要求合法，因为甲方拒付货款的理由不成立，甲方对产品在市场上的销售情况预测不准确，属于内部管理决策失误，与对合同内容理解失误无关。

（3）丙方承担保证的金额应为该合同责任的总金额（包括价款、违约金、赔偿金）扣除抵押房产价值的余额。债权人放弃物的担保的，担保人在债权人放弃物的担保范围内免除保证人的责任。丙方应承担保证的金额计算如下：

$$200\times0.85\times(1+10\%)-90-90=7\text{（万元）}$$

（4）当事人互付到期债务，该债务的标的物种类、品质相同的，任何一方可以将自己的债务与对方的债务抵销；该债务的标的物种类、品质不同的，经双方协商一致，也可以抵销。因此，甲、乙协商后的债务抵销行为合法。

三、违约责任的免除

一般来说，在合同订立之后，如果一方当事人没有履行合同或者履行合同不符合约定，不论是自己的原因，还是第三人的原因，都应当向对方承担违约责任。但是，若一方当事人违约是由于某些无法防止的客观原因造成的，则可根据情况免除违约方的违约责任。

《合同法》规定，因不可抗力而不能履行合同的，根据不可抗力的影响程度，可以部分或全部免除违约方的违约责任，但法律另有规定的除外。当事人迟延履行后发生不可抗力的，不能免除责任。《合同法》所称的不可抗力，是指不能预见、不能避免并不能克服的客观情况。当事人一方因不可抗力而不能履行合同的，应当及时通知对方，以减轻可能给对方造成的损失，并应当在合理期限内提供证明。

结合本章各节所述，我们可将合同订立的主要内容概括如图 7-7 所示。

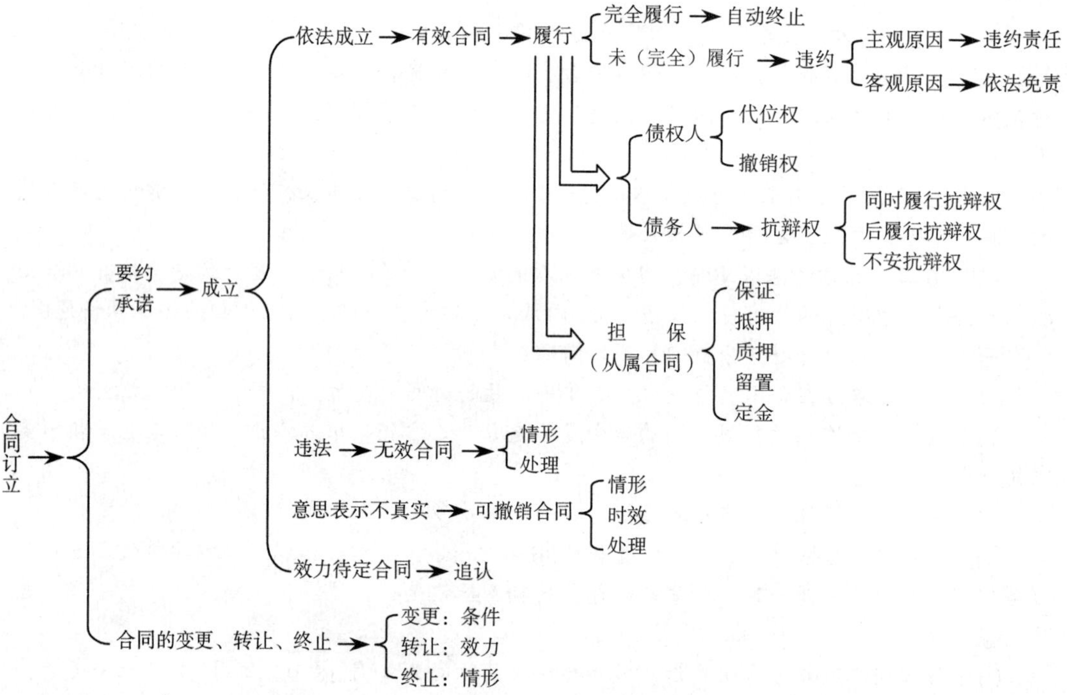

图 7-7　合同订立的主要内容

思考题

1．简述合同订立的形式与方式，以及合同的主要内容。

2．什么是无效合同？哪些合同为无效合同？无效合同应如何处理？

3．什么是可撤销合同？哪些合同为可撤销合同？可撤销合同应如何处理？

4．试分析合同履行过程中的抗辩权。

5．对比分析合同担保的方式。

6．合同权利义务终止的情形有哪些？

7．简述承担违约责任的形式。

案例分析题

1．中国甲公司与外国乙公司签订了一份货物买卖合同。合同约定，甲方从乙方购买机器设备，价款 500 万元，违约金 100 万元。

要求：根据《合同法》的规定，回答以下问题：

（1）甲方尚未付款前，发现乙方的供货不符合合同约定，应如何处理？

（2）如果乙方违约未能供货，给甲方造成损失5万元，乙方要求减少违约金数额，其主张能否成立？

（3）如果乙方违约给甲方造成8 000万元损失，乙方能否提出减少赔偿金额的要求？

2．甲、乙两家公司采用合同书形式订立了一份买卖合同。双方约定，由甲公司向乙公司提供100台精密仪器，甲公司于2011年8月31日以前交货，并负责将货物运至乙公司；乙公司在收到货物后10日内付清货款。合同订立后，双方均未签字盖章。2011年7月28日，甲公司与丙运输公司（以下简称丙公司）订立货物运输合同。双方约定，由丙公司将100台精密仪器运至乙公司。8月1日，丙公司先运了70台精密仪器至乙公司，乙公司全部收到，并于8月8日将70台精密仪器的货款付清。8月20日，甲公司掌握了乙公司转移财产、逃避债务的确切证据，随即通知丙公司暂停运输其余30台精密仪器，并通知乙公司中止交货，要求乙公司提供担保；乙公司及时提供了担保。8月26日，甲公司通知丙公司将其余30台精密仪器运往乙公司，而丙公司在运输途中发生交通事故，30台精密仪器全部毁损，致使甲公司8月31日前不能按时全部交货。9月5日，乙公司要求甲公司承担违约责任。

要求：根据以上事实及《合同法》的规定，回答下列问题：

（1）甲、乙公司订立的买卖合同是否成立？请说明理由。

（2）甲公司于8月20日中止履行合同的行为是否合法？请说明理由。

（3）乙公司于9月5日要求甲公司承担违约责任的行为是否合法？请说明理由。

（4）丙公司对货物毁损应承担什么责任？请说明理由。

3．甲公司于2011年通过招标购买A设备的主要过程及交易执行情况如下：

（1）甲公司于2月26日向全国几家大的A设备供货商发出关于以招标方式购买A设备的信息，并对A设备的基本性能、质量、技术标准和供货时间做了原则性要求。

（2）乙公司和其他几家供货商家于4月15日参加了关于甲公司购买A设备的招标会，并于当日投标。乙公司所投标书的主要内容如下：

1）向甲公司提供A设备3台，每台价格64万元。

2）所提供设备的产地、规格、质量、性能及主要技术参数。

3）乙公司可以于6月10日前一次性将3台A设备运到甲公司所在地。

4）甲公司开箱验货后认为符合要求，则当即一次性支付80%的货款。

5）剩余20%的货款在甲方试用设备期满后，于6月25日一次结清。

6）任何一方违约均按总标的额的15%支付违约金。

7）若乙公司中标后因未能按期供货而给甲方造成损失的，每日按供货总标的额的5%支付赔偿金。

（3）4月22日，乙公司收到中标通知，甲公司希望乙公司如期履行标书约定的义务。

（4）6月10日，乙公司将2台A设备运往甲公司，甲公司按实收设备价格的80%开出银行汇票支付货款，乙公司提出应该按3台设备价格的80%支付，甲方予以拒绝。

（5）6月13日，乙公司将剩余1台A设备运往甲公司，要求甲公司一次结算所有余款，并由甲公司负担设备的运费。

（6）甲公司认为乙公司关于付清设备款的要求不合理。至于运费问题，因标书中事先未说明由哪一方负担，可以协商。

（7）全部设备试用合格后，甲公司于6月25日补付3台设备20%余款时，要求乙公司同时向甲公司支付因延期交货的违约金。乙公司认为甲公司属无理要求，乙公司虽有一台设备延期交货，但未给甲公司造成任何损失。

要求：根据以上资料，结合《合同法》的规定，分析回答下列问题：

（1）本案中，甲、乙双方订立合同的过程中，要约和承诺两个阶段分别在什么时间生效？要约人、承诺人分别是哪一方？

（2）6月10日，甲方拒绝乙方的要求是否合理？请说明理由。

（3）6月13日，甲方再次拒绝乙方的要求是否合理？请说明理由。

（4）甲方要求乙方支付违约金的理由是否成立？为什么？

（5）运费应由哪一方负担？为什么？

4．甲公司法人代表以书面方式委托其供销科长与乙公司签订购入A商品的合同。有关资料如下：

（1）委托书规定：

1）时间2011年5月12日至6月1日。

2）购入A商品1 000件，每件单价不超过420元。

3）可以选择保证方式。

（2）甲公司供销科长于2011年5月20日与乙公司签订购销A商品合同，内容如下：

1）乙一次性向甲供货1 200件，每件单价400元，供货时间为6月18日。

2）甲于6月10日前向乙预付定金8万元，预付货款10万元，余款在收货后一次付清。

3）任何一方违约均承担总标的额10%的违约金。

（3）乙公司就供货数量、价格和时间于2011年5月25日向甲公司以传真方式确认，甲公司法人代表以传真件认可。

（4）2011年6月5日，甲公司将持有的票面金额为18万元的银行汇票背书转让给乙。6月18日，乙公司发来全部货物，甲公司发现货物质量不符合合同要求，拒绝收货并拒绝支付余款。乙公司认为货物质量问题是由运输部门不负责造成的，与本公司无关，并要求甲公司支付余款，由此引起纠纷。

（5）经查证，甲公司从乙公司购货的原因是乙公司寄来了供应A商品的价目表和质量证明书。实际上，乙公司并无短期内生产1 200件A商品的能力，为了做成该笔业务，只有委托丙公司加工生产，造成质量问题。

要求：分析案例并回答下列问题：

（1）乙公司是否应承担缔约过失责任？

（2）该合同采用的是哪些担保方式？担保是否生效？

（3）合同的违约责任在哪一方？

（4）合同中关于购货数量的规定是否有效？

（5）该纠纷依法应如何处理？

5．甲、乙两家企业签订了一份买卖合同，甲为买方，乙为卖方。合同约定，甲向乙支付定金15万元，并约定如果一方违约，向对方支付的违约金为合同总价款的20%，计20万元。双方约定，如果发生争议，则请求仲裁机构裁决。之后乙违约，致使甲损失12万元。甲要求乙承担违约责任，即赔偿损失12万元，双倍返还定金30万元，支付违约金20万元，共计62万元。

乙不同意，甲遂向人民法院起诉，乙则向仲裁机构申请仲裁。

要求：分析案例并回答下列问题：

（1）甲企业与乙企业关于定金数额的约定是否符合法律规定？为什么？

（2）该案应由人民法院受理还是由仲裁委员会受理？为什么？

（3）甲企业要求乙企业承担违约责任赔偿金共计62万元是否正确？为什么？

第八章　工业产权法律制度

本章目的和任务

通过本章的学习，学生应掌握专利权、商标权取得的条件、申请程序、权利内容与权利保护的有关规定；理解工业产权的概念、特征及工业产权的国际保护；了解工业产权的一般原理与基本制度；能够运用所学知识分析解决实践中的具体问题。

本章要点

- 工业产权法律制度
- 商标法
- 专利法

第一节　工业产权法律制度概述

一、工业产权的概念和特征

工业产权是指人们依法对应用于商品生产和流通中的创造发明和显著标记等智力成果，在一定地区和期限内享有的专有权。按照《保护工业产权巴黎公约》的规定，工业产权包括发明、实用新型、外观设计、商标、服务标记、厂商名称、货源标记、原产地名称，以及制止不正当竞争的权利。在我国，工业产权主要是指专利权和商标专用权。

工业产权与版权统称为知识产权。

工业产权属于无形财产权。与有形财产权比较，它具有以下特征：

1）专有性。工业产权法律规定，智力成果的无形财产权专属于创造人或其所属单位，从而排除了他人享有同样权利的可能性。知识形态的无形财产与有形的物质财产不同，只要公开，即可以同时为许多人所占有和使用，并获得收益。为了保护创造人或其所属单位通过无形财产所取得的收益，工业产权法规定，工业产权是国家赋予专利权人和商标专用权人在有效期内，对发明创造和注册商标享有独占、使用、收益和处分的权利；未经专利权人和商标专用权人的许可，任何第三人不得使用，否则即构成侵权行为，要受到制裁。

2）地域性。这是对工业产权的空间限制。一个国家的专利法、商标法所保护的工业产权，除在一定情况下使用统一保护工业产权的国际公约以外，只在该国范围内有效，对其他国家不发生法律效力，即不发生域外效力。如果想在其他国家取得保护，则必须依该国法律规定履行必要的程序，经批准后获得专利权和商标专用权。显然，有形的物质财产权则不受这种限制。

3）时间性。这是对工业产权的时间限制。工业产权的保护是有一定期限的，这就是专利权、商标专用权的有效保护期。法律规定的期限届满，工业产权的权利即自行终止。权利人丧失其专利权和商标专用权，这些工业产权就成为社会财富。而有形的物质财产权不受时间限制，它是伴随物质财产本身的存在而存在的。

二、工业产权法的概念和工业产权的国际保护

1. 工业产权法的概念

工业产权法是调整国家确认、保护工业产权及在工业产权的使用过程中而发生的各种社会关系的法律规范的总称。迄今为止，我国已相继颁布和实施了《中华人民共和国商标法》(以下简称《商标法》)《中华人民共和国商标法实施细则》(以下简称《商标法实施细则》)《中华人民共和国专利法》(以下简称《专利法》)《中华人民共和国专利法实施细则》(以下简称《专利法实施细则》)等法律、法规。

2. 工业产权的国际保护

经过谈判，各国政府在工业产权的不同领域订立了一系列国际条约，以此促进各国科学技术的日益进步和工业生产的迅速发展，扩大各国之间的技术交流、技术合作和技术贸易。

知识库

有关工业产权国际保护的世界性或地区性的国际条约很多，最主要的有《保护工业产权巴黎公约》《专利合作公约》《商标注册马德里协定》《商标注册公约》等。此外，国际上还成立了政府间的国际机构——世界知识产权组织。《保护工业产权巴黎公约》是 1883 年在巴黎签订的，并经过多次修改。它有一百多个成员国，是保护工业产权方面影响最大的国际公约。

我国第六届全国人民代表大会常务委员会第八次会议于 1984 年 11 月 14 日决定我国加入《保护工业产权巴黎公约》。该公约自 1985 年 3 月 19 日起对我国生效。它的主要原则和制度有以下 3 条：

1）国民待遇原则。在工业产权的国际保护方面，每一缔约国必须把它给予本国国民的待遇同等地给予其他缔约国国民；非缔约国国民若在缔约国国内有住所或营业场所，也应得到同样的保护。

2）优先权制度。缔约国国民第一次向一个缔约国提出专利或商标注册申请后，又在一定期限内就同一发明创造和商标向另一缔约国申请时，其第二次的申请日应视同第一次申请日。在优先权期限内，即使有任何第三人就相同的发明创造或商标提出申请或已实施了该发明创造或使用了该商标，申请人仍因享有优先权而获得专利权或商标专用权。

3）独立性原则。各缔约国独立地视本国的法律规定，决定是否给予专利权或商标专用权不受该专利权或商标专用权在其他缔约国规定的影响。也就是说，同一发明创造或商标在一个成员国取得专利权或商标专用权，并不意味着在其他成员国也一定可以取得专利权或商标专用权；专利权或商标专用权在一个成员国被撤销或终止，也不意味着在其他成员国一定要被撤销或终止。

第二节　专利法

一、专利和专利法的概念

专利是专利权的简称。专利权是指按《专利法》的规定，由国家专利机关授予发明人、设计人或其所属单位，在一定期限内对某项发明创造成果享有的专有权利。专利也指受《专利法》保护的创造发明，一般包括发明、实用新型和外观设计 3 种。

专利还可以指专利文献，其重要部分为记载发明创造内容的专利说明书。

专利法是调整国家在确认和保护发明创造的专有权及在利用专有的发明创造过程中产生的社会关系的法律规范的总称。

知识库

1984 年 3 月 12 日，第六届全国人民代表大会常务委员会第四次会议通过《专利法》，自 1985 年 4 月 1 日起实施。1992 年 9 月 4 日，第七届全国人民代表大会常务委员会第二十七次会议通过《关于修改〈中华人民共和国专利法〉的决定》，据此对原《专利法》做了修正，并于 1993 年 1 月 1 日起施行。《专利法实施细则》于 2001 年 6 月 15 日公布，自 2001 年 7 月 1 日起施行，后经 2002 年 12 月 28 日和 2010 年 1 月 9 日两次修订。

二、专利权的主体和客体

1. 专利权的主体

专利权的主体，是指可以申请并取得专利权的单位和个人。享有专利权的单位和个人统称为专利权人。

（1）职务发明创造单位

职务发明创造单位即发明人、设计人所在的单位。企业、事业单位、社会团体、国家机关的工作人员执行本单位的任务或主要是利用本单位的物质条件所完成的发明创造属于职务发明。

职务发明创造申请专利的权利属于该单位。申请被批准后，全民所有制单位申请的，专利权归国家所有，由该单位持有；集体所有制单位、私营企业、中外合资经营企业、中外合作经营企业、外资企业申请的，专利权归该单位所有。

（2）非职务发明创造的发明人、设计人

非职务发明创造申请专利的权利属于发明人或设计人。申请被批准后，专利权归申请专利的发明人或设计人所有。任何单位和个人均不得压制非职务发明创造。

（3）共同发明人、设计人

由 2 个或 2 个以上的人共同完成的发明创造，称为共同发明创造。完成该项发明创造的人，称为共同发明人或共同设计人。

2. 专利权的客体

专利权的客体，是指专利法保护的对象，即依法可以获得专利法保护的发明创造。《专利法》

所称的发明创造，是指发明、实用新型和外观设计。

（1）发明

《专利法》所称的发明，是指对产品、方法或其改进所提出的新的技术方案。因此，发明又分为产品发明和方法发明。发明具有如下两个特征：①发明是利用自然规律而进行的创造。②发明是具体的技术方案。

发明和发现是两个截然不同的概念。发明是指所创造的产品或提出的生产方法是前所未有的；发现则是指揭示自然界已经存在但尚未被人们所认识的事物。

（2）实用新型

实用新型是指对产品的形状、构造或两者的结合所提出的、适于实用的新的技术方案。实用新型具有如下特征：① 实用新型是一种新的技术方案。② 实用新型仅限于产品，不包括方法。③ 实用新型要求产品必须具有固定的形状和构造。

实用新型在一些国家被称为小发明。它与发明的主要区别在于：① 两者保护的范围不同。发明专利保护的范围宽于实用新型专利。发明既包括产品发明也包括方法发明，而实用新型是指具有一定形状的物品发明。② 两者对创造性的要求不同。实用新型同发明相比，其对产品的创造性要求较低。③ 两者的审查程序不同。发明专利申请既要求对发明专利进行形式审查，还要求对发明专利的内容进行实质审查；实用新型专利申请采用形式审查方式，即只审查形式而不审查实质内容。④ 两者的保护期限不同。发明专利的保护期限为 20 年；实用新型专利的保护期限为 10 年。

（3）外观设计

外观设计是指对产品的形状、图案、色彩或其结合，以及色彩与形状、图案的结合所做出的富有美感并适于工业应用的新设计。外观设计具有如下特征：① 外观设计必须与产品相结合。② 外观设计必须能在工业上应用。③ 外观设计必须富有美感。

小提示

外观设计同发明、实用新型的区别是，它只涉及美化产品的外表和形状，而不涉及产品的制造和设计技术。

三、专利权人的权利和义务

1. 专利权人的权利

1）专利权人有自己实施其专利并排除其他任何人支配其专利的权利。

2）专利权人有将自己的专利权转让给他人的权利。全民所有制单位转让专利权，必须经上级主管机关批准。中国单位或个人向国外转让专利权，必须经国务院有关部门批准。转让专利权的当事人之间必须订立书面合同，转让经专利局登记和公告后生效。

3）专利权人有许可他人实施其专利并收取使用费的权利。

4）专利权人有在专利产品或该产品的包装上标明专利标记和专利号的权利。

5）专利权人在自己的专利权受到侵犯时有请求专利管理机关进行处理，或者直接向人民法院起诉的权利。

6）专利权人有权以书面声明形式放弃其专利权。

2. 专利权人的义务

专利权人有缴纳年费的义务。专利权人应从授予专利权的当年开始缴纳专利年费；不按规定缴纳年费的，专利权应予终止。职务发明创造取得专利后，作为专利权人的单位有向发明人或设计人给予报酬奖励的义务。

四、专利的申请和审批

1. 专利的申请

（1）专利申请和专利申请文件

申请发明和实用新型专利时，应向专利局递交申请书、说明书、权利要求书、摘要等文件。申请外观设计专利时，应当递交请求书，以及该外观设计的图片和照片等文件，并应写明使用该外观设计的产品及其所属类别。

（2）先申请原则和确定申请日

我国对专利的申请采用的是先申请原则，即谁先申请，专利权就授予谁。因此，确定专利申请日就非常重要，这是专利权申请人能否取得专利权的先决条件。确定专利申请日有以下几种情况：① 申请人直接递交文件的，以专利局收到专利申请文件之日为申请日。② 申请文件是邮寄的，以寄出的邮戳日为申请日。③ 专利局收到的申请文件有欠缺的，以文件补齐之日为申请日。

（3）一项发明一件专利原则

一项发明一件专利原则是指每一项专利权只保护某一个具体的发明创造。按照《专利法》的规定，一件发明或实用新型专利申请应当限于一项发明或实用新型。属于一个总的发明构思的 2 项以上的发明或实用新型，可以作为一件申请提出。一件外观设计专利申请应当限于一种产品所使用的一项外观设计。用于同一类别并且成套出售或使用的产品的 2 项以上的外观设计，可作为一件申请提出。

（4）优先权原则

依照中国同外国签订的协议或共同参加的国际条约，或者依照相互承认优先权的原则，申请人可以享有优先权。

（5）专利申请的撤回和修改

所谓申请的撤回，是指申请人可以在被授予专利权之前随时撤回其专利申请。所谓专利申请的修改，是指允许申请人对其申请进行修改，但对发明和实用新型专利申请文件的修改不得超出原说明书和权利要求书所记载的范围，对外观设计专利文件的修改不得超出原图片或照片所表示的范围。

2. 专利申请的审批

（1）发明专利的审批程序

我国对发明专利申请采用早期公开、延迟审查制，具体程序如下：

1）初步审查。初步审查也称形式审查，是指专利局对专利申请的形式条件进行的审查。比如，审查专利文件是否齐备、格式是否正确，申请的发明创造是否违反法律和社会公共利益、是否属于不能授予专利权的范围等，这些就是初步审查。

2）早期公开。专利局经初步审查认为专利申请符合《专利法》要求的，自申请之日起 18

个月内即行公布。专利局也可根据申请人的请求早日公布其申请。早期公开的内容包括申请人的姓名、地址、申请日期、说明书、摘要、权利要求书、申请号和国际专利分类等，并刊登在专利局的专利公报上。

3）实质审查。实质审查是指专利局依法对申请专利的发明是否具有新颖性、创造性和实用性等实质条件进行的审查。实质审查是应申请人的要求而进行的。申请人从申请日起3年内（要求优先权的，自优先权日起3年内）可以随时提出请求，对其申请进行实质审查；申请人无正当理由逾期不请求实质审查的，该申请被视为撤回。在3年期限内，专利局认为必要时，可以自行对发明专利申请进行实质审查，专利申请人有义务按专利局的要求办理手续。

4）授予发明专利权。发明专利申请经实质审查没有发现有驳回理由的，专利局应当做出授予发明专利的决定，发给发明专利证书，并予以登记和公告。

（2）实用新型和外观设计的审批

实用新型和外观设计的专利申请，经初步审查没有发现有驳回理由的，专利局应当做出授予实用新型专利权和外观设计专利权的决定，发给相应的专利证书，并予以登记和公告。

自专利局公告授予专利权之日起6个月内，任何单位或个人认为该专利权的授予不符合规定的，都可以请求专利局撤销该专利权。专利局对撤销专利权的请求进行审查，做出撤销或维持专利权的决定，并通知请求人和专利权人。撤销专利权的决定，由专利局登记和公告。

3. 专利权的复审

专利局设立专利复审委员会。专利申请人对专利局驳回的申请决定不服的，或者对专利局撤销或维持专利权的决定不服的，可以自收到通知之日起3个月内向专利复审委员会请求复审。专利复审委员会复审后，做出决定，并通知专利申请人、专利权人和撤销专利权的请求人。

发明专利的申请人、发明专利权人或撤销专利权的请求人，对专利复审委员会的复审决定不服的，可以自收到通知之日起3个月内向人民法院起诉。专利复审委员会对申请人、专利权人或撤销专利权的请求人关于实用新型和外观设计的复审请求所做出的决定为终局决定。

五、授予专利权的条件

1. 授予发明和实用新型专利的条件

1）新颖性。这是指在申请日以前没有同样的发明或实用新型在国内外出版物上公开发表、在国内公开使用或以其他方式为公众所知，也没有同样的发明或实用新型由他人向专利局提出申请且记载在申请日以后公布的专利申请文件中。

2）创造性。这是指同申请日以前已有的技术相比，该发明有突出的实质特点和显著的进步，该实用新型有实质性特点和进步。

3）实用性。这是指该发明或实用新型能够在工业上制造或者使用，并且能够产生积极的效果。

2. 授予外观设计专利的条件

授予专利权的外观设计，应当与申请日以前在国内外出版物上公开发表过或国内公开使用过的外观设计不相同或不相近似。

六、专利权的期限、终止和无效

1. 专利权的期限

《专利法》规定，发明专利权的期限为 20 年，实用新型和外观设计专利权的期限为 10 年，均自申请日起计算。

2. 专利权的终止

专利权的终止是指专利权的失效。这有两种情况：① 因期限届满而终止。② 专利权人未按照规定缴纳专利年费和以书面声明放弃其专利权而在期限届满前终止。

3. 专利权的无效

专利权的无效，是指专利复审委员会根据专利权无效宣告请求对已授予的专利进行权审查后，认为该专利权的授予不符合法律规定而宣告其自始不存在。

自授予专利权之日起满 6 个月后，任何单位或个人认为该专利权的授予不符合《专利法》要求，都可以请求专利复审委员会宣告该专利无效。专利复审委员会对宣告专利权无效的请求进行审查，做出决定，并通知请求人和专利权人。宣告专利权无效的决定，由专利局登记和公告。请求人和专利权人对专利复审委员会上述涉及发明专利权的决定不服的，可以在收到通知之日起 3 个月内向人民法院起诉。专利复审委员会对宣告实用新型和外观设计专利权无效的请求所做出的决定为终局决定。

发明与实用新型的区别如表 8-1 所示。

表 8-1　发明与实用新型的区别

	保护范围不同	创造性要求不同	审查程序不同	保护期限不同
发明	包括产品和方法，对发明没有形态上的要求	与现有技术相比，具有突出的实质性特点和显著进步	• 形式审查 • 实质审查	20 年
实用新型	仅限于产品，要求具有固定形态或构造	与现有技术相比，具有实质性特点和进步	• 形式审查	10 年

七、专利的实施

专利的实施，是指专利权人或他人为了生产经营目的而制造、使用和销售专利产品或使用专利方法。专利的实施有以下几种情况。

（1）专利权人的实施

这是指专利权人取得专利后，依照专利的性能，制造其产品，使用其方法，以取得最大的经济效益。

（2）许可他人实施

这是指专利权人通过订立许可合同的方式，许可他人实施其专利，获得使用费。

（3）依照国家需要指定实施

《专利法》第 14 条规定，国务院有关主管部门和各省、自治区、直辖市人民政府根据国家计划，有权决定将本系统内或所管辖的全民所有制单位持有的重要发明创造专利允许指定的单位实施，由实施单位按照国家规定向持有专利权的单位支付使用费。中国集体所有制单位和个人的专利，对国家利益或公共利益具有重大意义，需要推广应用的，由国务院有关主管部门报国务院批准后，参照《专利法》关于全民所有制单位专利指定实施的规定办理。

（4）强制许可实施

这是指专利局在一定条件下，不需要经过专利权人的同意，准许其他单位和个人实施专利权人的专利的一种强制性法律手段。专利权在以下情况出现时才给予强制许可：① 具备实施条件的单位以合理的条件请求发明或实用新型专利权人许可实施其专利，而未能在合理的时间内获得这种许可时，专利局根据该单位的申请，可以给予实施该发明专利或实用新型专利的强制许可。② 在国家出现紧急状态或非常情况时，或者为了公共利益的目的，专利局可以给予实施发明专利或实用新型专利的强制许可。③ 一项取得专利权的发明或实用新型比以前已经取得专利权的发明或者实用新型在技术上先进，其实施又依赖于前一发明或实用新型的实施的，专利局根据后一专利权人的申请，可以给予实施前一发明或实用新型的强制许可。依照上述规定给予实施强制许可的情形下，专利局根据前一专利权人的申请，也可以给予实施后一发明或实用新型的强制许可。

自专利权被授予之日起满 3 年后，任何单位均可以依照《专利法》的有关规定，请求国务院专利行政主管部门给予强制许可。

八、专利权的保护

1. 专利侵权

专利侵权是指《专利法》保护的有效专利权遭到某种违法行为的侵害。专利侵权行为的表现如下：如果专利是一种产品，专利侵权行为则是他人未经专利权人同意而制造、使用、销售这种专利产品；如果专利是一种方法，专利侵权行为则是他人未经专利权人同意而使用这种方法，以及使用、销售依照该专利方法直接获得的产品；对外观设计专利来说，专利侵权行为是指未经专利权人许可，制造、销售外观设计专利产品的行为。此外，未经专利权人许可，进口其专利产品或者进口依照专利方法直接获得的产品，也是侵犯专利权人权利的行为。

专利权人发现侵权行为以后，可以请求专利管理机关处理。这里的专利管理机关是指国务院有关主管部门和各省、直辖市、自治区、经济特区人民政府设立的专利管理机关。专利管理机关接到专利权人或利害关系人的请求后，应进行调查；如果发现侵权行为属实，专利管理机关有权责令侵权人停止其侵权行为并赔偿专利权人的损失。

2. 专利犯罪

专利犯罪有 3 种情形：一是假冒专利罪；二是专利工作人员徇私枉法罪；三是发明人未经批准，擅自向国外申请专利泄露国家重要机密罪。与《专利法》保护最直接相关的是假冒专利罪。

依据《专利法》的规定，专利权人有权在其专利产品或该产品的包装上标明专利标记和专利号。这是专利权人的标记权。如果他人未经专利权人许可，在非专利产品上或其包装上标明专利标记和专利号，则是假冒他人专利的侵权行为；情节严重的，则构成假冒他人专利罪。

第三节 商标法

一、商标概述

1. 商标的概念和种类

（1）商标的概念

商标是文字、图形、字母、数字、三维标志、色彩及上述要素的组合或声音，用于一定的商品或服务项目，用以区别商标使用者与同类商品的生产经营者或同类服务业经营者的显著标记。简言之，商标就是商品的标志。对于商品生产者或经营者来说，商标具有排他性、标记性、地域性和竞争性的特征。

（2）商标的种类

1）按商标构成要素分类，商标可分为文字商标、图形商标、字母商标、数字商标、三维标志商标、颜色组合商标、组合商标、声音商标。文字商标，是指用文字构成的商标；图形商标，是指用图形构成的商标，如长城商标的长城图案；字母商标，是指用注音符号的最小书写单位，包括拼音字母、外文字母所构成的商标；数字商标，是指用阿拉伯数字、罗马数字或者中文大写数字所构成的商标；三维标志商标，又称立体商标，是指用具有长、宽、高3种度量的三维立体物标志所构成的商标；颜色组合商标，是指由2种或2种以上的色彩排列、组合而构成的商标；组合商标，也称复合商标，是指由2种或2种以上成分相结合而构成的商标；声音商标，是指足以使相关消费者区别商品或服务来源的声音。

2）按商标使用者分类，商标可分为商品商标和服务商标。商品商标，是指商品的标记。它是商标的最基本表现形式，通常所称的商标主要是指商品商标。服务商标，是指用于服务行业，以便与其他服务项目相区别的标志。

3）按商标用途分类，商标可分为证明商标、防御商标、联合商标。证明商标，是指由对某种商品或者服务具有监督能力的组织所控制，而由该组织以外的单位或者个人使用于其商品或者服务，用以证明该商品或者服务的原产地、原料、制造方法、质量或者其他特定品质的标志。商标所有人为了防止他人在不同类别的商品上使用其商标，而在非类似商品上将其商标分别注册，该种商标称为防御商标。联合商标，是指同一商标所有人在相同或类似商品上注册的几个相同或者近似的商标。这些商标有的是文字近似，有的是图形近似。这种相互近似的商标注册后，不一定都使用，其目的是防止他人仿冒或注册，从而更有效地保护自己的商标。

4）按商标享誉程度分类，商标可分为普通商标和驰名商标。普通商标，是指在正常情况下使用，未受到特别法律保护的绝大多数商标；驰名商标，是指在市场上享有较高声誉，为相关公众所熟知，有良好质量信誉，并享有特别法律保护的商标。

5）按商标注册与否分类，商标可分为注册商标和未注册商标。注册商标，是指使用商标人按照法定手续向国家商标局申请注册，经过审核后准予注册的商标；未经过商标注册而在商品或服务上使用的商标为未注册商标。

2. 商标法的概念

商标法是确认商标专用权，规定商标注册、使用、转让、保护和管理的法律规范的总称。它的作用主要是加强商标管理，保护商标专用权，促使生产者或经营者保证商品质量和服务质量，维护商标信誉，以保障消费者、生产者或经营者的利益，促进社会主义市场经济健康发展。

知识库

1982 年 8 月 23 日，第五届全国人民代表大会常务委员会第二十四次会议通过的《商标法》自 1983 年 3 月 1 日正式实施。1993 年 2 月 22 日，第七届全国人民代表大会常务委员会第三十次会议通过《关于修改〈中华人民共和国商标法〉的决定》，对《专利法》进行了第一次修正。2001 年 10 月 27 日，第九届全国人民代表大会常务委员会第二十四次会议通过《关于修改〈中华人民共和国商标法〉的决定》，对《专利法》进行了第二次修正。2013 年 8 月 30 日，第十二届全国人民代表大会常务委员会第四次会议通过《关于修改〈中华人民共和国商标法〉的决定》，对《专利法》进行了第三次修订。国务院颁布的《商标法实施条例》于 2002 年 9 月 15 日起施行。

二、商标权的主体和客体

商标权是指商标所有人对其商标拥有的独占的、排他的权利。我国在商标权的取得方面实行的是注册原则，因此商标权实际上是因商标所有人申请、经政府主管部门确认的专有权利，即因商标注册而产生的权利。

1. 商标权的主体

商标权的主体是指通过法定程序，在自己生产、制造、加工、拣选、经销的商品或提供的服务上享有商标专用权的人。根据《商标法》的规定，商标权的主体范围包括自然人、法人和其他组织。

2. 商标权的客体

商标权的客体是指经商标局核准注册的商标，即注册商标。

申请注册的商标应当具备以下条件：①商标应当具备显著性。《商标法》规定，申请注册的商标，应当有显著性，便于识别，并不得与他人在先取得的合法权利相冲突。②商标应当符合可视性要求。

根据《商标法》的规定，下列标志不得作为商标使用：① 同中华人民共和国的国家名称、国旗、国徽、军旗、军歌、勋章相同或近似的，以及同中央国家机关所在地特定地点的名称或标志性建筑物的名称、图形相同的。② 同外国的国家名称、国旗、国徽、军旗相同或近似的，但该国政府同意的除外。③ 同政府间国际组织的名称、旗帜、徽记相同或近似的，但经该组织同意或不易误导公众的除外。④ 与表明实施控制、予以保证的官方标志、检验印记相同或相近似的，但经授权的除外。⑤ 同“红十字”“红新月”等标志、名称相同或近似的。⑥ 带有民族歧视性的。⑦ 夸大宣传并带有欺骗性的。⑧ 有害于社会主义道德风尚或有其他不良影响的。⑨ 县级以上行政区划的地名或公众知晓的外国地名，但是地名具有其他含义或作为集体商标、证明商标组成部分的除外。已经注册的使用地名的商标继续有效。

三、商标权人的权利和义务

1. 商标权人的权利

1）商标专用权。商标专用权是指商标权人对其注册商标独占、专有的使用权。这是商标法的核心问题。

2）商标转让权。注册商标是一种无形财产，商标权人有将其全部或部分地转让给他人的权利。转让注册商标，转让人和受让人应当共同向商标局提出申请。受让人应当保证使用该注册商标的商品质量。转让核准后，予以公告。

3）使用许可权。使用许可权是指注册商标所有人享有通过签订使用许可合同许可他人使用其注册商标的权利。许可人应当监督被许可人使用其注册商标的商品质量，被许可人应当保证使用该注册商标的商品质量。

4）商标投资权。商标权人有权将其注册商标作价投资，投资作价由双方协商议定。

2. 商标权人的义务

1）依法使用注册商标的义务。注册商标必须使用是商标权人的义务。商标权人连续 3 年停止使用注册商标的，可撤销其注册商标。注册商标的使用必须正确，商标权人不得自行改变、私自转让或租借注册商标。

2）保证商品质量的义务。对注册商标的商品质量负责是商标权人的一项重要义务。

3）标明“注册商标”字样，或者标明注册标记㊟或®。这些字样或标记在商品上不便标明的，应当在商品包装、说明书或其他附着物上标明。

4）缴纳各项费用的义务。

四、商标注册的申请和审批

商标注册的申请和审批是指商标使用人就其使用的商标，依照法定的注册条件和程序，向商标管理机关提出申请，经过商标局审核批准，将该商标载入商标注册簿，发给商标注册证，并予以公告、授予注册人以商标专用权的法律活动。

1. 商标注册的申请

（1）商标注册申请的原则

1）强制注册与自愿注册相结合原则。自愿注册是指商标使用人是否申请商标注册完全取决于自己的意愿。我国大部分商标采取自愿注册原则。也就是说，经过注册的商标和未经注册的商标均可使用，但只有经过注册的商标才能取得专用权，并受法律保护。《商标法》第 6 条规定：“国家规定必须使用注册商标的商品，必须申请商标注册；未经核准注册的，不得在市场销售。”

2）诚实信用原则。《商标法》第 6 条规定：“申请商标注册不得损害他人现有的在先权利，也不得以不正当手段抢先注册他人已经使用并有一定影响的商标。”这是诚实信用原则的体现。

3）显著原则。申请注册的商标，应当具有显著性，便于识别，并不得与他人在先取得的合法权利相冲突。

4）先申请原则。2 个或 2 个以上的申请人，先后在同一或类似商品或服务上，以相同或类似的商标申请注册的，商标权授予申请在先的人。申请先后的确认以申请日期为准。2 个或 2 个以上的申请人，在同一或类似商品或服务上以相同或类似的商标在同一天申请注册的，商标权授予使用在先的人。对于使用在先的认定，由申请人自己在接到商标局通知后 30 日内提交第一次使用的日期证明，同日使用或均未使用的，由各申请人进行协商；协商不成的，由商标局裁定。

5）优先权原则。优先权原则是商标权取得程序中的一项重要原则。根据《商标法》的规定，商标注册申请程序中的优先权表现在两个方面：① 商标注册申请人自其商标在外国第一次提出商标注册申请之日起 6 个月内，又在中国就相同商品以同一商标提出商标注册申请的，依照该外国同中国签订的协议或共同参加的国际条约，或者按照相互承认优先权原则，可以享有优先权。② 商标在中国政府主办或承认的国际展览会展出的商品上首次使用的，自该商品展出之日起 6 个月内，该商标的注册申请人可以享有优先权。

（2）商标注册申请的方法

1）按规定的商品分类表填报使用的商品类别和商品名称。商品分类表是划分商品或服务类别并进行商标注册管理的重要依据。

2）商标注册申请人在不同类别的商品上申请注册同一商标，应当按商品分类表提出注册申请。

3）注册商标需要在同一类的其他商品上使用的，应当另行提出注册申请。

4）注册商标需要改变其标志的，应当重新提出注册申请。

5）注册商标需要改变注册人的名称、地址或其他注册事项的，应当提出变更申请。

2. 商标注册的审查和核准

商标注册的审核，是指商标主管机关就申请注册的商标是否符合《商标法》的规定所进行的一系列活动。商标注册的审核主要包括形式审查、实质审查和公告核准 3 个阶段。对于有争议的商标，还可能发生复审或者裁定。

（1）形式审查

商标局收到商标注册申请文件后，应当首先进行形式审查。形式审查的内容主要包括：申请手续是否齐备；申请人是否具备申请资格；申请文件是否齐全，填写是否正确；是否按规定缴纳了申请注册费。经过形式审查，凡符合规定的，商标局予以受理，编定申请号，发给申请人受理通知书。

（2）实质审查

商标局对受理的申请，依照《商标法》的规定还要进行实质审查。实质审查的内容主要包括：申请注册的商标是否具有显著特征，便于识别；申请注册的商标是否与已注册在相同或类似商品或服务上的商标相同或近似；申请注册的商标是否违背《商标法》的禁止规定；等等。

（3）公告核准

申请注册的商标，凡符合《商标法》规定的，由商标局初步审定，予以公告。对于 2 个或 2 个以上的申请人，在同一商品或类似商品上以相同的商标或近似的商标申请注册的，初步审定和公告的是最先提出申请的商标。对同一天申请的，初步审定和公告的是使用在先的商标，驳回其他人的申请，不予公告。申请注册的商标，凡不符合法律规定的，由商标局驳回申请，不予公告。

（4）复审或者裁定

对驳回申请、不予公告的商标，商标局应当书面通知商标注册申请人。商标注册申请人不服的，可在收到通知书之日起 15 日内，请求商标局商标评审委员会进行复查审议。商标评审委员会经过复审后做出终局决定并书面通知申请人。申请人理由成立时，即认为初步审定通过并予以公告；申请人理由不成立时，维持原决定。

五、注册商标的续展、转让和使用许可

1. 注册商标的续展

注册商标的续展是指在注册商标有效期届满时，需要继续使用该注册商标的，经过法定手续延长该注册商标专用权的有效期。在我国，注册商标的专用权具有时间性。《商标法》规定，注册商标的有效期为 10 年，自核准注册之日起计算。注册商标有效期满，需要继续使用的，应当在期满前 12 个月内申请续展注册；在此期间未能提出申请的，可以给予 6 个月的宽展期；宽展期满仍未提出申请的，注销其注册商标。

每次续展注册的有效期为 10 年，续展期满后仍可续展。续展注册经核准后，予以公告。

2. 注册商标的转让

转让注册商标的，转让人和受让人应当签订转让协议，并共同向商标局提出申请。转让注册商标的，商标注册人在对其同一种商品上注册近似的商标，或者在类似商品上注册的相同或者近似的商标，应当一并转让。转让注册商标经核准后，予以公告；受让人自公告之日起享有商标专用权。

3. 注册商标的使用许可

注册商标的使用许可是指注册商标的所有人将其注册商标通过签订商标使用许可合同，许可他人使用其注册商标，同时收取一定的许可使用费。许可人应当监督被许可人使用其注册商标的商品质量，被许可人应当保证使用该注册商标的商品质量标准。经许可使用他人注册商标的，使用该注册商标的商品上必须标明被许可人的名称和商品产地。商标使用许可合同应当报商标局备案。商标使用许可未经备案不得对抗善意第三人。

六、商标使用的管理

在使用注册商标的过程中，商标注册人自行改变注册商标、注册人名义、注册人地址或者其他事项的，由地方工商行政管理部门责令限期改正；期满不改正的，由商标局撤销其注册商标。注册商标成为其核定使用的商品的通用名称或者没有正当理由连续 3 年不使用的，任何单位或者个人可以向商标局申请撤销该注册商标。

七、注册商标专用权的保护

注册商标专用权的保护范围，以核准注册的商标和核定使用的商品为限。

凡是侵害他人注册商标专用权的行为，均为商标侵权行为。商标侵权行为具体包括以下几种情况：

1）未经注册商标所有权人的许可，在同一种商品或类似商品上使用与其注册商标相同或相近似的商标的。

2）销售侵犯注册商标专用权商品的。

3）伪造、擅自制造他人注册商标标志，或者销售伪造、擅自制造的注册商标标志的。

4）未经商标注册人同意，更换其注册商标并将该更换商标的商品对外投入市场的。

5）给他人的注册商标专用权造成其他损害的。

凡有以上几种情况发生，并引起纠纷的，由当事人协商解决；当事人不愿协商或协商不成的，商标注册人或利害关系人可以向人民法院起诉，也可以请求工商行政管理部门处理。有关工商行政管理部门处理纠纷时，认定侵权行为成立的，责令立即停止侵权行为，没收、销毁侵权商品和专门用于制造侵权商品、伪造注册商标标志的工具并处以罚款。

小提示

对侵犯注册商标专用权的行为，工商行政管理部门有权依法查处；涉嫌犯罪的，应当及时移送司法机关依法处理。

思考题

1．什么是工业产权？工业产权具有哪些法律特征？

2．专利权的取得条件有哪些？

3．试述专利侵权行为及专利权的保护方法。

4．试述商标侵权行为及其处理方式。

案例分析题

1．日本夏普公司已于2009年1月9日在我国申请微波炉外观设计专利，并于同年4月30日由我国专利局授予专利权。广州微波炉厂于2009年6月向我国专利复审委员会提出宣告该项专利无效的请求。其原因是日本于2007年9月20日出版的刊物中已刊出5幅微波炉外观设计的照片，特别是日本夏普公司的外观设计与松下公司的“鹰”牌和“鹤”牌的外观设计极为相似，因而根据《专利法》的规定，日本夏普公司的微波炉外观设计属于公知范畴。专利复审委员会受理请求人的申请后，于2010年1月将无效宣告请求书的副本和有关文件副本送达日本夏普公司，要求该公司于3个月内陈述意见。日本夏普公司对此未加理会。同年6月4日，专利复审委员会向双方当事人发出无效宣告请求的审查通知书，要求双方在3个月内提交答复意见。日本夏普公司在上述规定的期限内仍未做出答复。

要求：根据法规，回答下列问题：

（1）广州微波炉厂能否对日本夏普公司的微波炉外观设计提出无效宣告申请？

（2）根据案例中的情况，专利复审委员会对此应如何处理？为什么？

2．某市一皮鞋厂A生产一种注册商标为“耐力”的皮鞋，畅销于西欧一些国家和地区。该市皮鞋厂B随后也推出了商标图案与前者极相似但未经注册的“耐力”牌皮鞋，并且质地优于前者，也出口到西欧地区，严重影响了A的出口，使其损失正常应得利润80万美元。于是，A派人与B交涉，要求B立即停止此种行为。B不但不予停止，反而声称这是以质取胜的正当竞争。无奈，A向工商行政管理部门提出申请，要求处理此事。

问：该市工商行政管理部门应依法做出怎样处理？为什么？

3．2011年3月，北京工人甲在业余时间独立完成了一项实用新型产品。同年4月15日，甲将该实用新型产品在我国主办的一次国际发明展览会上展出（系首次）。5月14日，甲向专利局提交了专利申请文件。

在昆明，丙厂技术员乙于 2011 年 4 月 2 日独立完成了工厂交给他的开发同一实用新型产品的任务，并于 5 月 12 日向专利局邮寄了专利申请文件；丙厂认为该专利申请权应属厂方，故于 5 月 13 日向专利局邮寄了专利申请文件。专利局分别于 5 月 19 日、5 月 20 日收到乙、丙的申请文件。

要求：根据法规，回答下列问题：

（1）甲、乙、丙中哪些人有专利申请权？为什么？

（2）专利局对这些申请该如何处理？为什么？

第九章　消费者权益保护法律制度

本章目的和任务

通过本章的学习，学生应掌握消费者的权利、经营者的义务、国家与社会对消费者合法权益保护的内容；理解争议的解决办法和法律责任的确定；了解消费者权益保护法的概念和特点；能够利用本章所学的法律知识解决实践中的具体问题。

本章要点

- 消费者权益保护法的概念、特点及适用对象
- 消费者的权利
- 经营者的义务
- 国家与社会对消费者合法权益的保护
- 争议的解决和法律责任的确定

第一节　消费者权益保护法概述

一、消费者权益保护法的概念及特点

1. 消费者权益保护法的概念

消费者是指为了生活需要而购买、使用商品或接受服务的个体社会成员。

消费者权益保护法是调整国家在保护公民消费权益的过程中所产生的社会关系的法律规范的总称。

知识库

一般情况下，我国所说的消费者权益保护法是指 1993 年 10 月 31 日第八届全国人民代表大会常务委员会第四次会议通过的《消费者权益保护法》。该法于 1994 年 1 月 1 日起施行。

2. 消费者权益保护法的特点

1）《消费者权益保护法》专章规定了消费者的权利，却没有规定相应的义务（当然不等于说消费者没有义务），这表明该法以保护消费者权益为己任，有向消费者利益适当倾斜的特点。

2）《消费者权益保护法》强调经营者与消费者处于平等地位。该法第 4 条特别规定，经营者与消费者进行交易，应当遵守自愿、平等、公平、诚实信用的原则。

3）《消费者权益保护法》列举的消费者权利有 9 项之多，体现出较高的保护水平，即使与一些发达国家相比，也毫不逊色。

4）法律规范的综合性。消费者权益保护问题涉及的范围很广，包括产品质量、商品检验、

价格、广告、安全、卫生和计量等方面，因而法律规范调整的范围涉及国家对经济活动管理的许多方面。

5）法律责任的社会性。保护消费者合法权益是全社会的共同责任。国家鼓励、支持一切组织和个人对损害消费者合法权益的行为实行社会监督。

二、消费者权益保护法的适用对象

消费者权益保护法的适用对象是指该法效力所及的时间、空间和主体的范围。《消费者权益保护法》从其生效到废止这段期间，对于我国主权所及的全部领域都是适用的，这是一般的法理。

此外，《消费者权益保护法》还从主体及其行为的角度规定了该法的适用范围，即消费者为生活消费需要购买、使用商品或接受服务，其权益受该法保护；经营者为消费者提供其生产、销售的商品或服务，应当遵守该法；对于上述具体情况，该法未做规定的，应当适用于其他有关法律、法规的规定。另外，农民购买、使用直接用于农业生产的生产资料，亦应参照该法执行。

三、消费者权益保护法的原则

《消费者权益保护法》的基本原则依不同的标准可以有不同的概括，但一般应包括以下原则：① 尊重和保障人权原则。② 保障社会经济秩序原则。③ 依法进行交易的原则。

《消费者权益保护法》第 3 ~ 6 条分别规定了该法的下列 4 项原则：① 经营者应当依法提供商品或服务的原则。② 经营者与消费者进行交易，应当遵循自愿、平等、公平、诚实信用的原则。③ 国家保护消费者的合法权益不受侵犯的原则。④ 一切组织和个人对损害消费者合法权益的行为进行社会监督的原则。

第二节 消费者的权利

《消费者权益保护法》专门规定了消费者的权利。依据该法的规定，消费者的权利主要包括以下内容。

1. 保障安全权

保障安全权是消费者最基本的权利。它是消费者在购买、使用商品和接受服务时所享有的保障其人身、财产不受损害的权利。由于消费者取得商品和服务的目的是用于生活消费，因此该商品和服务必须绝对安全可靠，经营者必须绝对保证商品和服务的质量不会损害消费者的生命与健康。消费者依法有权要求经营者提供的商品和服务必须符合保障人身、财产安全的要求。

2. 知悉真情权

知悉真情权也称了解权、知情权，即消费者享有知悉其购买使用的商品或接受的服务的真实情况的权利。依据《消费者权益保护法》的规定，消费者有权根据商品或服务的不同情况，要求经营者提供商品的价格、产地、生产者、用途、性能、规格、等级、主要成分、生产日期、有效期限、检验合格证明、使用方法说明书、售后服务，以及服务的内容、规格、费用等有关情况。唯有如此，消费者在与经营者签约时才能做到知己知彼，并表达其真实的意思。

3. 自主选择权

自主选择权是指消费者享有自主选择商品或服务的权利。该权利包括以下几个方面：① 自主选择提供商品或服务的经营者的权利。② 自主选择商品品种或服务方式的权利。③ 自主决定购买或不购买任何一种商品、接受或不接受任何一项服务的权利。④ 自主选择商品或服务时所享有的进行比较、鉴别和挑选的权利。

4. 公平交易权

公平交易权是指消费者在购买商品或接受服务时所享有的获得质量保障、价格合理、计量正确等公平交易条件的权利。为了保障消费者公平交易权的实现，相关部门必须依反垄断法和反不正当竞争法等法律法规对劣质销售、价格不公、计量失度等不公平交易行为加以禁止。此外，消费者还有权拒绝经营者的强制交易行为，这与《消费者权益保护法》的基本原则的要求也是一致的。

5. 依法求偿权

依法求偿权是指消费者在因购买、使用商品或接受服务而受到人身、财产损害时，依法享有的要求并获得赔偿的权利。依法求偿权是弥补消费者所受损害的必不可少的救济性权利。

6. 依法结社权

依法结社权是指消费者享有的依法成立维护自身合法权益的社会团体的权利。政府对合法的消费者团体不应加以限制，并且应在制定有关消费者方面的政策和法律时向消费者团体征求意见，以求更好地保护消费者能够从分散和弱小走向集中和强大，并通过集体的力量改变自己的弱者地位，以与实力雄厚的经营者相抗衡。因此，法律对消费者的依法结社权必须予以保护。

7. 获得相关知识权

获得相关知识权，也称受教育权、获取知识权，它是从知悉真情权中引申出来的一种消费者权利。它指的是消费者所享有的获得有关消费和消费者权益保护方面的知识的权利。

8. 维护尊严权

维护尊严权是指消费者在购买、使用商品或接受服务时所享有的其人格尊严、民族风俗习惯得到尊重的权利。尊重消费者的人格尊严和民族习俗，是社会文明进步的表现，也是尊重和保障人权的重要内容。

9. 监督批评权

依据《消费者权益保护法》的规定，消费者享有对商品、服务及保护消费者权益工作进行监督的权利。此外，消费者有权检举、控告侵害消费者权益的行为和国家机关及其工作人员在保护消费者权益工作中的违法失职行为，有权对保护消费者权益工作提出批评和建议。

上述 9 项消费者权利是《消费者权益保护法》的主要保护对象。为了保障消费者权利的实现，经营者、国家和社会都要履行相应的义务，否则就要承担相应的法律责任。对此，本章将在下面几节中加以介绍。

第三节 经营者的义务

依据《消费者权益保护法》的规定，在保护消费者权益方面，经营者负有下列义务。

1. 依法定或约定履行义务

经营者向消费者提供商品或服务，应当依照《中华人民共和国产品质量法》(以下简称《产品质量法》)和其他有关法律、法规的规定履行义务，即经营者必须依法律规定履行义务。双方有约定的，应按照约定履行义务，但双方的约定不得违法。

2. 听取意见和接受监督

经营者应当听取消费者对其提供的商品或服务的意见，接受消费者的监督。这是与消费者的监督批评权相对应的经营者的义务，对此加以法律规定对于改善消费者的地位是很有裨益的。

3. 保障人身和财产安全

这是与消费者的保障安全权相对应的经营者的义务。经营者应当保证其提供的商品或服务符合保障人身、财产安全的要求。对可能危及人身、财产安全的商品和服务，经营者应当向消费者做出真实的说明和明确的警示，并说明和标明正确使用商品或者接受服务的方法，以及防止危害发生的方法。

经营者发现其提供的商品或服务存在严重缺陷，即使正确使用商品或者接受服务仍然可能对人身财产安全造成危害的，应当立即向有关行政部门报告和告知消费者，并采取防止危害发生的措施。

4. 不做虚假宣传

这是与消费者的知悉真情权相对应的经营者的义务。经营者应当向消费者提供有关商品或服务的真实信息，不得做引人误解的虚假宣传，否则即构成侵犯消费者权益的行为和不正当竞争的行为。

5. 出具相应的凭证和单据

经营者提供商品或服务，应当按照国家有关规定或商业惯例向消费者出具购货凭证或服务单据；消费者索要购货凭证或服务单据的，经营者必须出具。购货凭证或服务单据具有重要的证据价值，对于界定消费者和经营者的权利义务具有重要意义，因此明确经营者出具相应的凭证和单据的义务有利于保护消费者权益。

6. 提供符合要求的商品或服务

在正常使用商品或者提供服务的情况下，经营者应当保证其提供的商品或服务应当具有的质量、性能、用途和有效期限；但消费者在购买该商品或者接受该服务前已经知道其存在瑕疵的除外。

7. 不得从事不公平、不合理的交易

为了保障消费者的公平交易权，法律规定经营者不得以格式合同、通知、声明、店堂告示等方式做出对消费者不公平、不合理的规定，或者减轻、免除其损害消费者合法权益应当承担的民事责任。

8. 不得侵犯消费者的人身权

消费者的人身权是其基本人权。消费者的人身自由、人格尊严不受侵犯。经营者不得对消费者进行侮辱、诽谤，不得搜查消费者的身体及其携带的物品，不得侵犯消费者的人身自由。

第四节　国家与社会对消费者合法权益的保护

一、国家对消费者合法权益的保护

依据《消费者权益保护法》第 4 章的规定，国家对消费者合法权益的保护主要体现在以下几个方面。

1．立法机关的保护

国家在制定有关消费者权益的法律、法规时，应当听取消费者的意见和要求。此外，立法机关在把消费者政策上升为法律时，也应听取消费者的意见和要求。

2．行政机关的保护

各级人民政府应当加强领导，组织、协调、督促有关行政部门做好保护消费者合法权益的工作。各级人民政府应当加强监督，预防危害消费者人身、财产安全行为的发生，及时制止危害消费者人身、财产安全的行为。

知识库

对违法犯罪行为有惩处权力的有关国家机关，应当依照法律、法规的规定，惩处经营者在提供商品和服务中侵害消费者合法权益的违法犯罪行为，以切实保护消费者的合法权益。

3．人民法院的保护

人民法院应当采取措施，方便消费者提起诉讼。对于符合《民事诉讼法》规定的起诉条件的消费者权益争议，人民法院必须受理，并应及时审理，以使消费者权益争议尽快得到解决。

二、社会对消费者合法权益的保护

保护消费者的合法权益是全社会的共同责任，国家鼓励、支持一切组织和个人对损害消费者合法权益的行为进行社会监督。为了更好地保护消费者权益，大众传播媒介尤其应当做好维护消费者合法权益的宣传工作，并对损害消费者合法权益的行为进行有效的舆论监督。消费者协会必须依法履行其职能，各级人民政府对消费者协会履行职能应当予以支持。消费者协会履行下列职能：

1）向消费者提供消费信息和咨询服务。

2）参与有关行政部门对商品和服务的监督、检查。

3）就有关消费者合法权益问题，向有关行政部门反映、查询，并提出建议。

4）受理消费者的投诉，并对投诉事项进行调查、调解。

5）投诉事项涉及商品和服务质量问题的，可以提请鉴定部门鉴定，鉴定部门应当告知鉴定结论。

6）就损害消费者合法权益的行为，支持受损害的消费者提起诉讼。

7）对损害消费者合法权益的行为，通过大众传播媒介予以揭露、批评。

第五节　消费者权益争议的解决和法律责任的确定

一、消费者权益争议的解决

1. 消费者权益争议的解决途径

依据《消费者权益保护法》的规定，消费者和经营者发生消费者权益争议的，可以通过下列途径解决：

1）与经营者协商和解。

2）请求消费者协会调解。

3）向有关行政部门申诉。

4）根据与经营者达成的仲裁协议提请仲裁机构仲裁。

5）向人民法院提起诉讼。

2. 最终承担损害赔偿责任的主体的确定

（1）赔偿责任由生产者、销售者、服务者承担

1）消费者在购买、使用商品时，其合法权益受到损害的，可以向销售者要求赔偿。销售者赔偿后，属于生产者的责任或者属于向销售者提供商品的其他销售者的责任的，销售者有权向生产者或其他销售者追偿。

2）消费者或其他受害人因商品缺陷造成人身、财产损害的，可以向销售者要求赔偿，也可以向生产者要求赔偿。属于生产者的责任的，销售者赔偿后，有权向生产者追偿；属于销售者的责任的，生产者赔偿后，有权向销售者追偿。

3）消费者在接受服务时，其合法权益受到损害的，可以向服务者要求赔偿。

4）消费者在展览会、租赁柜台购买商品或接受服务，其合法权益受到损害的，可以向销售者或服务者要求赔偿；展览会结束或柜台租赁期满后，也可以向展览会的举办者、柜台的出租者要求赔偿。展览会的举办者、柜台的出租者做出赔偿后，有权向销售者或者服务者追偿。

（2）赔偿责任由变更后的企业承担

消费者在购买、使用商品或接受服务时，其合法权益受到损害，因原企业分立、合并的，可以向变更后继受其权利义务的企业要求赔偿。

（3）赔偿责任由营业执照的使用人或持有人承担

使用他人营业执照的违法经营者提供商品或服务，损害消费者合法权益的，消费者可以向其要求赔偿，也可以向营业执照的持有人要求赔偿。

（4）赔偿责任由从事虚假广告行为的经营者和广告的经营者承担

消费者因经营者利用虚假广告提供商品或服务，其合法权益受到损害的，可以向经营者要求赔偿。广告的经营者发布虚假广告的，消费者可以请求行政主管部门予以惩处。广告的经营者不能提供经营者的真实名称、地址的，应当承担赔偿责任。

二、法律责任的确定

1. 民事责任的确定

（1）关于承担民事责任的概括性规定

经营者提供商品或服务有下列情形之一的，除《消费者权益保护法》另有规定的以外，应当按照《产品质量法》和其他有关法律、法规的规定，承担民事责任。

1）商品存在缺陷。

2）商品不具备应当具备的使用性能而在出售时未做说明。

3）商品标准不符合在商品或其包装上注明采用的商品标准。

4）商品质量不符合商品说明、实物样式等方式表示的质量状况。

5）生产国家明令淘汰的商品或销售失效、变质的商品。

6）销售的商品数量不足。

7）服务的内容和费用违反约定。

8）对消费者提出的修理、重做、更换、退货、补足商品数量、退还货款和服务费用或者赔偿损失的要求，故意拖延或无理拒绝。

9）法律、法规规定的其他损害消费者权益的情形。

（2）侵犯人身权的民事责任的专门规定

《消费者权益保护法》对侵犯人身权的民事责任做了专门的规定。其主要内容如下：

1）经营者提供商品或服务，造成消费者或其他受害人人身伤害的，应当支付医疗费、治疗护理费、因误工减少的收入等费用；造成残疾的，还应当支付残疾者生活自助用具费、生活补助费、残疾赔偿金及由其抚养的人所必需的生活费等费用。

2）经营者提供商品或服务，造成消费者或其他受害人死亡的，应当支付丧葬费、死亡赔偿金及由死者生前抚养的人所必需的生活费等费用。

3）经营者侵犯消费者的人格尊严或人身自由的，应当停止侵害、恢复名誉、消除影响、赔礼道歉，并赔偿损失。

（3）侵犯财产权的民事责任的专门规定

《消费者权益保护法》对侵犯财产权的民事责任也做了专门的规定。其主要内容如下：

1）经营者提供商品或服务，造成消费者财产损害的，应当按照消费者的要求，以修理、重做、退货、补足商品数量、退还货款和服务费用，或者赔偿损失等方式承担民事责任。消费者与经营者另有约定的，按照约定履行。

2）对国家规定或经营者与消费者约定包修、包换、包退的商品，经营者应当负责。在保修期内两次修理仍不能正常使用的，经营者应当负责更换或退货。对保修、包换、包退的大件商品，消费者要求经营者修理、更换、退货的，经营者应当承担运输费等合理费用。

3）经营者以邮购方式提供商品的，应当按照约定提供；未按照约定提供的，应当按照消费者的要求履行约定或退回预付款，并应当承担消费者必须支付的合理费用。

4）经营者以预收款方式提供商品或服务的，应当按照约定提供；未按照约定提供的，应当按照消费者的要求履行约定或退回预付款，并应当承担预付款的利息和消费者必须支付的合理费用。

5）依法经有关行政部门认定为不合格的商品，消费者要求退货的，经营者应当负责退货。

6）经营者提供商品或服务有欺诈行为的，应当按照消费者的要求增加赔偿其受到的损失，增加赔偿的金额为消费者购买商品的价款或接受服务的费用的 1 倍。

2. 经济责任与行政责任的确定

《消费者权益保护法》不仅规定了违法经营者的民事责任，而且规定了相应的经济责任和行政责任。依据该法第 50 条的规定，经营者有下列情形之一，若《产品质量法》和其他有关法律、法规对处罚机关和处罚方式有规定的，则依照相关法律、法规的规定执行；若上述法律、法规未做规定，则由工商行政管理部门责令改正，可以根据情节单处或者并处警告、没收违法所得、处以违法所得 1 倍以上 5 倍以下的罚款；没有违法所得的，处以 1 万元以下的罚款；情节严重的，责令停业整顿、吊销营业执照。

1）生产、销售的商品不符合保障人身、财产安全要求。

2）在商品中掺杂、掺假，以假充真，以次充好，或者以不合格商品冒充合格商品。

3）生产国家明令淘汰的商品或销售失效、变质的商品。

4）伪造商品的产地，伪造或冒用他人的厂名、厂址，伪造或冒用认证标志、名优标志等质量标志。

5）销售的商品应当检验、检疫而未检验、检疫，或者伪造检验、检疫结果。

6）对商品或服务做引人误解的虚假宣传。

7）对消费者提出的修理、重做、退货、补足商品数量、退还货款和服务费用，或者赔偿损失的要求，故意拖延或无理拒绝。

8）侵犯消费者人格尊严或人身自由。

9）法律、法规规定的对损害消费者权益应当予以处罚的其他情形。

经营者对上述处罚决定不服的，可以自收到处罚决定之日起 15 日内向上一级机关申请复议；对复议决定不服的，可以自收到复议决定之日起 15 日内向人民法院提起诉讼，也可以直接向人民法院提起诉讼。

3. 刑事责任的确定

依据《消费者权益保护法》的有关规定，追究刑事责任的情形主要包括以下几种：

1）经营者提供商品或服务，造成消费者或其他受害人人身伤害，构成犯罪的，依法追究刑事责任。经营者提供商品或服务，造成消费者或其他受害人死亡，构成犯罪的，依法追究刑事责任。

2）以暴力、威胁等方法阻碍有关行政部门工作人员依法执行职务的，依法追究刑事责任；拒绝、阻碍有关行政部门工作人员依法执行职务，未使用暴力、威胁方法的，由公安机关依照《中华人民共和国治安管理处罚条例》（以下简称《治安管理条例》）的规定进行处罚。

3）国家机关工作人员有玩忽职守或包庇经营者侵害消费者合法权益的行为的，由其所在单位或上级机关给予行政处分；情节严重，构成犯罪的，依法追究刑事责任。

思考题

1. 简述消费者的基本权利。
2. 简述经营者的义务。
3. 简述消费者权益争议的解决途径。

案例分析题

某市消费者孙某在该市百货大楼购买了一台由甲企业生产的电视机。2个月后的一天晚上，孙某一家正在观看电视节目，电视机忽然发生爆炸，导致孙某一家受伤，部分家庭财产受损。事后经检查发现，事故是由于电机结构不合理导致的。

要求：根据以上情况，分析这起事故中谁应承担责任，应承担什么责任。

第十章　竞争法律制度

本章目的和任务

通过本章的学习，学生应掌握反不正当竞争法的基本原则，以及不正当竞争行为、垄断的表现形式；理解反不正当竞争、反不正当竞争法的含义；了解违反反不正当竞争法和反垄断法的法律责任。

本章要点

- 反不正当竞争法律制度
- 反垄断法律制度

第一节　反不正当竞争法律制度

一、反不正当竞争法的概念

不正当竞争是指经营者违反反不正当竞争法的规定，损害其他经营者的合法权益，扰乱社会经济秩序的行为。反不正当竞争法是指调整国家在维护公平竞争、制止不正当竞争行为过程中发生的社会关系的法律规范的总称。

知识库

1993 年 9 月 2 日，第八届全国人民代表大会常务委员会第三次会议通过了《反不正当竞争法》，该法自 1993 年 12 月 1 日起施行。此外，我国商标法、专利法、著作权法、广告法、价格法等法规中也有很多关于反不正当竞争方面的规定。

二、反不正当竞争法的基本原则

1. 自愿、平等、公平原则

自愿即经营者在市场交易中根据自己的意志从事交易活动，不受他人欺诈、胁迫。平等即经营者在市场交易中享受平等的法律地位和权利、义务，平等地受法律的保护。公平即经营者应当合情合理地行使自己的权利，尊重他人利益和社会公共利益。

2. 诚实信用原则

诚实信用原则即经营者在经营中应当坦诚相待、恪守承诺，做出正当并且符合商业道德的行为。

三、不正当竞争行为

根据《反不正当竞争法》的规定，不正当竞争行为的表现形式主要有以下几种。

1. 欺诈性市场交易行为

1）假冒他人的注册商标。这具体包括：① 未经注册商标所有人许可，在同一种商品或类似商品上使用与其注册商标相同或相近似的商标。② 销售明知是假冒注册商标的商品。③ 伪造、擅自制造他人注册商标标识，或者销售伪造、擅自制造的注册商标标志。④ 给他人注册商标专用权造成其他损害。

2）擅自使用知名商品特有的名称、包装、装潢，或者使用与知名商品近似的名称、包装、装潢，造成与他人的知名商品相混淆，使购买者误认为是该知名商品。擅自使用是指未经商品所有权人的许可而自行使用其知名商品的名称、包装、装潢的行为。

3）擅自使用他人的企业名称或姓名，使人误认为是他人的商品。企业名称、地址或经营者的字号、姓名通常与经营者的声誉相连，因此这种行为既侵犯了企业的名称权、他人的姓名权，也影响了被盗用企业的正常销售和服务，属于不正当竞争行为。

4）在商品上伪造或冒用认证标志、名优标志等质量标志，伪造产地，对商品质量做引人误解的虚假表示。认证标志是质量认证机构准许经其认证产品质量合格的企业在产品或包装上使用的质量标志。名优标志是经国际或国内有关机构或社会组织评定为名优产品而发给经营者的一种质量荣誉标志。商品的产地是指商品的制造、加工地或商品生产者的所在地。对商品质量做引人误解的虚假表示，是指经营者在商品上对反映商品质量的各种内容（如品质、制作成分、性能、用途、生产日期、有效期限等）做不真实的或令人误解的标注，使消费者和用户无法或难以了解商品的真实情况，从而发生误认、误购的行为。

2. 限制正常市场竞争行为

1）公用企业或其他依法具有独占地位的经营者，限定他人购买其指定的经营者的商品，以排挤其他经营者的公平竞争。

2）政府及其所属部门滥用行政权力，限定他人购买其指定的经营者的商品，限制其他经营者正当的经营活动，或者限制外地商品进入本地市场及本地商品流向外地市场。

3. 商业贿赂行为

商业贿赂行为，是指经营者采用财物或其他手段对有关人员进行贿赂，以销售或购买商品的行为。商业贿赂行为的表现形式主要体现为“回扣”。所谓回扣，是指经营者为了不正当地获得利益或优惠条件而直接向缔约方或有关方面及其工作人员暗中提供的金钱或有价证券。《反不正当竞争法》规定，在账外暗中给予对方单位或个人回扣的，以行贿论处；对方单位或个人在账外暗中收受回扣的，以受贿论处。

4. 虚假宣传行为

虚假宣传行为，是指经营者利用广告或其他方法，对商品的质量、制作成分、性能、用途、生产者、有效期限、产地等做引人误解的虚假宣传。广告的经营者不得在明知或应知的情况下，代理、设计、制作、发布虚假广告。

5. 侵犯商业秘密的行为

根据《反不正当竞争法》的规定，商业秘密是指不为公众所知悉、能为权利人带来经济利益、具有实用性并经权利人采取保密措施的技术信息和经营信息。侵犯商业秘密，是指经营者不正当获取、披露或使用权利人商业秘密的行为。侵犯商业秘密的行为主要包括以下几种：

1）以盗窃、利诱、胁迫或其他不正当手段获取权利人的商业秘密。

2）披露、使用或允许他人使用以上述手段所获取的权利人的商业秘密。

3）违反约定或违反权利人有关保守商业秘密的要求，披露、使用或允许他人使用其掌握的商业秘密。

此外，第三人明知或应知上述所列违法行为，仍获取、使用或披露他人的商业秘密，视为侵犯商业秘密。

6. 压价排挤竞争对手的行为

压价排挤竞争对手的行为，是指经营者以排挤竞争对手为目的、以低于成本的价格销售商品的行为。

《反不正当竞争法》规定，有下列情况之一的，不属于不正当竞争行为：① 销售鲜活商品。② 处理有效期限即将到期的商品或其他积压的商品。③ 季节性降价。④ 因清偿债务、转产、歇业而降价销售商品。

7. 搭售商品或附加不合理交易条件的行为

搭售商品是指经营者销售商品时违背购买者的意愿而搭售其他商品；附加不合理的交易条件主要是指增加购买者的义务、加重购买者的责任，或者剥夺、限制购买者应有的权利。经营者销售商品时，利用其经济优势，违背购买者的意愿搭售商品或附加其他不合理的条件，违反了自愿、平等、公平等基本原则，侵害了相对人的正当权益，属于不正当竞争行为。

8. 不正当有奖销售行为

有奖销售是经营者常用的促销手段，即经营者在销售商品或提供服务时，以提供金钱、物品或其他条件为奖励，刺激消费者购买商品或接受服务的行为。

不正当有奖销售，是指以欺诈手段进行有奖销售，或者以不正当的巨额抽奖刺激消费者的投机心理来推销商品的行为。

《反不正当竞争法》规定，经营者不得从事下列有奖销售：

1）采用谎称有奖或故意让内定人员中奖的欺骗方式进行有奖销售。

2）利用有奖销售的办法，推销质次价高的商品。

3）抽奖式的有奖销售，最高奖的金额超过 5 000 元。

9. 诋毁商誉行为

商誉包括经营者的商业信誉和商品声誉。诋毁商誉行为，是指经营者利用捏造、散布虚伪事实等不正当手段，损害竞争对手的商业信誉和商品声誉的行为。这类行为的后果是直接侵犯了竞争对手合法权益，并破坏了正常的市场竞争秩序，属于严重违反商业道德的不正当竞争行为。

10. 串通招标、投标行为

1）投标者之间串通投标，抬高标价或压低标价。这种行为损害了招标者的利益，破坏了招投标活动的公正性，属于不正当竞争行为。

2）投标者和招标者之间相互勾结，以排挤竞争对手的公平竞争。这种行为通常表现为投标者采取贿赂等手段收买招标者或知情者，使自己在竞标中处于有利的地位，从而排挤其他投标者。这种行为属于不正当竞争行为。

四、违反反不正当竞争法的法律责任

1. 民事责任

《反不正当竞争法》规定，经营者违反本法规定，给被侵害的经营者造成损害的，应当承担损害赔偿责任。被侵害的经营者的损失难以计算的，赔偿额为侵权人在侵权期间因侵权所获得的利润，并应当承担被侵害的经营者因调查该侵权人侵害其合法权益的不正当竞争行为所支付的合理费用。被侵害的经营者的合法权益受到不正当竞争行为损害的，可以向人民法院提起诉讼。

2. 行政责任

1）经营者假冒他人的注册商标，擅自使用他人的企业名称或姓名，伪造或冒用认证标志、名优标志等质量标志，伪造产地，对商品质量做引人误解的虚假表示的，依照《商标法》《产品质量法》的规定进行处罚。经营者擅自使用知名商品特有的名称、包装、装潢，或者使用与知名商品近似的名称、包装、装潢，造成与他人的知名商品相混淆，使购买者误认为是该知名商品的，监督检查部门（县以上人民政府工商行政管理部门及其他有关部门）应当责令其停止违法行为，没收违法所得，并可以根据情节处以违法所得 1 倍以上 3 倍以下的罚款；情节严重的，可以吊销营业执照。

2）经营者采用财物或其他手段进行贿赂以销售或购买商品，不构成犯罪的，监督检查部门可以根据情节处以 1 万元以上 20 万元以下的罚款，有违法所得的予以没收。

3）公用企业或其他依法具有独占地位的经营者，限定他人购买其指定的经营者的商品，以排挤其他经营者的公平竞争的，省级或设区的市的监督检查部门应当责令其停止违法行为，并可以根据情节处以 5 万元以上 20 万元以下的罚款。被指定的经营者借此销售质次价高的商品或滥收费用的，监督检查部门应当没收其违法所得，并可以根据情节处以违法所得 1 倍以上 3 倍以下的罚款。

4）经营者利用广告或其他方法，对商品做引人误解的虚假宣传的，监督检查部门应当责令其停止违法行为，消除影响，并可以根据情节处以 1 万元以上 20 万元以下的罚款。

5）经营者违反《反不正当竞争法》第 10 条规定，侵犯商业秘密的，监督检查部门应当责令其停止违法行为，并可以根据情节处以 1 万元以上 20 万元以下的罚款。

6）经营者违反《反不正当竞争法》第 13 条规定，进行有奖销售的，监督检查部门应当责令其停止违法行为，并可以根据情节处以 1 万元以上 10 万元以下的罚款。

7）投标者串通投标，抬高标价或压低标价，或者投标者和招标者相互勾结，以排挤竞争对手的公平竞争的，其中标无效，监督检查部门可以根据情节处以 1 万元以上 20 万元以下的罚款。

8）经营者有违反被责令暂停销售，不得转移、隐匿、销毁与不正当竞争行为有关的财物的行为的，监督检查部门可以根据情节处以被销售、转移、隐匿、销毁财物的价款的 1 倍以上 3 倍以下的罚款。

9）政府及其所属部门违反《反不正当竞争法》第 9 条规定，限定他人购买其指定的经营者的商品、限制其他经营者正当的经营活动，或者限制商品在地区之间正常流通的，由上级机关责令其改正；情节严重的，由同级或上级机关对直接责任人员给予行政处分。

3. 刑事责任

不正当竞争行为情节严重，造成重大损失的，应当承担刑事责任。《反不正当竞争法》规定，销售伪劣商品，采用贿赂手段以销售或购买商品，情节严重，构成犯罪的，依法追究刑事责任；监督检查部门工作人员滥用职权、玩忽职守或徇私舞弊，故意包庇犯罪行为人不受追诉，构成犯罪的，依法追究其刑事责任。

第二节　反垄断法律制度

一、反垄断法律制度概述

1. 垄断的概念

垄断是指经营者或其利益代表者，滥用已经具备的市场支配地位，或者通过协议、合并或其他方式谋求或谋求并滥用市场支配地位，借以排除或限制竞争，牟取超额利润，依法应予以规制的行为。简言之，垄断就是指经营者或其利益代表者排除或限制竞争的违法行为。

2. 反垄断法的概念、立法目的及适用范围

反垄断法是调整国家规制垄断过程中所发生的社会关系的法律规范的总称。《中华人民共和国反垄断法》（以下简称《反垄断法》）的立法目的是预防和制止垄断行为，保护市场公平竞争，提高经济运行效率，维护消费者利益和社会公共利益，促进社会主义市场经济健康发展。它是我国确立社会主义市场经济活动基本规则和规范市场经济活动的一部重要法律。《反垄断法》规定，中华人民共和国境内经济活动中的垄断行为，适用本法；中华人民共和国境外的垄断行为，对境内市场竞争产生排除、限制影响的，适用本法；经营者依照有关知识产权的法律、行政法规规定行使知识产权的行为，不适用本法；但是，经营者滥用知识产权，排除、限制竞争的行为，适用本法；农业生产者及农村经济组织在农产品生产、加工、销售、运输、储存等经营活动中实施的联合或协同行为，不适用本法。

知识库

2007年8月30日，第十届全国人民代表大会常务委员会第二十九次会议审议通过了《反垄断法》，该法于2008年8月1日开始施行。

二、垄断行为的种类

《反垄断法》规定的垄断行为包括以下几种。

1. 滥用市场支配地位

市场支配地位，也称市场优势地位，是指经营者在相关市场内具有能够控制商品价格、数量或其他交易条件，或者能够阻碍、影响其他经营者进入相关市场能力的市场地位。《反垄断法》禁止具有市场支配地位的经营者从事下列滥用市场支配地位的行为：① 以不公平的高价销售商品或以不公平的低价购买商品。② 没有正当理由，以低于成本的价格销售商品。③ 没有正当理由，拒绝与交易相对人进行交易。④ 没有正当理由，限定交易相对人只能与其进行交易或者只能与其指定的经营者进行交易。⑤ 没有正当理由搭售商品，或者在交易时附加其他不合理的

交易条件。⑥ 没有正当理由，对条件相同的交易相对人在交易价格等交易条件上实行差别待遇。⑦ 国务院反垄断执法机构认定的其他滥用市场支配地位的行为。

2. 经营者达成垄断协议

（1）垄断协议

垄断协议，是指经营者之间达成或采取的旨在排除或限制竞争的协议、决定或其他协同一致的行为。根据参与垄断协议的经营者之间是否具有竞争关系，一般将垄断协议分为横向垄断协议和纵向垄断协议。横向垄断协议是指具有竞争关系的经营者达成的联合限制竞争行为的协议，如生产相同产品的经营者达成的固定产品价格的协议。纵向垄断协议是指同一产业中处于不同市场环节但具有买卖关系的企业通过共谋达成的联合限制竞争行为的协议，如产品生产商与销售商之间关于限制转售价格的协议。

（2）反垄断法豁免的垄断协议

经营者之间的联合，乃反垄断法之大忌。但是，有些情形下，经营者之间的联合有利于防止竞争过度，有利于技术进步和效率的提高，从而符合社会公共利益，故而可以豁免。可被《反垄断法》豁免的垄断协议类型包括：① 为改进技术、研究开发新产品的。② 为提高产品质量、降低成本、增进效率，统一产品规格、标准或实行专业化分工的。③ 为提高中小经营者经营效率，增强中小经营者竞争力的。④ 为实现节约能源、保护环境、救灾救助等社会公共利益的。⑤ 因经济不景气，为缓解销售量严重下降或生产明显过剩的。⑥ 为保障对外贸易和对外经济合作中的正当利益的。⑦ 法律和国务院规定的其他情形。

3. 经营者集中

（1）经营者集中的概念及形式

经营者集中，是指经营者之间通过合并、取得股份或资产、委托经营或联营，以及人事兼任等方式形成的控制与被控制状态。

经营者集中主要包括以下 3 种形式：① 合并，指 2 个或 2 个以上的经营者按照法律规定的程序结合为一个经营者的法律行为。② 通过取得股权或资产的方式取得对其他经营者的控制权。③ 通过合同等方式取得对其他经营者的控制权或者能够对其他经营者施加决定性影响。

（2）经营者集中的申报标准

经营者集中达到下列标准之一的，应当事先向国务院商务主管部门申报，未申报的不得实施集中：① 参与集中的所有经营者上一会计年度在全球范围内的营业额合计超过 100 亿元人民币，并且其中至少 2 个经营者上一会计年度在中国境内的营业额均超过 4 亿元人民币；② 参与集中的所有经营者上一会计年度在中国境内的营业额合计超过 20 亿元人民币，并且其中至少 2 个经营者上一会计年度在中国境内的营业额均超过 4 亿元人民币。经营者集中未达到上述申报标准，但按照规定程序收集的事实和证据表明该经营者集中具有或可能具有排除、限制竞争效果的，国务院商务主管部门应当依法进行调查。

4. 滥用行政权力排除、限制竞争

滥用行政权力排除、限制竞争，即通常所说的“行政性垄断”，是指行政机关和法律、法规授权的具有管理公共事务职能的组织滥用行政权力，排除、限制竞争的行为。

《反垄断法》禁止的滥用行政权力排除、限制竞争行为包括：① 行政性强制交易，指行政机关和法律、法规授权的具有管理公共事务职能的组织滥用行政权力，限定或变相限定单位或个人经营、购买、使用其指定的经营者提供的商品的行为。② 地区封锁，指行政机关和法律、法规授权的具有管理公共事务职能的组织滥用行政权力，限制外地商品进入本地市场，或者限制本地商品流向外地市场的行为。③ 排斥或限制外地经营者参加本地招标投标，意在减少本地招标投标市场中的竞争，保护本地企业的商业机会。

三、反垄断调查机制

《反垄断法》规定，国务院设立反垄断委员会，负责组织、协调、指导反垄断工作。国务院反垄断执法机构负责反垄断法的行政执法。根据工作需要，国务院反垄断执法机构可以授权省、自治区、直辖市人民政府相应的机构，负责有关反垄断的执法工作。行业协会应当加强行业自律，引导本行业的经营者依法竞争，维护市场竞争秩序。

反垄断执法机构依法对涉嫌垄断行为进行调查。对涉嫌垄断行为，任何单位和个人均有权向反垄断执法机构举报。反垄断执法机构应当为举报人保密。举报采用书面形式并提供相应的事实和证据的，反垄断执法机构应当进行必要的调查。

反垄断执法机构调查涉嫌垄断行为，可以采取下列措施：① 进入被调查的经营者的营业场所或其他有关场所进行检查。② 询问被调查的经营者、利害关系人或其他有关单位和个人，要求其说明有关情况。③ 查阅、复制被调查的经营者、利害关系人或其他有关单位和个人的有关单证、协议、会计账簿、业务函电、电子数据等文件、资料；查封、扣押相关证据。④ 查询经营者的银行账户。

对反垄断执法机构调查的涉嫌垄断行为，被调查的经营者承诺在反垄断执法机构认可的期限内采取具体措施消除该行为后果的，反垄断执法机构可以决定中止调查。中止调查的决定应当载明被调查的经营者所承诺的具体内容。反垄断执法机构决定中止调查的，应当对经营者履行承诺的情况进行监督。经营者履行承诺的，反垄断执法机构可以决定终止调查；有下列情形之一的，反垄断执法机构应当恢复调查：① 经营者未履行承诺。② 做出中止调查决定所依据的事实发生重大变化。③ 中止调查的决定是基于经营者提供的不完整或不真实的信息做出的。

四、违反反垄断法的法律责任

1. 违法经营者的法律责任

（1）垄断协议的法律责任

经营者达成并实施垄断协议的，由反垄断执法机构责令其停止违法行为，没收违法所得，并处上一年度销售额 1%以上 10%以下的罚款；经营者尚未实施所达成的垄断协议的，可处以 50 万元以下的罚款。但是，经营者主动向反垄断执法机构报告达成垄断协议的有关情况并提供重要证据的，反垄断执法机构可以酌情减轻或免除对该经营者的处罚。

（2）滥用市场支配地位的法律责任

经营者滥用市场支配地位的，由反垄断执法机构责令其停止违法行为，没收违法所得，并处上一年度销售额 1%以上 10%以下的罚款。

（3）经营者集中的法律责任

经营者实施集中的，由国务院反垄断执法机构责令其停止实施集中、限期处分股份或资产、限期转让营业以及采取其他必要措施恢复到集中前的状态的行为，并可处以 50 万元以下的罚款。经营者实施经济性垄断行为给他人造成损失的，依法承担民事责任。

2. 行业协会的法律责任

行业协会组织本行业的经营者达成垄断协议的，反垄断执法机构可以对其处 50 万元以下的罚款；情节严重的，社会团体登记管理机关可以依法撤销行业协会登记。

3. 对滥用行政权力的行政主体的处罚

行政机关和公共组织滥用行政权力，实施排除、限制竞争行为的，由上级机关责令其改正；对直接负责的主管人员和其他直接责任人员依法给予处分。反垄断执法机构可以向有关上级机关提出依法处理的建议。法律、行政法规对行政机关和公共组织滥用行政权力实施排除、限制竞争行为的处理另有规定的，依照其规定。

4. 对有关主体违反配合义务行为的处罚

对反垄断执法机构依法实施的审查和调查，拒绝提供有关材料、信息，或者提供虚假材料、信息，或者隐匿、销毁、转移证据，或者有其他拒绝、阻碍调查行为的，由反垄断执法机构责令其改正，对个人可以处 2 万元以下的罚款，对单位可以处 20 万元以下的罚款；情节严重的，对个人处 2 万元以上 10 万元以下的罚款，对单位处 20 万元以上 100 万元以下的罚款；构成犯罪的，依法追究刑事责任。

5. 对反垄断执法机构工作人员的处分

反垄断执法机构工作人员滥用职权、玩忽职守、徇私舞弊或泄露执法过程中知悉的商业秘密，构成犯罪的，依法追究刑事责任；尚不构成犯罪的，依法给予处分。

思考题

1．侵犯商业秘密的不正当竞争行为有哪些？
2．列举不正当有奖销售行为的种类。
3．列举经营者以低于成本的价格销售商品，但不属于低价倾销行为的情形。
4．列举不正当竞争行为的种类。
5．根据《反垄断法》，滥用行政权力排除、限制竞争的行为主要有哪些？
6．根据《反垄断法》，反垄断执法机构调查涉嫌垄断行为，可以采取哪些措施？

案例分析题

1．某市为促进地区经济发展，决定扶持本市针织业发展。为此，该市从苏杭地区聘请专家前来授课，派技术人员到外地学习，并投入大量资金。很快，针织品在该地打开了局面，刺激了该地经济的发展。可是不久，邻市一家针织企业的产品由于花样品种更多且宣传策略得当，迅速占领了该地市场。为此，该市经济主管部门发文全市有关部门，凡需针织品应从本市针织厂购买，并以税务局名义通知邻市针织厂将对其提高税率。

问：该市的行为是否构成不正当竞争？应如何处理？

2．某省甲化工厂生产的“云雀”牌乙腈，曾获原国家劳动和社会保障部（现人力资源和社会保障部）优质产品奖和国家质量监督检验检疫总局银质奖章，在国内外享有较高信誉，产品销路一直很好。乙化工厂也是一家以生产乙腈为主的化工厂，因质量问题一直经营困难。2011 年 2 月，乙化工厂将本厂生产而采用甲化工厂同样包装的乙腈销往外地，牟取利益。甲厂因这些质量不合格的乙腈受到用户的指责，销售量急剧下降。

问：乙化工厂的行为属于哪种不正当竞争行为？应如何认定和处理？

3．某钢材加工厂厂长李某，为争取与本省较大的钢材经销公司甲公司建立贸易关系，销售该厂的产品，私下请甲公司计划科科长钱某到外地免费旅游度假数周，并暗示如果甲公司向该钢材加工厂订货，则可按比例给钱某回扣。这种情况下，钱某代表甲公司与该钢材加工厂订立了买卖合同，并从中私下得到回扣若干，此回扣并未入账。

问：李某的行为是否属于不正当竞争行为？该如何认定和处理？

4．某商厦为招揽顾客，在报纸上刊登广告：凡于 2011 年 2 月至 6 月期间在该商厦购物满 200 元者可获得奖券一张，凭该奖券可在购物当日参加抽奖：一等奖为“香港 7 日游”旅游券一张（若放弃旅游可领取 6 000 元人民币）；二等奖为电冰箱一台；三等奖为 VCD 一台；鼓励奖为自行车一辆；纪念奖若干。此广告登出后引来众多顾客，但顾客所得奖项大多为鼓励奖和纪念奖。后经人举报，一、二、三等奖为商厦内部工作人员所得。

问：该商厦的做法是否违反了反不正当竞争法的规定？若违反应如何处理？

5．1998 年 2 月 21 日，济南 7 大商场以“长虹”彩电售后服务质量不好为由，宣布拒售“长虹”彩电，采取联合行动，同时将各自商场内的“长虹”彩电撤下专柜。而“长虹”方面说，每天有 4 辆流动服务车在市内流动维修，济南消费者协会也证实没有关于“长虹”彩电的投诉。

这些商场联手拒售“长虹”彩电的真实原因是，“长虹”采取现款现货经销制，在销售上实行台阶式返利的方式，而商场方面认为自己实力雄厚、商誉好，希望“长虹”对它们实行不同于一般小经销商的销售方式，允许它们先拿一批货做铺底销售，即先给货、后付款。而“长虹”不愿意对任何商场做政策倾斜，导致了事件的发生。

问：济南 7 大商场的行为是否违法？若违法，那么违反了什么法律？其行为构成什么性质的行为？这些商场的这类行为，应由哪个部门进行监管？

第四篇　宏观调控法

第十一章　票据法律制度

本章目的和任务

通过本章的学习，学生应掌握票据的概念、特征和种类，票据行为成立的要件，票据权利的取得、限制及消灭情形，票据抗辩的情形，票据伪造、变造的责任，汇票、本票、支票的基本法律规定，以及涉外票据的法律适用；了解票据法的概念、特点，以及违反票据法的法律责任。

本章要点

- 票据法的概念、票据行为和票据权利
- 违反票据法的法律责任
- 汇票、本票、支票

第一节　票据法概述

一、票据及票据法的概念

1. 票据的概念和种类

票据是由出票人签发的，由出票人自己或委托他人于到期日或见票时无条件支付一定金额给收款人或持票人的一种有价证券。

票据有广义和狭义之分。广义上的票据包括各种有价证券和凭证，如股票、国库券、企业债券、发票、提单、仓单等；狭义上的票据则是指票据法上的票据。《中华人民共和国票据法》（以下简称《票据法》）的票据包括汇票、本票和支票3种。票据的种类如图11-1所示。

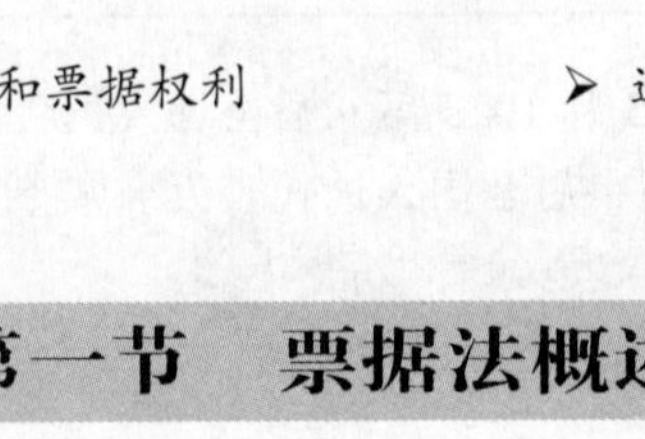

图11-1　票据的种类

2. 票据的法律特征

1）票据是设权证券。票据权利的发生前提是做成票据。票据的签发，不是为了证明已经存在的权利，而是为了创设一种权利。没有票据，也就不会有票据上的权利。

2）票据是要式证券。票据必须具备法定形式才能发生效力。《票据法》对票据上应记载的事项有明确的规定，如果欠缺必须记载事项，票据即归无效。

3）票据是文义证券。票据的一切权利与义务，必须严格依照票据上记载的文义而定，不得以票据以外的任何事由变更其效力。

4）票据是金钱证券。票据是以支付一定金额货币为目的的有价证券；凡以金钱以外的物品为给付标的的，都不是票据法上所称的票据。

5）票据是无因证券。票据的持票人行使票据权利时，不必证明其取得的原因，仅依票据上所载文义就可以请求给付一定金额的货币。

6）票据是流通证券。票据的转让与一般债权的转让不同，票据可以依背书和交付的简单程序进行而不必通知债务人。

7）票据是返还证券。票据债权人受领票据金额后，必须将票据交还债务人，使票据关系消灭。

3. 票据法及其特点

票据法是规定票据制度、调整票据活动产生的各种社会关系的法律规范的总称。

知识库

我国的票据法是于 1995 年 5 月 10 日第八届全国人民代表大会常务委员会第十三次会议通过，并于 2004 年 8 月 28 日第十届全国人民代表大会常务委员会第十一次会议修订的《票据法》。该法自 1996 年 1 月 1 日起施行。

票据法具有下列特点：

1）票据法的规定大都是强制性规定，如规定票据的种类和应记载事项，以及票据行为方式等。

2）票据法中有许多准用性规定，如本票、支票的背书等准用汇票的有关规定。

3）票据法中有许多技术性规定，如出票、背书、承兑、保证方式的规定等。

二、票据法上的关系和票据基础关系

1. 票据法上的关系

票据法上的关系是指因票据行为及与票据行为有关的行为而产生的票据当事人之间的法律关系。票据法上的关系可分为票据法上的票据关系和票据法上的非票据关系。

1）票据法上的票据关系。这是指当事人基于票据行为而产生的票据权利义务关系。其中，票据的持有人（持票人）享有票据权利，对于在票据上签名的票据债务人可以主张行使《票据法》规定的相关权利。票据上签名的票据债务人负担票据责任（票据义务），依自己在票据上的签名、按照票据上记载的文义承担相应的义务。票据关系当事人较复杂，一般包括出票人、持票人、付款人、背书人、保证人等。票据关系在不同的当事人间基于不同的票据行为而不同，如因出票行为而产生出票人与受款人间的关系、受款人与付款人间的关系、因汇票的承兑行为而产生持票人与承兑人间的关系、因背书行为而产生背书人与被背书人间的关系、因保证行为而产生保证人与持票人间的关系及保证人与被保证人及其前手的关系等。在各种票据关系中，出票人、持票人、付款人三者之间的关系是票据的基本关系。

2）票据法上的非票据关系。这是指由《票据法》直接规定的、不基于票据行为而发生的票据当事人之间与票据有关的法律关系。例如，票据的正当权利人对法律规定不得享有票据权利的人行使票据返还请求权而发生的关系、因时效届满或手续欠缺而丧失票据上权利的持票人对出票人或承兑人行使利益偿还请求权而发生的关系、票据付款人付款后请求持票人交还票据而发生的关系等都属于非票据关系。

2. 票据基础关系

票据关系的发生基于票据的授受行为。当事人之间为何而授受票据，则是基于一定的原因或前提的。这种授受票据的原因或前提关系即票据的基础关系。在法理上，票据的基础关系往往都是民法上的法律关系。票据基础关系主要有 3 种：票据原因关系、票据资金关系和票据预约关系。

1）票据原因关系。票据原因关系，是指票据当事人之间因授受票据的理由而发生的票据基础关系，如出票人与收款人之间签发和接受票据的理由等。原因关系只存在于授受票据的直接当事人之间，票据一经转让，其原因关系对票据效力的影响力即被切断。

2）票据资金关系。票据资金关系，是指存在于汇票的发票人和付款人之间、支票的发票人和银行机构之间的票据基础关系。票据资金关系不以金钱为限，债权、信用等也可以构成资金关系。

3）票据预约关系。票据预约关系，是指票据当事人在授受票据之前，就票据的种类、金额、到期日、付款地等事项达成协议而产生的法律关系。它是沟通票据原因和票据行为的桥梁。

票据法上的关系和票据基础关系如图 11-2 所示。

- 关系
  - 票据法上的关系
    - 票据法上的票据关系：基于票据行为产生的票据权利义务关系
    - 票据法上的非票据关系：《票据法》直接规定的，不基于票据行为而发生的关系
  - 票据基础关系：接受票据的原因或前提

图 11-2 票据法上的关系和票据基础关系

三、票据行为

1. 票据行为的概念

票据行为即票据法律行为，有广义和狭义之分。广义的票据行为是指票据关系当事人之间以产生、变更或终止票据关系为目的而进行的法律行为。狭义的票据行为，则仅指以发生票据上的债务为目的的法律行为。

《票据法》规定的狭义票据行为包括汇票、本票和支票 3 种。汇票包括出票、背书、承兑和保证；本票包括出票、背书和保证；支票包括出票和背书。出票是指出票人签发票据并将其交付给收款人的票据行为。它是最基本的票据行为，其他票据行为必须在出票行为的基础上才能进行。背书是指持票人将票据权利转让给他人或者将一定的票据权利授予他人行使的票据行为。持票人依背书连续证明自己的合法持票人身份。承兑是指汇票付款人承诺在汇票到期日支付汇票金额的票据行为。汇票上的付款人一经承兑，就必须承担无条件的、绝对的付款责任。保证是指行为人对特定票据债务人的票据债务承担连带责任的票据行为。《票据法》规定的广义票据行为，还包括更改、涂消、禁止背书、付款、划线（仅限于支票）、见票（仅限于本票）等行为。

2. 票据行为成立的要件

票据行为属于民事法律行为，所以必须符合一般民事法律行为成立的要件。同时，票据行为又是特殊的要式民事法律行为，所以必须具备《票据法》规定的特别要件。

（1）票据行为的实质要件

1）行为人必须具有从事票据行为的能力。从事票据行为的能力即票据能力，包括票据权利能力和票据行为能力。票据权利能力是指行为人可以享有票据上的权利和承担票据上的义务的资格。票据行为能力是指行为人可以通过自己的票据行为取得票据上的权利和承担票据上的义务的资格。

2）票据行为人的意思表示必须合法、真实。《票据法》规定，票据的取得，必须给付对价，即应当给付票据双方当事人认可的相对应的代价。以欺诈、偷盗或者胁迫等手段取得票据的，或者明知有前述情形，出于恶意取得票据的，不得享有票据权利。

3）票据行为的内容必须符合法律、法规的规定。票据行为是一种合法行为，故其内容必须符合法律、法规的规定。凡违背法律规定而进行的行为，将不取得票据行为的法律效力。

（2）票据行为的形式要件

票据行为是一种要式行为，所以必须符合法定形式。票据行为的形式要件包括书面、签章和记载事项。

1）票据行为必须采用书面形式。票据为文义证券，各种票据行为都必须以书面形式做成才能生效。票据当事人应当使用中国人民银行规定的统一格式的票据，未使用按中国人民银行统一规定印制的票据，票据无效。

2）票据签章。票据签章是票据的绝对记载事项。票据上的签章因票据行为不同，签章人也不相同。票据签发时，由出票人签章；票据转让时，由背书人签章；票据承兑时，由承兑人签章；票据保证时，由保证人签章；票据代理时，由代理人签章；持票人行使票据权利时，由持票人签章。票据上的签章，为签名、盖章或者签名加盖章。个人在票据上的签章，应为该个人的签名或者盖章；个人在票据上的签名，应当为该当事人的本名，即符合法律、行政法规及国家有关规定的身份证件上的姓名。法人和其他使用票据的单位在票据上的签章，为该法人或者该单位的盖章加其法定代表人或者其授权的代理人的签章。

3）票据记载事项。票据记载相关事项是票据行为的一项重要内容。票据记载事项一般分为绝对记载事项、相对记载事项、非法定记载事项等。绝对记载事项是指《票据法》明文规定必须记载的事项，若无记载，票据即无效；相对记载事项是指某些应该记载但未记载，则适用法律有关规定而不使票据失效的事项；非法定记载事项是指票据法规定由当事人任意记载的事项。

票据行为成立的要件如图 11-3 所示。

- 有效要件
  - 实质要件
    - 行为人必须具有从事票据行为的能力（具有完全民事行为能力）
    - 行为人的意思表示必须真实或无缺陷
    - 票据行为的内容必须符合法律、法规的规定
  - 票据行为必须符合法定形式

图 11-3　票据行为成立的要件

四、票据权利

1. 票据权利的概念

票据权利是指持票人向票据债务人请求支付票据金额的权利。它包括付款请求权和追索权。付款请求权是指持票人对主债务人所享有的、依票据而请求支付票据所载金额的权利。付款请求权具有主票据权利的性质。追索权，又称偿还请求权，是指付款请求权得不到满足时，向付款人以外的票据债务人要求清偿票据金额及有关费用的权利。

2. 票据权利的取得

（1）票据权利取得的情形

票据权利的取得，也称票据权利的发生。票据权利以持有票据为依据。行为人合法取得票据，即取得了票据权利。当事人取得票据的情形主要有：① 出票取得。出票是创设票据权利的票据行为。从出票人处取得票据，即取得票据权利。② 转让取得。票据通过背书或交付等方式可以转让他人，以此取得票据即获得票据权利。③ 通过税收、继承、赠予、企业合并等方式取得票据。

（2）票据权利取得的限制

1）票据的取得，必须给付对价，即应当给付票据双方当事人认可的相对应的代价。无对价或无相当对价取得票据的，如果属于善意取得，即票据取得人取得票据不存在欺诈、偷盗、胁迫等情形，没有主观恶意，仍然享有票据权利；但票据持有人必须承受其前手的权利瑕疵，即该票据权利不得优于其前手。如果前手的权利因违法或有瑕疵而受影响或丧失，该持票人的权利也因此而受影响或丧失。前手是指在票据签章人或者持票人之前签章的其他票据债务人。

2）因税收、继承、赠予可以依法无偿取得票据的，不受给付对价的限制。但是，票据取得人所享有的票据权利不得优于其前手的权利。

3）因欺诈、偷盗、胁迫、恶意取得票据或因重大过失取得不符合法律规定的票据的，不得享有票据权利。

票据权利取得的效力如图 11-4 所示。

思路
- 善意
  - 给付对价：完全的票据权利
  - 无对价、无相当对价：不得优于前手
- 恶意：不享有票据权利

图 11-4　票据权利取得的效力

3. 票据权利的行使与保全

（1）票据权利的行使

票据权利的行使，是指票据权利人向票据债务人提示票据，请求实现票据权利的行为。例如，请求承兑、提示票据请求付款、行使追索权等都属于行使票据权利的情形。持票人行使票据权利，应当按照法定程序，在票据上签章，并出示票据。

（2）票据权利的保全

票据权利的保全，是指票据权利人为防止票据权利丧失而实施的行为。比如，为防止付款请求权与追索权因时效而丧失所采取中断时效的行为、为防止追索权丧失而请求做成拒绝证明的行为等都属于保全票据权利的情形。

4. 票据权利的消灭

（1）票据权利消灭的概念

票据权利的消灭，是指因发生一定的法律事实而使票据权利不复存在的情形。票据权利消灭之后，票据上的债权债务关系也随之消灭。

（2）票据权利消灭的事由

1）付款。付款人依法足额付款后，全体票据债务人的责任解除。

2）票据时效期间届满。《票据法》规定，票据权利在下列期限内不行使而消灭：① 持票人对票据的出票人和承兑人的权利，自票据到期之日起 2 年。见票即付的汇票、本票，自出票之日起 2 年。② 持票人对支票出票人的权利，自出票之日起 6 个月。③ 持票人对前手的追索权，在被拒绝承兑或者被拒绝付款之日起 6 个月。④ 持票人对前手的再追索权，自清偿日或者被提起诉讼之日起 3 个月。

除此之外，票据权利可因民事债权的消灭事由（如免除、抵销等事由）的出现而消灭。

票据权利的消灭情形如表 11-1 所示。

表 11-1　票据权利的消灭情形

票　据	对　象	起　点	时间
远期商业汇票	出票人、承兑人	到期日	2 年
银行汇票、本票、见票即付的商业汇票	出票人	出票日	2 年
支票	出票人	出票日	6 个月
追索权	前手	被拒绝承兑或被拒绝付款日	6 个月
再追索权	前手	清偿日或被提起诉讼日	3 个月

五、票据抗辩

1. 票据抗辩的概念与分类

票据抗辩，是指票据债务人依照《票据法》的规定，对票据债权人拒绝履行义务的行为。根据抗辩原因及抗辩效力的不同，票据抗辩可分为对物抗辩和对人抗辩两种。

（1）对物抗辩

对物抗辩，是指基于票据本身存在的事由而发生的抗辩。票据债务人可以以物的抗辩对抗一切票据债权人，即可以对任何持票人主张对物抗辩，与票据当事人之间的关系无关。

（2）对人抗辩

对人抗辩，也称相对抗辩或主观抗辩，是指基于人的事由而发生的抗辩。对人抗辩是基于票据债务人和特定票据债权人之间的关系而发生的抗辩，多与票据基础关系有关。票据债务人可以对不履行约定义务的与自己有直接债权债务关系的持票人进行抗辩。票据债务人只能对基础关系中的直接相对人不履行约定义务的行为进行抗辩，该基础关系必须是该票据赖以产生的民事法律关系，而不是其他的民事法律关系；如果该票据已被不履行约定义务的持票人转让给第三人，而该第三人属善意、已对价取得票据的持票人，则票据债务人不能对其进行抗辩。

2. 票据抗辩的限制

《票据法》规定，票据债务人不得以自己与出票人或者与持票人的前手之间的抗辩事由对抗持票人；但是，持票人明知存在抗辩事由而取得票据的除外。

《票据法》对票据抗辩的限制主要体现在以下方面：

1）票据债务人不得以自己与出票人之间的抗辩事由对抗持票人。如果票据债务人（如承兑人、付款人）与出票人之间存在抗辩事由（如出票人与票据债务人存在合同纠纷、出票人存入票据债务人的资金不够等），则该票据债务人不得以此抗辩事由对抗善意持票人。

2）票据债务人不得以自己与持票人的前手之间的抗辩事由对抗持票人。如果票据债务人与持票人的前手（如背书人、保证人等）存在抵销关系，而持票人的前手将票据转让给了持票人，则票据债务人就不能以其与持票人的前手存在抗辩事由而拒绝向持票人付款。

3）凡是善意的、已付对价的正当持票人，均可以向票据上的一切债务人请求付款，不受前手权利瑕疵和前手相互间抗辩的影响。如果持票人不知道其前手取得票据存在欺诈、偷盗、胁迫、重大过失等情形，并已为取得票据支付了相应的代价，那么票据债务人不能以持票人的前手存在权利瑕疵而对抗持票人。

4）持票人取得的票据是无对价或不相当对价的，由于其享有的权利不能优于其前手的权利，故票据债务人可以对抗持票人前手的抗辩事由对抗该持票人。

票据抗辩情形如图 11-5 所示。

- 思路
  - 对物抗辩：可拒付
  - 对人
    - 直接＋不履行约定：可拒付
    - 不履行约定＋非直接相对人
      - 善意
        - 对价：不可拒付
        - 无对价：可拒付
      - 恶意：可拒付

图 11-5　票据抗辩情形

六、票据的伪造和变造

1. 票据的伪造

票据的伪造，是指假冒他人名义或以虚构人的名义而进行的票据行为。票据的改造包括票据的伪造和票据上签章的伪造。前者是指假冒他人或虚构人的名义进行出票的行为，如在空白票据上伪造出票人的签章或者盗盖出票人的印章而进行出票；后者是指假冒他人名义进行出票行为之外的其他票据行为，如伪造背书签章、承兑签章、保证签章等。

票据的伪造行为是一种扰乱社会经济秩序、损害他人利益的行为，在法律上不具有任何票据行为的效力。由于其自始无效，持票人即使善意取得，对被伪造人也不能行使票据权利。对伪造人而言，由于票据上没有以自己的名义所做的签章，因此也不应承担票据责任。但是，伪造人的行为给他人造成损害的，伪造人则必须承担民事责任；构成犯罪的，应承担刑事责任。

2. 票据的变造

票据的变造，是指无权更改票据内容的人，对票据上签章以外的记载事项加以变更的行为。比如，变更票据上的到期日、付款日、付款地、金额等都属于票据的变造行为。构成票据的变造，必须符合以下条件：① 变造的票据是合法成立的有效票据。② 变造的内容是票据上所记载的除签章以外的事项。③ 变造人无权变更票据的内容。

票据的变造应依照签章是在变造之前或之后来承担责任。如果当事人的签章在变造之前，则应按原记载的内容负责；如果当事人的签章在变造之后，则应按变造后的记载内容负责；如果无法辨别是在票据被变造之前或之后签章的，则视同在变造之前签章。实践中，变造人可能签章，也可能不签章，但无论是否签章，都应就行为承担法律责任。变造人的变造行为给他人造成经济损失的，应承担赔偿责任；构成犯罪的，应承担刑事责任。

票据伪造、变造的认定如图 11-6 所示。

- 认定
  - 伪造
    - 票据的伪造
    - 票据上的签章的伪造
  - 变造
    - 属于：改变签章以外的内容
    - 不属于
      - 有变更权限的人变更
      - 在空白票据上经授权补记
      - 变更票据签章

图 11-6　票据伪造、变造的认定

第二节　汇票

一、汇票的概念和种类

汇票是指出票人签发的，委托付款人在见票时或者在指定日期无条件支付确定的金额给收款人或持票人的票据。

汇票分为银行汇票和商业汇票两种。银行汇票是由银行签发的一种汇票；商业汇票是由商品购销活动而产生的，是由企事业单位签发的一种汇票。

二、出票

出票是指出票人签发票据并将其交付给收款人的一种票据行为。汇票的出票人必须与付款人有真实的委托付款关系，并且具有支付汇票金额的可靠资金来源。出票人依据《票据法》规定的要件做成票据并交付后，出票行为即发生票据法上的效力，票据债权债务关系成立。

出票对收款人、付款人、出票人具有不同的法律效力。在出票行为有效成立后，收款人即享有票据上的权利。出票行为的成立虽然并不使付款人承担承兑义务，但其基于出票人的付款委托而具有承兑的地位。付款人对汇票进行承兑后，即成为汇票上的主债务人；出票人则成为票据上的债务人。出票的效力如图 11-7 所示。

- 效力
  - 对出票人的效力：签发汇票后，即承担保证该汇票承兑和付款的责任
  - 对付款人的效力：付款人并不因此而有付款义务，只有承兑后付款人才为主债务人
  - 对收款人的效力：取得票据权利

图 11-7　出票的效力

三、汇票的记载事项

根据《票据法》的规定，汇票的记载事项分为绝对应记载事项和相对应记载事项两种。

1. 绝对应记载事项

汇票的绝对应记载事项包括：① 表明“汇票”的字样。② 无条件支付的委托。③ 确定的金额。④ 付款人名称。⑤ 收款人名称。⑥ 出票日期。⑦ 出票人签章。

银行汇票的出票人，必须是经中国人民银行批准办理银行汇票业务的银行。上述绝对应记载事项缺一，则票据无效。票据金额以中文大写数字和阿拉伯数字同时记载，两者必须一致，不一致时则票据无效。出票人不得签发无对价的汇票用以骗取银行或其他票据当事人的资金。

2. 相对应记载事项

相对应记载的事项也是汇票记载的内容。与绝对应记载事项的区别之处是，相对应记载事项如果在汇票上未被记载，则并不影响汇票本身的效力，效力可依法律规定推定。

汇票的相对应记载事项主要包括：① 付款日期。未记载付款日期的，视为见票即付汇票。② 付款地。未记载付款地的，以付款人的营业场所、住所或经常居住地为付款地。③ 出票地。未记载出票地的，以出票人的营业场所、住所或经常居住地为出票地。

四、背书

背书是指持票人在票据背面或粘单上记载有关事项并签章，将汇票权利让予他人的一种票据行为。《票据法》规定，背书必须做成记名背书的形式。

1. 背书记载的事项

背书应记载的事项有背书人的签章、被背书人的名称和背书的日期。其中，前两项属于绝对应记载事项。背书日期若未记载，则视为在汇票到期日前背书。

2. 禁止背书

禁止背书是指出票人或背书人在票据上记载“不得转让”等类似文句，以禁止票据权利的转让。禁止背书包括出票人的禁止背书和背书人的禁止背书两种。

3. 背书的效力

票据背书的效力主要包括：① 票据权利的转移。背书成立后，汇票上的一切权利均由背书人转移给被背书人。后者成为汇票的债权人，前者则成为票据的债务人。② 票据权利的证明。持票人背书，目的在于证明自己对票据的权利。③ 票据权利的担保。背书人应按照汇票的文义，担保汇票的承兑和付款。汇票不获承兑或不获付款时，背书人对于被背书人及其所有后手均负有偿还票款的义务。

五、承兑

承兑是指汇票付款人承诺在汇票到期日支付汇票金额的票据行为。

1. 汇票的提示承兑

提示承兑是指持票人向付款人出示汇票，并要求付款人承诺付款的行为。根据付款形式的不同，汇票可分为必须提示承兑的汇票、无须提示承兑的汇票及可以提示承兑的汇票 3 种。

1）必须提示承兑的汇票。见票后定期付款的汇票属于必须提示承兑的汇票。

2）无须提示承兑的汇票。见票即付的汇票属于无须提示承兑的汇票。这类汇票有两种：一是汇票上明确记载见票即付的汇票；二是汇票上没有记载付款日期，视为见票即付的汇票，目前主要是指银行汇票。

3）可以提示承兑的汇票。定日付款和出票后定期付款的汇票属于可以提示承兑的汇票。持票人可以在汇票到期日前提示承兑，也可以不提示承兑而于到期日直接请求付款。但《票据法》

规定，除见票即付的汇票外，其他汇票都必须提示承兑。

2. 承兑记载的事项和记载的方法

1）承兑记载的事项。承兑记载的事项包括 3 项，即承兑文句、承兑日期、承兑人签章。承兑文句、承兑人签章是绝对应记载事项；承兑日期属于相对应记载事项，但见票后定期付款的汇票则必须记载日期。

2）承兑记载的方法。付款人对汇票进行承兑时，必须记载在汇票的正面。在汇票背面或粘单上所做的承兑，不发生《票据法》上规定的效力。

3. 承兑的效力

承兑的效力在于确定汇票付款人的付款责任。承兑人于汇票到期日必须向持票人无条件地支付汇票上的金额；承兑人在到期日拒绝付款的，必须向持票人承担迟延责任，即支付迟延付款的利息及其他有关费用。

六、保证

保证是票据债务人以外的第三人为担保票据债务的履行所做的一种附属票据行为。

1. 保证的记载事项与记载方法

保证应记载事项分为绝对应记载事项与相对应记载事项两种。绝对应记载事项主要有表明“保证”的字样和保证人签章。相对应记载事项主要有保证人的名称和地址、被保证人的名称、保证日期。保证人的记载方法是记载在汇票上或其粘单上。

2. 保证人的责任和权利

1）保证人的责任。票据保证既是债的一种担保方式，同时又是一种票据行为。这种特殊性决定了票据保证人的票据责任从属于被保证人的债务，与被保证人负有同一责任，同时不随被保证人的债务因实质原因无效而无效；只有当被保证人的债务因欠缺票据形式要件而无效时，保证人的债务才归于无效，保证人的票据责任因此而被免除。保证人为 2 人以上的，保证人之间承担连带责任。

2）保证人清偿汇票债务后的权利。保证人向持票人清偿债务后，取得票据而成为持票人，享有票据上的权利，有权对被保证人及其前手行使追索权。

七、付款

付款是汇票的承兑人（付款人）向持票人支付汇票金额，以消灭票据权利义务的行为。付款不属于票据行为。

1. 付款的提示

付款的提示是指持票人向承兑人现实地出示票据，请求其付款的行为。付款的提示是票据权利的保全和行使。如果持票人不按照法定期限提示付款，则其将丧失对其前手的追索权；但经做出说明后，承兑人或付款人仍应对持票人承担付款责任。持票人应当按下列期限提示付款：① 见票即付的汇票，自出票之日起 1 个月内向付款人提示付款。② 定日付款、出票后定期付款或见票后定期付款的汇票，自到期之日起 10 日内向承兑人提示付款。付款的提示情形如表 11-2 所示。

表 11-2　付款的提示情形

商业汇票	远期票据	到期日起 10 日内
	见票即付	出票日起 1 个月
银行汇票		
银行本票		出票日起 2 个月
支票		出票日起 10 日内

2. 付款的责任

受托银行只要依法将汇票金额划入持票人账户或从付款人账户支付，即如约履行了义务，而对于汇票当事人之间的纠纷或其他原因造成的损失，受托银行不承担任何责任。

付款人或代理付款人在付款时必须承担审查义务。审查包括两个方面：一是审查提示付款人的合法身份证明或者有效证件；二是审查汇票上诸项背书是否连续。付款人或代理付款人付款时，因恶意或重大过失行为给当事人造成损失的，应当自行承担责任。

提示承兑、提示付款、票据权利消灭期限对比如表 11-3 所示。

表 11-3　提示承兑、提示付款、票据权利消灭期限对比表

		提示承兑期限	提示付款期限	对出票人的消灭时效
银行汇票		无须提示承兑	出票日起 1 个月	出票日起 2 年
商业汇票	见票即付	无须提示承兑	出票日起 1 个月	出票日起 2 年
	定日付款、出票后定期付款	到期日前	到期日起 10 日内	到期日起 2 年
	见票后定期付款	出票日起 1 个月		
银行本票		无须提示承兑	出票日起 2 个月内	出票日起 2 年
支票		无须提示承兑	出票日起 10 日内	出票日起 6 个月

八、追索权

追索权是指持票人在票据到期不获付款，或期前不获承兑，或有其他法定原因，并在实施行使或保全票据上的权利的行为后，可向其前手请求偿还票据金额、利息及其他法定款项的一种票据权利。这是《票据法》为保障持票人的权利而设立的独特制度。

1. 追索权的当事人

追索权的当事人包括追索权人和偿还义务人。追索权人包括最后的持票人和已为清偿义务的票据债务人；偿还义务人包括出票人、背书人、承兑人和保证人。

2. 追索权的行使

（1）行使追索权的原因

汇票到期日前，有下列情况之一的，持票人可以行使追索权：① 汇票到期被拒绝付款。② 汇票被拒绝承兑。③ 承兑人或付款人死亡、逃匿。④ 承兑人或付款人被依法宣告破产，或者因违法被责令终止业务活动。

（2）行使追索权的程序

1）取得拒绝证明、退票理由书或其他合法证明。拒绝证明是由国家授权的机关制作的，用以证明持票人已依法行使票据权利而被拒绝，或者无法行使票据权利的一种公证书。持票人提

示付款被拒绝的，承兑人或付款人必须出具拒绝证明，或者出具退票理由书，否则应承担由此产生的民事责任。

2）发出追索通知。这是指持票人为向其前手行使追索权而事先将票据不获承兑或不获付款的事实情况告知其前手的行为。

持票人应当自收到被拒绝承兑或者被拒绝付款的有关证明之日起 3 日内，将被拒绝事由书面通知其前手；其前手应当自收到通知之日起 3 日内书面通知其再前手。持票人也可以同时向各汇票债务人发出书面通知。在规定的期限内，将通知按照法定地址或者约定的地址邮寄的，视为已经发出通知。

未按照规定期限通知其前手的持票人仍可以行使追索权。因延期通知给其前手或者出票人造成损失的，由没有按照规定期限通知的汇票当事人承担该损失的赔偿责任，但所赔偿的金额以汇票金额为限。

3. 追索金额

追索金额是指持票人或其他追索权人向偿还义务人行使追索权，请求其支付的金额。追索金额包括：① 被拒绝付款的汇票金额。② 汇票金额从到期日或提示付款日起至清偿日止，按照中国人民银行规定的利率计算的利息。③ 取得有关拒绝证明和发出通知书的费用。

被追索人按照上述要求清偿后，可以向其他汇票债务人行使再追索权，请求其他汇票债务人支付下列金额和费用：① 已清偿的全部金额。② 汇票金额自清偿日起至再追索清偿日止，按照中国人民银行规定的利率计算的利息。③ 发出通知书的费用。行使再追索权的被追索人获得清偿时，应当交出汇票和有关拒绝证明，并出具所收到利息和费用的收据。

4. 追索权的效力和限制

1）对被追索人的效力。汇票的出票人、背书人、承兑人和保证人对持票人承担连带责任；被追索人清偿债务后，与持票人享有同一权利。

2）对追索人的效力。持票人可以不按照汇票债务人的先后顺序，对其中任何 1 人、数人或全体行使追索权；持票人对汇票债务人中的 1 人或数人已经开始进行追索的，对其他汇票债务人仍可以行使追索权。

3）追索权的限制。持票人为出票人的，对其前手无追索权；持票人为背书人的，对其后手无追索权。

第三节　本票

一、本票的概念

根据《票据法》的规定，本票即银行本票，是指出票人签发的，承诺自己在见票时无条件支付确定的金额给收款人或持票人的票据。银行本票限于见票即付票据。银行本票分为定额银行本票和不定额银行本票。

二、本票的记载事项

本票绝对应记载事项包括：① 表明“本票”的字样。② 无条件支付的承诺。③ 确定的金额。④ 收款人名称。⑤ 出票日期。⑥ 出票人签章。本票上未记载此 6 项规定事项之一的，本票无效。

本票相对应记载事项包括：① 付款地。本票上未记载付款地的，以出票人的营业场所为付款地。② 出票地。本票上未记载出票地的，以出票人的营业场所为出票地。

三、本票的付款

按照《票据法》的规定，本票自出票之日起，付款期限最长不得超过 2 个月，并保证支付。本票的出票人在持票人提示见票时，必须承担付款的责任。持票人未按规定期限提示见票的，丧失对出票人以外的前手的追索权。

本票的背书、保证、付款行为和追索权的行使，除本票的规定外，适用有关汇票的规定。

第四节　支票

一、支票的概念和种类

支票是由出票人签发的，委托办理支票存款业务的银行或其他金融机构在见票时，无条件支付确定的金额给收款人或持票人的票据。支票按照支付票款的方式可以分为普通支票、现金支票和转账支票 3 种。

普通支票既可以转账，也可以支取现金。用于转账的，可在普通支票左上角加划两条平行线，亦称划线支票；未划线的普通支票，可用于支取现金。

现金支票专门用于支取现金。这种支票在印制时已在支票的上端印明“现金”字样。

转账支票专门用于转账，不得用于支取现金。这种支票在印制时已在支票的上端印明“转账”字样。

二、支票的记载事项

支票的绝对应记载事项包括：① 表明“支票”的字样。② 无条件支付的委托。③ 确定的金额；④ 付款人名称。⑤ 出票日期。⑥ 出票人签章。支票上未记载此 6 项规定事项之一的，支票无效。

支票的相对应记载事项包括：① 付款地。未记载付款地的，以付款人营业场所、住所或经常居住地为付款地。② 出票地。未记载出票地的，以出票人的营业场所、住所或经常居住地为出票地。

三、禁止签发的支票

1）空头支票。《票据法》规定，禁止签发空头支票。出票人签发的支票金额超过其付款时在付款人处实有的存款金额的，为空头支票。

2）与预留签章不符的支票。支票的出票人不得签发与其预留本名的签名式样或印签不符的支票。

支票的金额、收款人名称可以由出票人授权补记。未补记前，支票不得背书转让和提示付款。签发空头支票或印章与预留印签不符的支票，按票面的金额对其处以 5%但不低于 1 000 元的罚款；同时处以票面金额 2%的赔偿金，赔偿收款人。

四、支票的付款

出票人必须按照签发的支票金额承担保证向该持票人付款的责任。出票人在付款人处的存款足以支付支票金额时，付款人应当在当日足额付款。支票限于见票即付，不得另行记载付款日期；另行记载付款日期的，该记载无效。持票人应当自出票之日起 10 日内提示付款，超过提示付款期限的，付款人可以不予付款；付款人不予付款的，出票人仍应当对持票人承担票据责任。

汇票、本票、支票的基本规定比较如表 11-4 所示。

表 11-4　汇票、本票、支票的基本规定比较

票据种类 主要区别	汇　　票	本　　票	支　　票
概念	（略）	（略）	（略）
分类	银行汇票、商业汇票	银行本票	普通支票、现金支票、转账支票
出票记载事项 • 绝对记载事项 • 相对记载事项	 7 个（略） 3 个（略）	 6 个（略） 2 个（略）	 6 个（略） 2 个（略）
背书记载事项 • 绝对记载事项 • 相对记载事项	 2 个（略） 1 个（略）	与汇票相同	与汇票相同
承兑	• 必须提示承兑 • 见票即付	见票即付	见票即付

五、涉外票据的法律适用

1. 涉外票据的概念

涉外票据是指在出票、背书、承兑、保证、付款等行为中，既有发生在中国境内又有发生在中国境外的票据。

2. 涉外票据的法律适用

对于涉外票据，首先适用我国缔结或参加的国际条约，但我国声明保留的条款除外；其次适用我国有关法律、法规；若以上两者都没有规定，则可以适用国际惯例。我国法律具体规定涉外票据的法律适用情况如下：

1）适用出票地法律。例如，汇票、本票、支票出票时的记载事项，以及票据追索权的行使期限等，适用出票地法律。

2）适用行为地法律。例如，票据债务人的民事行为能力一般适用其本国法，但如果依其本国法为无民事行为能力或限制民事行为能力而依行为地法律为完全民事行为能力的，则适用行为地法律。另外，票据的背书、承兑、付款和保证行为也适用行为地法。

3）适用付款地法律。例如，票据的提示期限、有关拒绝证明的方式、出具拒绝证明的期限、票据丧失时失票人请求保全票据权利的程序等适用于付款地法律；支票出票时的记载事项经当事人协议，也可适用付款地法律。

第五节　违反票据法的法律责任

一、票据欺诈行为的法律责任

《票据法》规定，有下列票据欺诈行为之一的，依法追究刑事责任；情节轻微，不构成犯罪的，依照国家有关规定给予行政处罚：① 伪造、变造票据的。② 故意使用伪造、变造的票据的。③ 签发空头支票或者故意签发与其预留的本人签名式样或印签不符的支票，以骗取财物的。④ 签发无可靠资金来源的汇票、本票，以骗取资金的。⑤ 汇票、本票的出票人在出票时做虚假记载，以骗取财物的。⑥ 冒用他人的票据，或者故意使用过期或作废的票据，以骗取财物的。⑦ 付款人同出票人、持票人恶意串通，实施前6项所列行为之一的。

二、票据付款人违法行为的法律责任

票据付款人的违法行为主要表现为故意压票和拖延支付。

票据付款人包括银行汇票和银行本票的出票银行、银行承兑汇票的承兑银行、商业承兑汇票的承兑人、支票的付款银行等。由于我国对银行汇票、银行承兑汇票、银行本票的付款的现行规定是由代理付款银行进行的，因此故意压票、拖延支付所承担的责任也适用于代理付款银行。

对票据付款人故意压票、拖延支付的行为，应由金融行政管理部门处以罚款，对直接责任人给予处分。目前，中国人民银行已经对付款人故意压票、拖延支付应给予的行政处罚做出规定，主要有罚款、警告、通报批评、停止使用或办理有关票据结算、对责任人给予行政处罚等。

关于罚款的规定如下：付款人故意压票、拖延支付的，按票据金额每天处以万分之七的罚款；商业承兑汇票人拖延支付的，对其按票据金额处以5%但不低于1 000元的罚款。

关于对直接责任人处分的规定如下：处以按本人月基本工资额20%～80%的罚款，给予警告、记过、撤职处分，直至开除公职。

票据付款人故意压票、拖延支付给持票人造成损失的，应依法承担赔偿责任。按照中国人民银行的现行规定，票据付款人故意压票、拖延支付，影响持票人资金使用的，每天按延压票据金额的万分之五向持票人计付赔偿金。

三、金融机构工作人员的法律责任

金融机构工作人员在票据业务中玩忽职守，对违反《票据法》规定的票据予以承兑、付款或者保证的，给予处分；造成重大损失，构成犯罪的，依法追究刑事责任。因上述行为给当事人造成损失的，由金融机构和直接责任人员依法承担赔偿责任。

思考题

1．简述票据的概念及特征。
2．试比较汇票、本票、支票的绝对应记载事项。
3．什么是票据行为？票据行为的成立需具备哪些条件？
4．简述票据权利的取得、限制及消灭的情形。
5．试述票据抗辩的限制。
6．什么是票据的伪造和变造？其责任如何承担？
7．票据追索权的金额如何确定？行使票据追索权的原因有哪些？

案例分析题

A、B两家公司于2011年3月20日签订了买卖合同。根据合同约定，B公司于3月25日发出价值100万元的货物，A公司将一张出票日期为4月1日、金额为100万元、出票后3个月付款的银行承兑汇票交给B公司。4月20日，B公司向承兑人甲银行提示承兑，承兑日期为4月20日。B公司在与C公司的买卖合同中将该汇票背书转让给C公司，但B公司在汇票的背面记载“不得转让”字样。5月20日，C公司在与D公司的买卖合同中，将其背书给D公司。7月5日，持票人D公司向甲银行提示付款时，甲银行以A公司未能足额交存票款为由，拒绝付款，并于当日签发拒绝证明。7月15日，D公司向A公司、B公司、C公司发出追索通知。C公司以D公司未在法定期限内发出追索通知为由，拒绝承担担保责任；B公司以自己在汇票上曾记载“不得转让”为由，拒绝承担担保责任。

要求：分析案例并回答下列问题：

（1）B公司于4月20日向甲银行提示承兑时，承兑的绝对应记载事项包括哪些？

（2）D公司于7月5日向甲银行提示付款的时间是否符合法律规定？请说明理由。如果持票人未在法定期限内提示付款，其法律后果是什么？

（3）甲银行拒绝付款的理由是否成立？请说明理由。

（4）C公司拒绝承担担保责任的主张是否成立？请说明理由。

（5）B公司拒绝承担担保责任的主张是否成立？请说明理由。

第十二章　证券法律制度

本章目的和任务

通过本章的学习，学生应掌握证券发行与交易的一般原则，以及证券发行、交易、上市公司收购的基本规定；理解违反证券法的法律责任；了解证券法律制度的概念及证券交易所、证券公司的有关内容；能够运用所学法律知识解决证券发行与交易中的实际问题。

本章要点

- 证券及证券法的概念
- 证券发行制度
- 证券交易制度
- 上市公司的收购制度
- 证券机构
- 违反证券法的法律责任

第一节　证券法概述

一、证券及证券法的概念

1. 证券的概念和种类

证券是以证明或设定权利为目的而制成的一种书面凭证。法律意义上的证券，是指各类记载并代表一定权利的法律凭证，用以证明持有人有权依其所持凭证记载的内容而取得相应的权益。证券的概念有广义和狭义之分。广义的证券是指以证明或者设定权利为目的而制成的凭证，一般包括财物证券、货币证券、资本证券、证据证券、资格证券。财物证券是指证明持有人享有一定数量财物请求权的证券（如货运单、提单等）；货币证券是指证明持有人享有一定数额货币请求权的证券（如支票、汇票、本票等）；资本证券是指证明持有人资本的所有权与收益权的证券（如股票、公司债券、证券投资基金份额等）。狭义的证券仅指资本证券。我国证券法规定的证券为股票、公司债券和国务院依法认定的其他证券。根据国务院有关规定，其他证券主要是指证券投资基金和证券衍生品种等。本章所指的证券仅指《中华人民共和国证券法》认可的证券（以下简称证券法上的证券）。

与其他证券相比，证券法上的证券具有以下特征：

1）是一种投资凭证。它是证明投资者投资和投资权利的载体，投资者依据它可以享有其代表的一切权利，如分红权、还本付息权、参与股东大会权等。

2）是一种权益凭证。它是投资者获得相应收益的凭据，如股息分红、债息收入、基金分红、获得送股分红等。它又具有相应的投资风险，投资的证券不同，风险亦有区别。

3）是一种可转让的权利凭证。证券持有人可以随时依法转让所持有的证券，实现其自身利益。证券法上的证券的流通性是其本质特征。

4）是一种要式凭证。它必须依法设置，依照法律或行政法规规定的形式、内容、格式与程序制作、签发。随着电子信息技术的采用，证券的载体往往采用电子信息或簿记方式，但是其要求的代码、密码等依然是其要式性的体现。

2. 证券市场

证券市场是指证券发行与交易的场所。证券市场分为发行市场和流通市场。发行市场又称一级市场，是发行新证券的市场。证券发行人通过证券发行市场将已获准公开发行的证券第一次销售给投资者，以获取资金。证券流通市场又称二级市场，是对已发行的证券进行买卖、转让交易的场所。投资者在一级市场取得的证券可以在二级市场进行交易。

证券市场的主体包括证券发行人、投资者、中介机构、交易所，以及自律性组织和监管机构等。发行人是发行证券的单位，一般为企业、金融机构和政府部门。投资者是证券的购买者，也是资金的供给者。投资者分为个人投资者和机构投资者。个人投资者可以依法直接参与证券买卖，也可以通过证券经纪人买卖证券；机构投资者是指有资格进行证券投资的法人单位。证券中介机构主要是指证券经营机构、资产评估机构、会计师事务所、律师事务所等。交易所是进行证券交易的场所，包括场内交易和场外交易两种。自律性组织包括证券交易所、证券业协会等，其主要作用是在本所或本行业内实行自我监管。证券监管机构是代表政府对证券市场进行监督管理的机构，在我国为中国证券监督管理委员会及其派出机构。证券市场的经营对象包括证券及其衍生产品，如股票期货、股票期权、认股权证、债券期货、债券期权等。

3. 证券法的概念及调整对象

证券法是调整证券发行、交易和证券监管过程中发生的经济关系的法律规范的总称。

知识库

1998 年 12 月 29 日，第九届全国人民代表大会常务委员会第六次会议通过了《中华人民共和国证券法》(以下简称《证券法》)，该法自 1999 年 7 月 1 日起施行同。它标志着我国证券业已步入法制化轨道。2004 年 8 月 28 日，根据第十届全国人民代表大会常务委员会第十一次会议《关于修改〈中华人民共和国证券法〉的决定》，对《证券法》做了个别条款的修正。2005 年 10 月 27 日，第十届全国人民代表大会常务委员会第十八次会议对《证券法》做了大幅修订后重新颁布，自 2006 年 1 月 1 日起施行。

对于证券法的调整对象应从两个方面理解：一是证券种类。股票、公司债券和国务院依法认定的其他证券归属证券法调整，证券期货、期权等衍生品种和政府债券不属于证券法的调整范围；二是证券行为类型。证券法既调整证券的发行，也调整证券的交易。也就是说，证券法既调整发行市场也调整交易市场。

二、证券活动与证券管理原则

根据《证券法》的规定，证券活动与证券管理中应坚持如下原则。

1. 公开、公平、公正原则

公开、公平、公正原则又称“三公原则”，是维护投资者合法权益、保障证券市场健康发展的基本原则。它要求实现证券市场信息的公开化；要求证券发行、交易活动中的所有参与者都有平等的法律地位，各自的合法权益都能够得到公平的保护；要求证券监督管理部门在公开、公平的基础上，对一切被监管对象给予公正待遇。

2. 自愿、有偿、诚实信用原则

证券发行、交易活动的当事人具有平等的法律地位，应当遵守自愿、有偿、诚实信用原则。自愿，是指当事人按照自己的意愿参与证券发行和交易活动，依法行使自己的民事权利，任何人不得干涉，但必须以遵守国家法律、法规及不损害国家、集体和其他公民的合法权益为前提。有偿，是指从事证券活动的民事法律关系的主体在从事民事活动中应按照价值规律的要求进行等价交换，除法律另有规定或合同另有约定者外，取得他人的财产利益或获得他人的服务必须向对方支付相应的价款或酬金。诚实信用，即不欺不骗、遵守诺言、实践成约，以取得别人的信任，这是商业道德法律化的具体体现。

3. 政府统一监管与行业自律原则

《证券法》规定，国务院证券监督管理机构依法对全国证券市场实行集中统一监督管理。在国家对证券发行、交易活动实行集中统一监督管理的前提下，依法设立证券业协会，实行自律性管理。

4. 证券业与其他金融业分业经营、分业管理原则

《证券法》规定，证券业和银行业、信托业、保险业分业经营、分业管理；证券公司与银行、信托、保险业务机构分别设立。

5. 国家审计监督原则

根据《证券法》和《中华人民共和国审计法》的规定，国家审计机关对证券交易所、证券公司、证券登记结算机构、证券监督管理机构依法进行审计监督。这有利于保护投资者的利益，促进证券业的健康发展。

第二节　证券发行制度

一、证券发行的一般规定

《证券法》规定："公开发行证券，必须符合法律、行政法规规定的条件，并依法报经国务院证券监督管理机构或者国务院授权的部门核准；未经依法核准，任何单位和个人不得公开发行证券。"

《证券法》规定，有下列情形之一的，为公开发行证券：

1）向不特定对象发行证券。

2）向累计超过 200 人的特定对象发行证券。

3）法律、行政法规规定的其他发行行为。

非公开发行证券，不得采用广告、公开劝诱和变相公开方式。

发行人申请公开发行股票或可转换为股票的公司债权，依法采取承销方式的，或者公开发行法律、行政法规规定实行保荐制度的其他证券的，应当聘请具有保荐资格的机构担任保荐人。保荐人应当遵守业务规则和行业规范，诚实守信，勤勉尽责，对发行人的申请文件和信息披露资料进行审慎审核，督导发行人规范运作。

小提示

《证券法》主要对股票、公司债券的发行做出了规定。

二、股票的发行

1. 股票的概念和特征

股票是股份有限公司签发的证明股东所持股份的凭证。它具有如下特征：

1）股票是有价证券，代表持有者（股东）对股份公司的股权。

2）股票是要式证券，其制作和记载事项必须依法进行。随着电子计算机的采用，股票的发行与交易已逐渐实现无纸化模式。

3）股票是无偿还期的证券。

4）股票是一种高风险金融工具。

2. 首次公开发行股票的条件

设立股份有限公司公开发行股票（以下简称“首次公开发行股票”），应当符合《证券法》、《公司法》规定的发行条件和经国务院批准的国务院证券监督管理机构规定的其他发行条件，包括中国证监会《首次公开发行股票并上市管理办法》(2006）规定的发行条件。这些条件包括：

1）发行人应当是依法设立且合法存续的股份有限公司。该股份有限公司自成立后，持续经营时间应在 3 年以上。经国务院批准，有限责任公司在依法变更为股份有限公司时，可以采取募集设立方式公开发行股票。

2）发行人应当具有完整的业务体系和直接面向市场独立经营的能力。发行人的资产完整、人员独立、财务独立、机构独立、业务独立，而且在独立性方面不得有其他严重缺陷。

3）发行人已经依法建立健全股东大会、董事会、监事会、独立董事、董事会秘书制度，相关机构和人员能够依法履行职责。

4）发行人资产质量良好，资产负债结构合理，盈利能力较强，现金流量正常。

5）募集资金应当有明确的使用方向，原则上应当用于主营业务。

3. 上市公司公开发行新股的条件

上市公司公开发行新股，应当符合《证券法》《公司法》规定的发行条件和经国务院批准的国务院证券监督管理机构规定的其他发行条件，包括中国证监会《上市公司证券发行管理办法》规定的发行条件。

1)《证券法》规定的上市公司公开发行新股的条件。这包括：① 具备健全且运行良好的组织机构。② 具有持续盈利能力，财务状况良好。③ 最近 3 年财政会计文件无虚假记载，无其他重大违法行为。④ 经国务院批准的国务院证券监督管理机构规定的其他条件。上市公司非公开发行新股，应当符合经国务院批准的国务院证券监督管理机构规定的条件，并报国务院证券监督管理机构核准。

2）上市公司配股的条件。向原股东配售股份（简称“配股”)，除符合上述公开发行证券的条件外，还应当符合下列条件：① 拟配售股份数量不超过本次配售股份前股本总额的 30%。② 控股股东应当在股东大会召开前公开承诺认配股份的数量。③ 采用《证券法》规定的代销方式发行。控股股东不履行认配股份的承诺，或者代销期限届满，原股东认购股票的数量未达到拟配售数量 70%的，发行人应当按照发行价并加算银行同期存款利息返还已经认购的股东。

3）上市公司增发的条件。向不特定对象公开募集股份（简称“增发”），除符合上述公开发行证券的条件外，还应符合下列条件：① 最近 3 个会计年度的加权平均净资产收益率平均不低于 6%。扣除经常性损益后的净利润与扣除前的净利润相比，以低者作为加权平均净资产收益率的计算依据。② 除金融类企业外，最近一期末不存在持有金额较大的交易性金融资产和可供出售的金融资产、借予他人款项、委托理财等财务性投资的情形。③ 发行价格应不低于公告招股意向书前 20 个交易日公司股票均价或前 1 个交易日的均价。

4. 上市公司非公开发行股票的条件

1）特定对象条件。《上市公司证券发行管理办法》规定，非公开发行股票的特定对象应当符合下列规定：① 特定对象符合股东大会决议规定的条件。② 发行对象不超过 10 名。发行对象为境外战略投资者的，应当经国务院相关部门事先批准。

2）上市公司条件。上市公司非公开发行股票，应当符合下列规定：① 发行价格不低于定价基准日前 20 个交易日公司股票均价的 90%。② 本次发行的股份自发行结束之日起，12 个月内不得转让；控股股东、实际控制人及其控制的企业认购的股份，36 个月内不得转让。③ 募集资金使用符合法律规定。④ 本次发行将导致上市公司控制权发生变化的，还应当符合中国证监会的其他规定。

5. 上市公司不得非公开发行股票的情形

上市公司存在下列情形之一的，不得非公开发行股票：① 本次发行申请文件有虚假记载、误导性陈述或重大遗漏。② 上市公司的权益被控股股东或实际控制人严重损害且损害尚未消除。③ 上市公司及其附属公司违规对外提供担保且担保尚未解除。④ 现任董事、高级管理人员最近 36 个月内受过中国证监会的行政处罚，或者最近 12 个月内受过证券交易所的公开谴责。⑤ 上市公司或其现任董事、高级管理人员因涉嫌犯罪正被司法机关立案侦查或涉嫌违法违规正被中国证监会立案调查。⑥ 最近 1 年及 1 期财务报表被注册会计师出具保留意见、否定意见或无法表示意见的审计报告。保留意见、否定意见或无法表示意见所涉及事项的重大影响已经消除或者本次发行涉及重大重组的除外。⑦ 严重损害投资者合法权益和社会公共利益的其他情形。

股票发行情形如图 12-1 所示。

- 股票发行
  - 股份公司（首次发行）
    - 公开发行
    - 非公开发行：不超过 200人
  - 上市公司发行（增发）
    - 公开
      - 一般条件
      - 具体条件
        - 配股：向原股东发行
        - 狭义增发：向不特定对象发行
    - 非公开：不超过 10人

图 12-1　股票发行情形

三、公司债券的发行

公开发行公司债券，应当符合下列条件：

1）股份有限公司的净资产额不低于人民币 3 000 万元，有限责任公司的净资产额不低于人民币 6 000 万元。

2）累计债券余额不超过公司净资产额的 40%。

3）最近 3 年平均可分配利润足以支付公司债券 1 年的利息。

4）筹集的资金投向符合国家产业政策。

5）债券的利率不得超过国务院限定的利率水平。

6）国务院规定的其他条件。

公开发行公司债券筹集的资金，必须用于核准的用途，不得用于弥补亏损和非生产性支出。

申请公开发行公司债券，应当向国务院授权的部门或国务院证券监督管理机构报送下列文件：① 公司营业执照。② 公司章程。③ 公司债券募集办法。④ 资产评估报告和验资报告。⑤ 国务院授权的部门或国务院证券监督管理机构规定的其他文件。依照《证券法》的规定聘请保荐人的，还应当报送保荐人出具的发行保荐书 。

四、证券的发行程序

1. 股票发行的申请与公告

公开发行股票，必须依照《公司法》规定的条件，报经国务院证券监督管理机构核准。公司向国务院证券监督管理机构申请核准时，应提交《公司法》规定的申请文件和国务院证券监督管理机构规定的有关文件。

2. 公司债券的发行与公告

公开发行公司债券，必须依照《证券法》规定的条件，报经国务院授权的部门审批。公司向国务院授权的部门申请审批时，应提交《证券法》规定的申请文件和国务院证券监督管理机构规定的有关文件。

3. 证券的承销

证券承销是指具有证券承销业务资格的证券公司接受证券发行人的委托，在法律规定或约定的时间范围内，利用自己的良好信誉和销售渠道，将拟发行的证券发售出去，并因此收取一定比例承销费用的一系列活动。证券公司应当依照法律、行政法规的规定承销发行人向社会公开发行的证券。证券承销业务采取包销或代销方式。

证券包销是指证券公司将发行人的证券按照协议全部购入，或者在承销期结束时将售后剩余证券全部自行购入的承销方式。

证券代销是指证券公司代发行人发售证券，在承销期结束时将未售出的证券全部退还给发行人的承销方式。

证券公司承销证券，应当对公开发行募集文件的真实性、准确性、完整性进行核查。经核查，发现含有虚假记载、误导性陈述或重大遗漏的，不得进行销售活动；已经销售的，必须立即停止销售活动，并采取纠正措施。向社会公开发行的证券票面总值超过人民币 5 000 万元的，应当由承销团承销。承销团应当由主承销和参与承销的证券公司组成。

第三节　证券交易制度

一、证券交易的一般规则

1. 证券交易的范围

证券交易，主要是指证券买卖，即证券持有人依照证券交易规则，将已依法发行的证券转让给其他证券投资者的行为。按照《证券法》的规定，证券交易当事人依法买卖的证券，必须是依法发行并交付的证券。非依法发行的证券，不得进行买卖；依法发行的证券，法律对其转让期限有限制性规定的，在规定期限内不得买卖。

2. 证券交易的形式

经依法核准上市交易的股票、公司债券及其他证券，应当在上海或深圳两个证券交易所挂牌交易，并以现货进行交易。证券在证券交易所挂牌交易，应当采用公开的集中竞价交易方式。证券交易的集中竞价应当实行价格优先、时间优先的原则。

3. 证券交易的限制性规定

根据《公司法》《证券法》的有关规定，证券交易的限制性规定如下：

1）发行人持有的本公司股份，自公司成立之日起 1 年内不得转让。公司公开发行股份前已发行的股份，自公司股票在证券交易所上市交易之日起 1 年内不得转让。

2）公司董事、监事、高级管理人员在任职期间每年转让的股份不得超过其所持有本公司股份的 25%；所持本公司股份自公司股票上市交易之日起 1 年内不得转让。上述人员离职后半年内，不得转让其所持有的本公司股份。

3）证券交易所、证券公司和证券登记结算机构的从业人员、证券监督管理机构的工作人员，以及法律、行政法规禁止参与股票交易的其他人员，在任期或者法定限期内，不得直接或者以化名、借他人名义持有、买卖股票，也不得收受他人赠送的股票。任何人在成为上述所列人员时，其原已持有的股票，必须依法转让。

4）为股票发行出具审计报告、资产评估报告或者法律意见书等文件的证券服务机构和人员，在该股票承销期内和期满后 6 个月内，不得买卖该种股票。为上市公司出具审计报告、资产评估报告或者法律意见书等文件的证券服务机构和人员，自接受上市公司委托之日起至上述文件公开后 5 日内，不得买卖该种股票。

5）上市公司董事、监事、高级管理人员、持有上市公司股份 5%以上的股东，将其持有的该公司的股票在买入后 6 个月内卖出，或者在卖出后 6 个月内又买入，由此所得收益归该公司所有，公司董事会应当收回其所得收益。

6）通过证券交易所的证券交易，投资者持有或者通过协议、其他安排与他人共同持有一个上市公司已发行的股份达到 5%时，应当在该事实发生之日起 3 日内，向国务院证券监督管理机构、证券交易所做出书面报告，通知该上市公司，并予以公告；在上述期间内，不得再行买卖该上市公司的股票。投资者持有或者通过协议、其他安排与他人共同持有一个上市公司已发行的股份达到 5%后，其所持该上市公司已发行的股份比例每增加或者减少 5%，应当依照前款规定进行报告和公告；在报告期内和做出报告、公告后 2 日内，不得再行买卖该上市公司的股票。

二、证券上市

申请证券上市交易，应当向证券交易所提出申请，由证券交易所依法审核同意，并由双方签订上市协议。证券交易所可以依法做出对证券不予上市、暂停上市、终止上市的决定，申请人对证券交易所的上述决定不服的，可以向证券交易所设立的复核机构申请复核。

1. 股票上市

国家鼓励符合产业政策并符合上市条件的公司股票上市交易。根据《证券法》的规定，股份有限公司申请其股票上市，应当符合下列条件：

1）股票经国务院证券监督管理机构核准已公开发行。

2）公司股本总额不少于人民币 3 000 万元。

3）公开发行的股份达到公司股份总数的 25%以上；公司股本总额超过人民币 4 亿元的，公开发行股份的比例为 10%以上。

4）公司在最近 3 年内无重大违法行为，财务会计报告无虚假记载。

证券交易所可以规定高于上述规定的上市条件，并报国务院证券监督管理机构批准。

申请股票上市交易，应当向证券交易所报送下列文件：

1）上市报告书。

2）申请股票上市的股东大会决议。

3）公司章程。

4）公司营业执照。

5）依法经会计师事务所审计的公司最近 3 年的财务会计报告。

6）法律意见书和上市保荐书。

7）最近一次的招股说明书。

8）证券交易所上市规则规定的其他文件。

上市公司丧失法律规定的上市条件的，其股票应当依法暂停上市或者终止上市。《证券法》规定，上市公司有下列情形之一的，由证券交易所决定暂停其股票上市交易：

1）公司股本总额、股权分布等发生变化，不再具备上市条件。

2）公司不按照规定公开其财务状况，或者对财务会计报告做虚假记载，可能误导投资者。

3）公司有重大违法行为。

4）公司最近 3 年连续亏损。

5）证券交易所上市规则规定的其他条件。

上市公司有下列情形之一的，由证券交易所决定终止其股票上市交易：

1）公司股本总额、股权分布等发生变化，不再具备上市条件，在证券交易所规定的期限内仍不能达到上市条件。

2）公司不按照规定公开其财务状况，或者对财务会计报告做虚假记载，且拒绝纠正。

3）公司最近 3 年连续亏损，在其后一个年度内未能恢复盈利。

4）公司解散或者被宣告破产。

5）证券交易所上市规则规定的其他情形。

股票终止上市的公司依照有关规定与中国证券业协会批准的证券公司签订协议，委托证券公司办理股份转让。

2. 债券上市

公司申请公司债券上市交易，应当符合下列条件：

1）公司债券的期限为1年以上。

2）公司债券实际发行额不少于人民币5 000万元。

3）公司申请其债券上市时仍符合法定的公司债券发行条件。

申请公司债券上市交易，应当向证券交易所报送下列文件：

1）上市报告书。

2）申请公司债券上市的董事会决议。

3）公司章程。

4）公司营业执照。

5）公司债券募集办法。

6）公司债券的实际发行数额。

7）证券交易所上市规则规定的其他文件。

公司债券上市交易后，公司有下列情形之一的，由证券交易所决定暂停其公司债券上市交易：

1）公司有重大违法行为。

2）公司情况发生重大变化，不符合公司债券上市条件。

3）公司债券所募集资金不按照核准的用途使用。

4）公司未按照公司债券募集办法履行义务。

5）公司最近2年连续亏损。

公司有上述第1）项、第4）项所列情形之一，经查实后果严重的，或者有第2）项、第3）项、第5）项所列情形之一，在限期内未能消除的，由证券交易所决定终止该公司债券上市交易。公司解散、依法被责令关闭或被宣告破产的，由证券交易所终止其公司债券上市交易。

3. 信息公开

信息公开是指发行证券的上市公司按照法定要求，将自身财务、经营等情况向证券监督管理部门报告，并向投资者公告的活动。

（1）应公告的信息内容

经国务院证券监督管理机构核准依法发行股票，或者经国务院授权的部门批准依法发行公司债券，依照《公司法》的规定，应当公告招股说明书和公司债券募集办法；依法发行新股或公司债券的，还应当公告财务会计报告。

（2）重大事件公告

重大事件是指上市公司发生的，可能对上市公司股票交易价格产生较大影响，而投资者尚未得知的事件。

下列情况为重大事件：① 公司的经营方针和经营范围发生重大变化。② 公司的重大投资行为和重大的购置财产的决定。③ 公司订立重要合同，而该合同可能对公司的资产、负债、权益和经营成果产生重要影响。④ 公司发生重大债务和未能清偿到期重大债务的违约情况。⑤ 公司发生重大亏损或遭受超过净资产10%以上的重大损失。⑥ 公司生产经营的外部条件发生重大变化。⑦ 公司的董事长，1/3 以上的董事，或者经理发生变动。⑧持有公司 5%以上股份的股东，其持有股份情况发生较大变化。⑨ 公司减资、合并、分立、解散及申请破产的决定。⑩ 涉及公司的重大诉讼，法院依法撤销股东大会、董事会决议。⑪ 公司涉嫌犯罪，被司法机关立案调查；公司董事、监事、高级管理人员涉嫌犯罪，被司法机关采取强制执行措施。⑫ 法律、行政法规规定的其他事项。

4. 禁止交易的行为

（1）内幕交易行为

内幕交易行为是指证券交易内幕信息的知情人员利用内幕信息进行证券交易的行为。所谓知情人员，是指由于某种原因能够接触或获得内幕信息的人员。内幕信息是指证券交易活动中，凡涉及公司的经营、财务或对该公司证券的市场价格有重大影响的、尚未公开的信息。

（2）操纵市场行为

操纵市场行为是指单位或个人以获取利益或减少损失为目的，利用其资金、信息等优势或滥用职权影响证券市场价格，制造证券市场假象，诱导或致使投资者在不了解事实真相的情况下做出买卖证券的决定，扰乱证券市场秩序的行为。《证券法》规定，禁止利用联合操纵、虚买虚卖、自买自卖等手段操纵证券市场。

（3）制造虚假信息行为

该类行为主要包括：① 国家工作人员、新闻传播媒介从业人员及其他有关人员编造且传播虚假信息，严重影响证券交易的行为。② 证券从业人员、管理人员在证券交易中做出虚假陈述或信息误导的行为。③ 传播媒介利用传播证券交易信息进行误导的行为。

（4）欺诈客户行为

证券交易中，禁止证券公司及其从业人员从事下列损害客户利益的欺诈行为：① 违背客户的委托，为其买卖证券。② 不在规定时间内向客户提供交易的书面确认文件。③ 挪用客户所委托买卖的证券或客户账户上的资金。④ 私自买卖客户账户上的证券，或者假借客户的名义买卖证券。⑤ 为牟取佣金收入，诱使客户进行不必要的证券买卖。⑥ 其他违背客户真实意思表示、损害客户利益的行为。

（5）其他禁止交易的行为

证券交易中，严禁法人以个人名义开立账户，买卖证券；禁止挪用公款买卖证券；国有企业和国有资产控股的企业，不得炒作上市交易的股票等。

各种禁止交易行为的对比如表12-1所示。

表12-1　各种禁止交易行为对比

禁止交易的行为	行为主体	行为表现
内幕交易行为	内幕人员	利用内幕信息进行交易
操纵市场行为	有资金优势或职权的人	利用其资金、信息等优势或滥用职权影响证券市场价格，制造证券市场假象，诱导或致使投资者在不了解事实真相的情况下做出买卖证券的决定，扰乱证券市场秩序
制造虚假信息行为	国家工作人员、监管机构及人员、中介机构及人员、新闻传播媒介的人员等	编造并且传播虚假信息，做虚假陈述或信息误导，严重影响证券交易

续表

禁止交易的行为	行为主体	行为表现
欺诈客户行为	证券公司及其从业人员	① 违背客户的委托，为其买卖证券；② 不在规定时间内向客户提供交易的书面确认文件；③ 挪用客户所委托买卖的证券或客户账户上的资金；④ 私自买卖客户账户上的证券，或者假借客户的名义买卖证券；⑤ 为牟取佣金收入，诱使客户进行不必要的证券买卖

第四节　上市公司的收购制度

一、上市公司的收购方式

上市公司的收购是指投资者公开收购股份有限公司已经依法发行上市的股份以达到对该股份有限公司控股或兼并目的的行为。根据《证券法》的规定，上市公司收购可以采取要约收购或协议收购的方式。要约收购是指收购方通过向被收购公司的管理层和股东发出购买其所持该公司股份的书面意思表示，并按照其依法公告的收购要约中所规定的收购条件、收购价格、收购期限及其他规定事项收购目标股份的收购方式。要约收购不必事先征得目标公司管理层的同意。协议收购是指收购人通过与目标公司的管理层或目标公司的股东反复磋商，达成书面转让股权的协议，并按照协议所规定的收购条件、收购价格、收购期限及其他规定事项收购目标公司股份的收购方式。

二、上市公司收购的权益披露

投资者收购上市公司，必须依法披露其在上市公司中拥有的权益，包括登记在其名下的股份和虽未登记在其名下但该投资者可以实际支配表决权的股份。投资者及其一致行动人在一个上市公司中拥有的权益应当合并计算。

1. 进行权益披露的情形

1）通过证券交易所的证券交易，投资者及其一致行动人拥有权益的股份达到一个上市公司已发行股份的 5%时，应当在该事实发生之日起 3 日内编制权益变动报告书，向中国证监会、证券交易所提交书面报告，抄报该上市公司所在地的中国证监会派出机构，通知该上市公司，并予以公告；在上述期限内，不得再行买卖该上市公司的股票。

2）通过协议转让方式，投资者及其一致行动人在一个上市公司中拥有权益的股份拟达到或者超过一个上市公司已发行股份的 5%时，应当在该事实发生之日起 3 日内编制权益变动报告书，向中国证监会、证券交易所提交书面报告，抄报派出机构，通知该上市公司，并予以公告。投资者及其一致行动人拥有权益的股份达到一个上市公司已发行股份的 5%后，其拥有权益的股份占该上市公司已发行股份的比例每增加或者减少达到或者超过 5%的，应当依照前述规定履行报告、公告义务。投资者及其一致行动人在做出报告、公告前，不得再行买卖该上市公司的股票。

3）投资者及其一致行动人通过行政划转或者变更、执行法院裁定、继承、赠予等方式拥有权益的股份变动达到一个上市公司已发行股份的 5%时，同样应当按照上述规定履行报告、公告义务，并参照上述规定办理股份过户登记手续。

2. 权益变动的披露方式

1）通过简式权益变动报告书披露。投资者及其一致行动人不是上市公司的第一大股东或者实际控制人，其拥有权益的股份达到或者超过该公司已发行股份的 5%但未达到 20%的，应当编制简式权益变动报告书。

2）通过详式权益变动报告书披露。投资者及其一致行动人拥有权益的股份达到或者超过一个上市公司已发行股份的 20%但未超过 30%的，应当编制详式权益变动报告书。

三、要约收购

1. 要约收购的概念

要约收购是指收购人通过证券交易所的证券交易，投资者持有或通过协议、其他安排与他人共同持有一个上市公司的股份达到该公司已发行股份的 30%时，继续增持股份的，应当采取向被收购公司的股东发出收购要约的方式进行收购的收购。

投资者选择向被收购公司的所有股东发出收购其所持有的全部股份要约的，称为全面要约；投资者选择向被收购公司所有股东发出收购其所持有的部分股份要约的，称为部分要约。

2. 要约收购的适用条件

只有下述两个条件同时具备，才适用要约收购：

1）持股比例达到 30%。即投资者通过证券交易所的证券交易，或者协议、其他安排持有或与他人共同持有一个上市公司的股份达到 30%（含直接持有和间接持有）。

2）继续增持股份。在前一个条件下，投资者继续增持股份时，即触发依法向上市公司所有股东发出收购上市公司全部或者部分股份的要约的义务。

3. 收购要约的期限

收购要约约定的收购期限不得少于 30 日，但不得超过 60 日。

4. 收购要约的撤销

在收购要约确定的承诺期限内，收购人不得撤销其收购要约。

5. 收购要约的变更

收购人需要变更收购要约的，必须事先向国务院证券监督管理机构提出书面报告，经批准后，予以公告。

收购要约期限届满前 15 日内，收购人不得变更收购要约，但是出现竞争要约的除外。要约收购期间，被收购公司董事不得辞职。

四、协议收购

协议收购是指收购人在证券交易所之外，通过与被收购公司的股东协商一致达成协议，受让其持有的上市公司的股份而进行的收购。以协议方式收购上市公司时，收购协议的各方应当获得相应的内部批准（如股东大会、董事会等）。收购协议达成后，收购人必须在 3 日内将该收购协议向国务院证券监督管理机构及证券交易所做出书面报告，并予以公告。公告前不得履行收购协议。

采取协议收购方式的，协议双方可以临时委托证券登记结算机构保管协议转让的股票，并将资金存放于指定的银行。

采取协议收购方式的，收购人收购或者通过协议、其他安排与他人共同收购一个上市公司已发行的股份达到 30%时，继续进行收购的，应当向该上市公司所有股东发出收购上市公司全部或者部分股份的要约，转化为要约收购。但是，经国务院证券监督管理机构决定可以免除发出要约的除外。如果收购人依照上述规定触发以要约方式收购上市公司股份，则应当能够遵守前述有关要约收购的规定。

五、上市公司收购的法律后果

收购期限届满，被收购公司股权分布不符合上市条件的，该上市公司的股票应当由证券交易所依法终止上市交易；其余仍持有被收购公司股票的股东，有权向收购人以收购要约的同等条件出售其股票，收购人应当收购。收购行为完成后，被收购公司不再具备股份有限公司条件的，应当依法变更企业形式。

在上市公司的收购中，收购人持有的被收购的上市公司的股票，在收购行为完成后的 12 个月内不得转让。

第五节　违反证券法的法律责任

为了严格规范证券的发行和交易，制裁扰乱证券市场的违法活动，防止过度投机，惩处违反证券管理的行为，《证券法》对下列行为做出了有关法律责任的规定：

1）擅自发行证券或制作、公告虚假的发行文件的行为。

2）承销或代理买卖非法证券、非法买卖证券的行为。

3）内幕交易、操纵市场、欺诈客户的行为。

4）骗取证券业务许可或非法开设证券交易场所，证券登记、服务机构等擅自设立证券公司的行为。

5）另立非法账户进行账外交易的行为。

6）证券公司或证券交易机构、证券监管机构及其从业人员挪用、盗用客户保证金或证券，参与证券交易并从中牟利等违法行为。

7）单位和个人挪用公款买卖证券的行为。

8）编造、传播谣言，扰乱证券市场的行为。

9）社会中介机构出具虚假报告或证明文件的行为。

10）证券监管机构工作人员徇私舞弊、玩忽职守、泄露证券交易内幕信息的行为及妨碍证券监管机构依法执行公务的行为。

对上述违法行为，《证券法》分别规定了警告、给予行政处分、没收违法所得、罚款、责令改正、取消从业资格、吊销营业执照、责令关闭、构成犯罪的依法追究刑事责任等处罚措施。

当事人对证券监督管理机构或国务院授权部门的处罚决定不服的，可以依法申请复议，或者依法直接向人民法院提起诉讼。

违反《证券法》规定，应当承担民事赔偿责任和缴纳罚款、罚金的，其财产不足以同时支付时，先承担民事赔偿责任。对证券发行、交易违法行为没收的违法所得和罚款，全部上缴国库。

思考题

1．如何理解证券发行与交易的一般原则？

2．试分析证券交易过程中禁止交易的行为。

3．上市公司新股发行、配股发行及非公开发行股票各应具备哪些条件？

4．简述股票上市应具备的条件。

5．简述公司债券上市应具备的条件。

案例分析题

1．甲公司于2011年1月5日通过证券交易所的交易，持有乙上市公司已发行股份的5%。甲公司于1月11日做出其持有乙公司股份已达5%的公告，并在1月5日至2月2日继续连续买进乙公司的股份达30%。甲公司准备继续收购乙公司股份。于是，甲公司于2月2日向国务院证券监督管理机构报送了上市公司收购报告书。甲公司于2月25日公告了收购要约，要约规定有效期为25天。

要求：根据现行法规，回答下列问题：

（1）甲公司持有乙公司股份达5%时，进行公告的时间及在此时间内进行的活动是否合法？为什么？

（2）甲公司发出要约是否符合法律规定？为什么？

（3）如果要约期满，甲公司持股未达到乙上市公司发行在外的普通股总数的50%，则甲公司以后购买乙公司股票要受何限制？

（4）假设甲公司最终持股达到乙公司已发行股份的75%和90%，此时分别会发生什么法律后果？

2．A公司是一家注册资本为2亿元的股份有限公司。2011年3月4日，A公司与某证券公司订立新股发行承销协议，由证券公司包销A公司股票300万股，每股面值10元，承销期为2011年3月4日至6月18日。承销协议同时明确约定，承销股票过程中，由于发行股票的资料的准确性、完整性及其他由于承销方过错引起的法律责任由承销方承担。证券公司在承销过程中发现A公司招股说明书及其有关宣传材料中有重大遗漏，即资产负债表中未列明欠国家税款计89万元。于是，该证券公司立即停止销售活动，同时和A公司协商重新制作招股说明书及宣传资料并发出要约。因重新制作发行宣传资料和停止股票销售活动而造成的损失共计54万元。

要求：根据现行法规，回答下列问题：

（1）证券公司承销证券，应对公开发行募集文件承担哪些责任？

（2）本案中，双方承销协议的约定有无不妥之处？为什么？

（3）本案中，因重新制作发行宣传资料和停止股票销售活动而造成的损失54万元应如何处理？

（4）如果A公司的新股发行规模为600万股，其他条件不变，则其承销方式应有何变化？

第十三章　税收法律制度

本章目的和任务

通过本章的学习，学生应掌握税收的基本特征、税法构成要素、流转税和所得税的有关规定、税款征收方式及措施、违反税法的法律责任；理解税收的概念、其他税收法律制度的有关规定、税务管理的内容、税务检查的主要内容；了解税法的含义、税法立法情况、税收分类、危害税收征管罪；能够运用所学的税收知识解决实际工作中的税收计算问题，促进依法计税。

本章要点

- 税收基本知识
- 税收征管法
- 现行税制的主要内容

第一节　税法概述

一、税收的概念、特征和作用

1. 税收的概念与特征

税收是国家为实现国家职能，凭借政治权利，按照法律规定的标准，无偿取得财政收入的一种特定分配方式。税收体现的是作为主体的国家与社会集团、社会成员之间的一种特定收入分配关系。它是国家财政收入的主要形式和调节经济的重要杠杆。

税收具有强制性、无偿性和固定性 3 个特性。

1）强制性。税收是国家以社会管理者的身份，凭借政治权利，通过颁布法律或政令强制征收的。负有纳税义务的社会集团和社会成员，都必须遵守国家强制性的税收法令，依法纳税，否则就要受到法律制裁。

2）无偿性。国家凭借政治权利，将社会集团和社会成员的一部分收入收归国家所有，国家不向原纳税人支付任何报酬或代价，也不再直接偿还给原来的纳税人。这就是税收的无偿性。

3）固定性。税收是按照国家法令预定的标准征收的，即征税对象、税目、税率、纳税义务人、计算纳税办法和期限等都是税收法令预先规定了的，有一个比较稳定的使用期限，是国家的一种固定的连续性收入。对于税法预先规定的标准，征税和纳税双方都必须遵守。

2. 税收的作用

税收具有组织收入、调节经济、监督管理和维护国家政权等方面的作用。

1）税收是国家组织财政收入的主要形式和工具。税收组织财政收入的作用主要表现在两个方面：一是由于税收具有强制性、无偿性和固定性，因而能保证其收入的稳定；二是税收的来源十分广泛，能从多个方面筹集财政收入。

2）税收是国家调控经济的重要杠杆之一。国家通过税种的设置，以及在税目、税率、加成征收或减免税等方面的规定，可以调节社会生产、交换、分配和消费，促进社会经济健康发展。

3）税收是对客观经济情况进行监督管理的重要手段。国家在征收税款过程中，一方面要查明情况，正确计算并征收税款，另一方面又能发现纳税人在生产经营或缴纳税款的过程中存在的问题。对于在征税过程中发现的问题，国家税务征收部门既可以采取措施纠正，也可以通知纳税人或政府有关部门及时解决。

4）税收具有维护国家政权的作用。国家政权是税收产生和存在的必要条件，而国家政权的存在又依赖于税收的存在。没有税收，国家机器就不可能有效运转。同时，税收分配不是按照等价原则和所有权原则分配的，而是凭借政治权利，对物质利益进行调节，体现国家支持什么、限制什么，从而达到巩固国家政权的政治目的。

二、税收的分类

税收的分类是指按照一定的标准对不同税种进行归类。我国对税种的分类，依据不同的标准，分为不同的类型：

1）根据课税对象的不同，税种可划分为流转税类、所得税类、财产税类、资源税类和行为税类 5 种类型。这是最常见的一种税收分类方法。

2）根据征收管理的分工不同，税种可分为工商税类、关税类和农业税类 3 种类型。

3）根据税收的征收权限和收入支配权限的不同，税种可分为中央税、地方税和中央地方共享税 3 种。这种划分明确了财政收支管理上中央与地方的关系，有利于调动中央和地方的积极性。

4）根据计税标准的不同，税种可划分为从价税和从量税。

5）根据税收与价格的依存关系，税种可划分为价内税和价外税。

此外，税收还可根据税收收入的形态不同分为实物税和货币税、根据征税的法定期限不同分为经常税和临时税、根据税收管辖对象的不同分为国内税和国外税、根据税收用途的不同分为一般税和特定税等。

三、税法的概念及构成要素

税法是国家制定的，用以调整国家与纳税人之间在征纳税方面的权利与义务关系的法律规范的总称。

税法的构成要素，是指税法应当具备的必要因素。税法的构成要素一般包括征税人、纳税义务人、征税对象、税目、税率、纳税环节、纳税期限、纳税地点、减免税、法律责任等。这些构成要素中，纳税义务人、征税对象、税率是 3 个基本要素，其中税率是核心要素。

1. 征税人

征税人是指代表国家行使税收征管职权的各级税务机关和其他征收机关。因税种的不同，可能有不同的征税人，如增值税的征税人是税务机关、关税的征税人是海关。

2. 纳税义务人

纳税义务人也称纳税人，是指税法规定的直接负有纳税义务的单位和个人。纳税义务人可以是自然人，也可以是法人或其他社会组织。纳税义务人是税收制度中区别不同税种的重要标志之一，因此每个税种都应明确规定各自的纳税义务人。

3. 征税对象

征税对象又称课税对象，是指对什么征税。它是税收法律关系中权利义务所指的对象。征税对象包括物或行为，它是区别不同类型税种的主要标志。不同的征税对象构成不同的税种。根据征税对象的不同，征税可分为对流转额征税、对所得额征税、对财产征税、对资源征税、对特定行为征税等不同类型。

4. 税目

税目是指税法中规定的征税对象的具体项目。它是征税的具体依据，规定了征税对象的具体范围。

5. 税率

税率是指应纳税额与征税对象的比例或征收额度。它是计算税额的尺度。税率是税法的核心要素。税率的高低，直接关系到国家收入的多少和纳税义务人的负担轻重。因此，每种税的适用税率都必须在税法中事先明确规定。我国的现行税率主要有以下3种。

（1）比例税率

这是指对同一征税对象，不论其数量多少和数额大小，均按同一个比例征收的税率。

（2）定额税率

这是指对单位征税对象规定固定的税额，而不采用百分比的形式的一种税率。它适用于从量计征的税种。

（3）累进税率

这是指按征税对象的多少划分若干等级，分别规定不同的税率，而且税率随征税对象数额的增加而递增的一种税率。征税对象数额越大，税率越高。累进税率可分为全额累进税率、超额累进税率、超率累进税率和超倍累进税率。

1）全额累进税率，是指对征税对象的全部数额都按照与此相适应的等级税率计算征税的一种累进税率。即把征税对象的数额划分为若干个等级，然后就征税对象全额按相应的等级税率征税。目前，我国的税收法律制度中已不采用这种税率。

2）超额累进税率，是指对征税对象的全部数额分别按规定的各个级距的适用税率计算征收的一种累进税率。即把征税对象的数额划分为若干个等级，各等级分别适用相应的等级税率征税。当征税对象超过某一级距时，仅就超过的这一部分按较高一级的税率计税，而不像全额累进那样全部都按较高一级税率计税。这是我国现行税法中采用的税率。

3）超率累进税率，是指以征税对象数额的相对率为累进依据，按累进方式计算应纳税额的税率。采取超率累进税率，首先需要确定征税对象数额的相对率，然后再把征税对象的相对率从低到高划分若干级次，分别规定不同的累进税率。计税时，先按各级相对率计算出应纳税的征税对象数额，再按对应的税率分别计算各级税额，最后汇总求出全部应纳税额。比如，《中华人民共和国土地增值税暂行条例》将工地增值税按土地增值额和扣除项目金额的比例的不同，划分为4个等级，并规定了四级超率累进税率。

4）超倍累进税率，是指以征税对象数额相当于计税基数的倍数为累进依据计算应纳税额的税率。采用超倍累进税率，首先必须确定计税基数，然后把纳税对象数额按相当于计税基数的倍数划分若干等级，分别规定不同的税率，再分别计算应纳税额。

6. 纳税环节

纳税环节是指税法规定的商品从生产到消费的流转过程中缴纳税款的环节。商品从生产到消费要经过许多流转环节，税收上只选择其中一定环节规定为缴纳税款的环节。

7. 纳税期限

纳税期限是指纳税人发生纳税义务后，应依法缴纳税款的期限。纳税期限可以分为两种：一种是按期纳税，另一种是按次纳税。

8. 纳税地点

纳税地点是指根据各个税种纳税对象的纳税环节和有利于对税款的源泉控制而规定的纳税人（包括代征、代扣、代缴义务人）的具体纳税地点。

9. 减免税

减免税是指国家对某些纳税人和征税对象给予鼓励和照顾的一种特殊规定。它主要包括 3 个方面的内容：

1）减税和免税。减税是指应征税额中减征部分税款；免税是指将按规定应征收的税款全部免除。

2）起征点。起征点是指对征税对象达到一定数额才开始征税的界限。征税对象的数额没有达到规定数额的不征税；征税对象的数额达到规定数额的，就其全部数额征税。

3）免征额。免征额是指对征税对象总额中免予征税的数额。即将纳税对象中的一部分给予减免，只就减除后的剩余部分计征税款。

10. 法律责任

法律责任是指对违反国家税法规定的行为人采取的处罚措施。纳税人和税务人员违反税法规定，都将依法承担法律责任。

第二节　现行税制的主要内容

一、流转税法

流转税是依据商品或非商品的流转额为征税对象的一类税。其特点是：① 征税是紧随商品交换和非商品服务进行的。② 计税依据是商品的价格和劳务服务收费标准，税额是商品价格或服务收费标准的组成部分。

这一类税包括增值税、消费税、营业税、进出口关税、城乡维护建设税。

1. 增值税

增值税是以应税货物和应税劳务新增加的价值（即增值额）为征税对象的一种税。

知识库

1993 年 11 月 26 日，国务院第十二次常务会议通过并发布了《中华人民共和国增值税暂行条例》（以下简称《增值税暂行条例》）。该条例于 2008 年 11 月 5 日修订并自 2009 年 1 月 1 日起施行。该条例决定在全国范围内实行消费型增值税。与此同时，财政部发布了该条例的实施细则。

（1）纳税主体

凡是在我国境内从事销售货物或进口货物、提供应税劳务和应税服务的单位和个人，均为增值税的纳税人。

（2）税率

按照《增值税暂行条例》的规定，增值税采用的比例税率如下：

1）纳税人销售或进口货物、提供应税劳务、提供有形动产租赁服务的，税率为17%。

2）纳税人销售或进口粮食、食用植物油，自来水、暖气、冷气、热水、煤气、石油液化气、天然气、沼气、居民用煤炭制品，图书、报纸、杂志，饲料、化肥、农药、农机、农膜，以及国务院规定的其他货物的，税率为13%。

3）纳税人提供交通运输服务、邮政服务、基础电信服务的，税率为11%。

4）纳税人提供现代服务业服务（有形动产租赁服务之外）、增值电信服务的，税率为6%。

5）纳税人出口货物，除国务院另有规定的外，税率为零。

6）小规模纳税人适用征收率的规定，征收率为3%。

（3）应纳税额的计算

1）纳税人销售货物或提供应税劳务，应纳税额为当期销项税额抵扣当期进项税额的余额。其计算公式为：

应纳增值税额=当期销项税额−当期进项税额

因当期销项税额小于当期进项税额而不足抵扣时，其不足部分可以结转下期继续抵扣。

销项税额是指纳税人销售货物或提供应税劳务，按照销售额依率计算并向购买方收取的增值税税额。其计算公式为：

销项税额=销售额×税率

其中，销售额为纳税人销售货物或提供应税劳务而向购买方收取的全部价款和价外费用，但不包括收取的销项税额。如果纳税人销售货物或提供应税劳务的价格明显偏低而无正当理由，其销售额由主管税务机关核定。纳税人销售货物或提供应税劳务，应当向购买方开具增值税专用发票，并在增值税专用发票上分别注明销售额或销项税额。

进项税额是指纳税人购进货物或接受应税劳务所支付或负担的增值税额。准予从销项税额中抵扣的进项税额，仅限于下列增值税扣税凭证上注明的增值税额：① 从销售方取得的增值税专用发票上注明的增值税额。② 从海关取得的完税凭证上注明的增值税额。但是，购进免税农业产品准予抵扣的进项税额，按照买价和13%的扣除率计算，即：

进项税额=买价×13%

下列项目的进项税额不得从销项税额中抵扣：① 用于非应税项目的购进货物或接受应税劳务。② 用于免税项目的购进货物或接受应税劳务。③ 用于集体福利或个人消费的购进货物或接受应税劳务。④ 非正常损失的购进货物。⑤ 非正常损失的在产品、产成品所耗用的购进货物或接受应税劳务。

2）小规模纳税人销售货物或接受应税劳务实行简易办法计算应纳税额，即按照销售额和规定的征收率来计算应纳税额，而不抵扣任何进项税额，其计算公式为：

应纳税额=销售额×征收率

3）纳税人进口货物，按组成计税价格税率直接计算应纳税额，不抵扣任何税额。组成计税价格和应纳税额的计算公式分别为：

组成计税价格=关税完税价格+关税+消费税

应纳税额=组成计税价格×税率

进口货物的增值税由海关代征。

（4）纳税地点和纳税期限

1）纳税地点。固定业户应向所在地主管税务机关申报纳税。总机构和分支机构不在同一县（市）的，应当分别向各自所在地主管税务机关申报纳税；经国家税务总局或其授权的税务机关批准，可以由总机构汇总向总机构所在地主管税务机关申报纳税。

固定业户到外县（市）销售货物的，应当向其机构所在地主管税务机关申请开具外出经营活动税收管理证明，向其机构所在地主管税务机关申报纳税。未持有其机构所在地主管税务机关核发的外出经营活动税收管理证明，到外县（市）销售货物或提供应税劳务的，应当向销售地主管税务机关申报纳税；未向销售地主管税务机关申报纳税的，由其机构所在地主管税务机关补征税款。

非固定业户销售货物或提供应税劳务，应当向销售地主管税务机关申报纳税。

进口货物的，应当由进口人或其代理人向报关地海关申报纳税。

2）纳税期限。增值税的纳税期限分别为 1 日、3 日、5 日、10 日、15 日、1 个月或 1 个季度。以 1 个季度为纳税期的规定仅适用于小规模纳税人。纳税人的具体纳税期限，由主管税务机关根据纳税人应纳税额的大小分别核定。不能按照固定期限纳税的，可以按次纳税。纳税人以 1 个月或 1 个季度为一期纳税的，自期满之日起 15 日内申报纳税；以 1 日、3 日、5 日、10 日或 15 日为一期纳税的，自期满之日起 5 日内预缴税款，于次月 1 日起 15 日内申报纳税并结清上月应纳税款。纳税人进口货物，应当自海关填发海关进口增值税专用缴款书之日起 15 日内缴纳税款。

纳税人出口适用税率为零的货物，向海关办理出口手续后，凭出口报关单等有关凭证，可以按月向税务机关申报办理该项出口货物的退税。出口货物办理退税后发生退货或退关的，纳税人应当依法补缴已退的税款。

2. 消费税

消费税是对应税消费品征收的一种税。我国目前只对少数商品征收消费税。

知识库

1993 年 11 月 26 日，国务院第十二次常务会议通过并发布《中华人民共和国消费税暂行条例》(以下简称《消费税暂行条例》)。该条例于 2008 年 11 月 5 日修订并自 2009 年 1 月 1 日起施行。该条例对消费税的征收做了明确的规定。与此同时，财政部发布了该条例的实施细则。

（1）纳税主体

在我国境内生产、委托加工和进口《消费税暂行条例》规定的应税消费品的单位和个人，都是消费税的纳税义务人。

（2）税目和税率

消费税的税目目前只有 14 个，即烟、酒及酒精、化妆品、贵重首饰及珠宝玉石、鞭炮烟火、成品油、汽车轮胎、小汽车、摩托车、高尔夫球及球具、高档手表、游艇、木制一次性筷子、实木地板。消费税税率实行比例税率和定额税率。其中，比例税率分为12个不同的档次，最高的为45%，最低的为1%。纳税人兼营不同税率的应税消费品，应当分别核算不同税率应税消费品的销售额和销售数量；未分别核算销售额和销售数量，或者将不同税率的应税消费品组成成套消费品销售的，从高适用税率。

（3）纳税环节

纳税人生产的应税消费品于销售时纳税。纳税人自产自用的应税消费品，用于连续生产应税消费品的，不纳税；用于其他方面的，于移送使用时纳税。委托加工的应税消费品，由受委托方在向委托方交货时代收代缴税款。进口的应税消费品，于报关时纳税。

（4）应纳税额的计算

消费税实行从价定率或从量定额的办法计算应纳税额。其计算公式分别为：

实行从价定率办法计算的应纳税额=销售额×税率

实行从量定额办法计算的应纳税额=销售数量×单位税额

其中，销售额是指纳税人销售应税消费品而向购买方收取的全部价款和价外费用。

纳税人自产自用的应税消费品，按照纳税人生产的同类消费品的价格计算纳税；没有同类消费品销售价格的，按照组成计税价格计算纳税。其计算公式为：

组成计税价格=（成本+利润）÷（1−消费税税率）

进口的应税消费品，实行从价定率办法计算应纳税额的，按照组成计税价格计算纳税。其计算公式为：

组成计税价格（实行从价定率）=（关税完税价格+关税）÷（1−消费税税率）

纳税人应税消费品的计税价格明显偏低而又无正当理由的，由主管税务机关核定其计税价格。消费税由税务机关征收。进口的应税消费品的消费税由海关代征。

对纳税人出口应税消费品，除国务院另有规定的外，免征消费税。

3. 营业税

营业税是指对提供劳务、转让无形资产或销售不动产的单位和个人，就其营业额征收税款的一种税。

知识库

为了调节不同行业的盈利水平，实行多环节征税，1993年11月26日，国务院第十二次常务会议通过并发布《中华人民共和国营业税暂行条例》（以下简称《营业税暂行条例》）。该条例于2008年11月5日修订并自2009年1月1日起施行。

（1）纳税主体

《营业税暂行条例》规定，在我国境内提供应税劳务、转让无形资产或销售不动产的单位和个人，为营业税的纳税义务人。

（2）征税对象

营业税的征税对象为从事应税行为所取得的营业额。征税对象具体可分为3类，即提供应税劳务的营业额、转让无形资产的转让额、销售不动产的销售额。

（3）税目和税率

营业税设建筑业、金融保险业、文化体育业、娱乐业、服务业、转让无形资产及销售不动产等税目。营业税的税率均为比例税率：建筑业、文化体育业为 3%；金融保险业为 5%；服务业、转让无形资产及销售不动产为 5%；娱乐业为 5%～20%。其中，纳税人经营娱乐业具体适用的税率，由省、自治区、直辖市人民政府在规定的幅度内决定。纳税人兼有不同税目应税行为的，应当分别核算不同税目的营业额；未分别核算营业额的，从高适用税率。

（4）应纳税额的计算

纳税人提供应税劳务、转让无形资产或销售不动产，按照营业额和规定的税率计算应纳税额。其计算公式为：

$$应纳税额=营业额\times税率$$

其中，营业额是指纳税人提供应税劳务、转让无形资产或销售不动产而向对方收取的全部价款和价外费用。但是，下列情形除外：

1）旅游企业组织旅游团到我国境外旅游，在境外改由其他旅游企业接团的，以全程旅游费减去付给该接团企业的旅游费后的余额为营业额。

2）建筑业的总承包人将工程分包或转包给他人的，以工程的全部承包额减去付给分包人或转包人的价款后的余额为营业额。

3）转贷业务，以贷款利息减去借款利息后的余额为营业额。

4）外汇、有价证券、期货买卖业务，以卖出价减去买入价后的余额为营业额。

5）财政部规定的其他情形。

营业税由税务机关征收。需代扣代缴的，其扣缴义务人分别是：① 委托金融机构发放贷款的金融机构为扣缴义务人；② 建筑安装业务实行分包或转包的，总承包人为扣缴义务人；③ 财政部规定的其他扣缴义务人。

（5）减税和免税

《营业税暂行条例》规定，下列项目免征营业税：

1）托儿所、幼儿园、养老院、残疾人福利机构提供的育养服务、婚姻介绍、殡葬服务。

2）残疾人员个人提供的劳务。

3）医院、诊所和其他医疗机构提供的医疗服务。

4）学校和其他教育机构提供的教育劳务；学生勤工俭学提供的劳务。

5）农业机耕、排灌、病虫害防治、植物保护、农牧保险及相关技术培训业务；家禽、牲畜、水生物的配种和疾病防治。

6）纪念馆、博物馆、文化馆、美术馆、展览馆、书画院、图书馆、文物保护单位举办文化活动的门票收入；宗教场所举办文化、宗教活动的门票收入。

除上述 6 项规定外，营业税的减税、免税项目由国务院规定，任何地区和部门均不得规定减税、免税项目。

纳税人兼营减税、免税项目的，应当单独核算减税、免税项目的营业额；未单独核算营业额的，不得减税、免税。

小提示

纳税人营业额未达到财政部规定的营业税起征点的，免征营业税。

（6）纳税地点

1）纳税人提供应税劳务，应当向应税劳务发生地主管税务机关申报纳税。纳税人从事运输业务，应当向其机构所在地主管税务机关申报纳税。

2）纳税人转让土地使用权，应当向土地所在地主管税务机关申报纳税；纳税人转让其他无形资产，应当向其机构所在地主管税务机关申报纳税。

3）纳税人销售不动产，应当向不动产所在地主管税务机关申报纳税。

二、所得税法

所得税是以纳税人的纯收益或总收益为征税对象的一类税。其特点有以下3个：

1）征税对象是纳税人的所得额或收益额，税额的多少取决于纳税人的实际负担能力。

2）实行比例税率和累进税率。

3）一般按全年所得额或收益额征收，采取分期预缴、年终汇算清缴的办法，多退少补。

目前，我国所得税种类包括企业所得税、外商投资企业和外国企业所得税、个人所得税、农业税。

1. 企业所得税

企业所得税是对除外商投资企业和外国企业以外的我国境内的企业从事生产、经营所得和其他所得征收的一种税。

知识库

现行的企业所得税法的基本规范是2007年3月16日第十届全国人民代表大会第五次会议通过、自2008年1月1日起施行的《中华人民共和国企业所得税法》（以下简称《企业所得税法》）和2007年11月28日国务院第一百九十七次常务会议通过的《中华人民共和国企业所得税法实施细则》。

（1）纳税主体

企业所得税的纳税义务人，是依据企业所得税法负有纳税义务的企业和其他取得收入的组织。它包括各类企业、事业单位、社会团体、民办非企业单位和从事经营活动的其他组织，但不包括个人独资企业和合伙企业。

（2）征税对象

企业所得税的征收对象是企业的生产经营所得、其他所得和清算所得。

（3）应纳税额的计算

纳税人应纳税额按应纳税所得额计算。所谓应纳税所得额，是指纳税人每一纳税年度的收入总额减除不征税收入、免税收入、各项扣除，以及允许弥补的以前年度亏损后的余额。其计算公式为：

应纳税所得额=收入总额−不征税收入−免税收入−各项扣除−允许弥补的以前年度亏损

纳税人的收入总额包括销售货物收入、提供劳务收入、转让财产收入、股息、红利等权益性投资收益，以及利息收入、租金收入、特许权使用费收入、接受捐赠收入、其他收入。

计算应纳税所得额时准予扣除的项目是指与纳税人取得收入有关的成本、费用、损失、税金和其他支出。下列项目，按照规定的范围、标准扣除：

1）纳税人在生产、经营期间，从金融机构借款的利息支出，按照实际发生数扣除；从非金融机构借款的利息支出，按照不高于金融机构同类、同期贷款利率计算的数额以内的部分，准予扣除。

2）企业发生的合理的工资薪金支出，准予扣除。

3）企业发生的职工福利费、工会经费、职工教育经费分别不超过工资薪金总额的 14%、2%、2.5%的部分，准予扣除。

4）企业发生的公益性捐赠支出，在年度利润总额 12%以内的部分，准予在计算应纳税所得额时扣除。

计算应纳税所得额时，下列项目不得扣除：

1）向投资者支付的股息、红利等权益性投资收益款项。

2）企业所得税税款。

3）税收滞纳金。

4）罚金、罚款和被没收财物的损失。

5）《企业所得税法》第 9 条规定以外的捐赠支出。

6）赞助支出。

7）未经核定的准备金支出。

8）企业之间支付的管理费、企业内营业机构之间支付的租金和特许权使用费，以及非银行企业内营业机构之间支付的利息。

9）与取得收入无关的其他支出。

纳税人来源于中国境外的所得，已在境外缴纳的所得税税款，准予在汇总纳税时从其应纳税额中扣除，但是扣除额不得超过其境外所得依照《企业所得税法》规定计算的应纳税额。

（4）税率

《企业所得税法》规定企业所得税的税率采用比例税率，为 25%；同时又规定了两档照顾性税率，即符合条件的小型微利企业，减按 20%的税率征收企业所得税；国家需要重点扶持的高新技术企业，减按 15%的税率征收企业所得税。

（5）企业经营亏损的弥补

《企业所得税法》规定，纳税人在某一年度发生亏损的，可以用下一纳税年度的所得弥补；下一纳税年度的所得不足弥补的，可以逐年延续弥补，但延续弥补期最长不得超过 5 年。

（6）纳税期限和纳税地点

缴纳企业所得税按年计算，分月或分季预缴。月份或季度终了后 15 日内预缴，年度终了后 5 个月内汇算清缴，多退少补。除国家另有规定外，企业所得税由纳税人向其所在地主管税务机关缴纳。

2. 个人所得税

个人所得税是指对在我国境内有住所或居住的个人取得的所得和在我国无住所又不居住的个人从我国境内取得的所得征收的一种税。

知识库

1980 年 9 月 10 日，第五届全国人民代表大会第三次会议通过并颁布了《中华人民共和国个人所得税法》(以下简称《个人所得税法》)。1993 年 10 月 31 日，第八届全国人民代表大会常务委员会第四次会议通过了《关于修改〈中华人民共和国个人所得税法〉的决定》，本次修正将个人收入调节税和城市个体工商户所得税并入了个人所得税之中。该法前后共经过 5 次修正，修正后的《个人所得税法》自公布之日起施行。

(1) 纳税主体

个人所得税的纳税主体有两类：一类是在中国境内有住所，或者无住所而在境内居住满 1 年的个人。这类纳税人就其从中国境内外取得的所得负有无限纳税义务。另一类是在中国境内无住所又不居住，或者无住所而在境内居住不满 1 年的个人。这类纳税人只就其从中国境内取得的所得负有有限的纳税义务。从 2000 年 1 月 1 日起，个人独资企业和合伙企业也是个人所得税的纳税人。

(2) 征税对象

个人所得税的征税对象包括：① 工资、薪金所得。② 个体工商户的生产经营所得。③ 对企事业单位的承包经营、承租经营所得。④ 劳务报酬所得。⑤稿酬所得。⑥ 特许权使用费所得。⑦ 利息、股息、红利所得。⑧ 财产租赁所得。⑨ 财产转让所得。⑩ 偶然所得；⑪ 经国务院财政部门确定征税的其他所得。

(3) 税率

根据个人所得来源不同，个人所得税税率分为超额累进税率和比例税率。

1) 工资、薪金所得，适用 5%～45%的九级超额累进税率。

2) 个体工商户的生产、经营所得，对企事业单位的承包经营、承租经营所得，个人独资企业和合伙企业投资者生产经营所得，适用 5%～35%的五级超额累进税率。

3) 稿酬所得，适用 20%的比例税率，并按所纳税额减征 30%。

4) 劳务报酬所得，适用 20%的比例税率。对一次收入畸高的，可以实行加成征收。

5) 其他所得适用 20%的比例税率。

(4) 应纳税所得额的计算

1) 工资、薪金所得，以每月收入额减除 2 000 元后的余额为应纳税所得额。

2) 个体工商户的生产、经营所得，以每一纳税年度的收入总额减除成本、费用及损失后的余额为应纳税所得额；个人独资企业、合伙企业投资者的所得，参照个体工商户的生产、经营所得确定。

3) 对企事业单位的承包经营、承租经营所得，以每一纳税年度的收入总额减除必要费用后的余额，为应纳税所得额。

4) 劳务报酬所得、稿酬所得、特许权使用费所得、财产租赁所得，每次收入不超过 4 000 元的，减除 800 元，余额为应纳税所得额；4 000 元以上的，减除 20%的费用，余额为应纳税所得额。

5) 财产转让所得，以转让财产的收入额减除财产原值和合理费用后的余额，为应纳税所得额。

6) 利息、股息、红利所得，以及偶然所得和其他所得，以每次的收入额为应纳税所得额。

（5）减免税

按照《个人所得税法》的规定，有下列情形之一的，经批准可以减税：

1）残疾、孤老人员和烈属的所得。

2）因严重自然灾害造成重大损失。

3）其他经国务院财政部门批准减税的情形。

下列各项个人所得可以免税：

1）省级人民政府、国务院各部委和中国人民解放军军以上单位，以及外国组织、国际组织颁发的科学、教育、文化、技术、卫生、体育、环境保护等方面的奖金。

2）国债和国家发行的金融债券利息。

3）按照国家统一规定发给的补贴、津贴。

4）福利费、抚恤金、救济金。

5）保险赔款。

6）军人的转业费、复员费。

7）按照国家统一规定发放的干部、职工的安家费、退职费、退休费、离休工资、离休生活补助费。

8）依照我国有关法律规定应予免税的各国驻华使馆、领事馆的外交人员所得。

9）中国政府参加的国际公约、签订的协议中规定免税的所得。

10）经国务院财政部门批准免税的所得。

三、其他税收法律制度

1. 财产税法

财产税是指以国家规定的纳税人的某些特定财产数量和价值额为征税对象的一类税。财产税法是调整财产税关系的法律规范的总称。

知识库

我国现行财产税法规主要有《中华人民共和国房产税暂行条例》和《中华人民共和国契税暂行条例》。现行财产税种较少，征税面也较窄。随着经济的发展和改革的深化，我国在财产税法方面将取得较大突破。我国将开设遗产税和赠予税。

2. 行为税法

行为税是指以某种特定行为的发生而对行为人加以课税的一种税。我国现行的行为税法规主要有《中华人民共和国印花税暂行条例》《中华人民共和国车船使用税暂行条例》《中华人民共和国屠宰税暂行条例》等。在我国的整个税法体系中，行为税法是不可缺少的组成部分。它对某些特定行为课税，用以规范、引导、控制和管理经济行为、消费行为等，达到调节和保护经济关系的目的。

第三节 税收征收管理法

一、税收征收管理法概述

税收征收管理法律制度是国家税法体系的重要组成部分。税收征收管理是指税务机关代表国家行使征税权，指导纳税人正确履行纳税义务，对日常税收活动依法进行组织、管理、监督、检查的活动。

知识库

税收征收管理是实现税收职能的必要手段。为了保证税收征收管理的依法顺利进行，1992年9月4日，第七届全国人民代表大会常务委员会第二十七次会议通过了《中华人民共和国税收征收管理法》(以下简称《税收征管法》)，并于1993年1月1日起施行。1993年8月4日，国务院发布了《中华人民共和国税收征收管理法实施细则》(以下简称《税收征管法实施细则》)，自发布之日起施行。1995年2月28日，第八届全国人民代表大会常务委员会第十二次会议通过了《关于修改<中华人民共和国税收征收管理法>的决定》，对该法进行了修订。1997年3月14日，第八届全国人民代表大会第五次会议修订的《刑法》中增加了危害税收征管罪的有关规定，这是税收征收管理法律制度的重要组成部分。2001年4月28日，第九届全国人民代表大会常务委员会第二十一次会议对《税收征管法》又做了修订，新法自2001年5月1日起施行。

二、税收征收管理机关及其职权

税收征收管理机关是指法律、法规规定负责税款征收和管理工作的职能机构。目前，税收征收管理机关有国家税务局、地方税务局和海关3个系统。为了保证分税制的顺利实施，我国将原来的一套税务机构分设为国家税务局和地方税务局两套机构。国家税务局系统实行国家税务总局垂直领导管理体制，负责中央税、中央与地方共享税的征收和管理工作。从1998年起，省以下地方税务局实行垂直领导管理体制，负责地方税的征收和管理工作。

根据《税收征管法》及有关法律、法规的规定，税收征收管理机关的职权主要包括以下几个方面：

1）税务管理。这包括办理税务登记、受理纳税申报及对纳税人的账簿、凭证进行管理等工作。

2）税款征收。即税务机关依照法律、行政法规的规定征收税款，并可行使一系列权利，如核定纳税人的税额、实施税收保全措施、采取强制执行措施等。

3）税务检查。这包括对纳税人的账务资料进行检查，到纳税人的生产、经营场所和货物存放地对纳税人的应纳税商品、货物或其他财产进行检查，以及询问纳税人和扣缴义务人有关纳税情况等内容。

4）税务处罚。即税务机关对违法者实施的税务行政处罚措施，包括罚款、加收滞纳金等。

税收征收管理机关在行使职权时也要承担相应的义务和责任。《税收征管法》及其实施细则和有关法律对此也做了相应规定。

三、税务管理

税务管理是《税收征管法》的核心内容。税务管理包括 3 个方面的内容：税务登记管理；账簿、凭证管理；纳税申报管理。

1. 税务登记管理

企业及其在外地设立的分支机构和从事生产、经营的场所，个体工商户和从事生产、经营的事业单位（以下统称从事生产、经营的纳税人），自领取营业执照之日起 30 日内，持有关证件，向税务机关申报办理税务登记。税务机关应当自收到申报之日起 30 日内审核并发给税务登记证件。

2. 账簿、凭证管理

从事生产、经营的纳税人、扣缴义务人，按照有关法律、行政法规和国务院财政、税务主管部门的规定设置账簿，根据合法、有效的凭证记账，并进行核算。

从事生产、经营的纳税人的财务、会计制度或财务、会计处理办法和会计核算软件，须报送税务机关备案，依照国务院或国务院财政、税务主管部门有关税收的规定计算纳税。

3. 纳税申报管理

纳税人必须在法律、行政法规规定的或税务机关依照法律、行政法规规定确定的申报期限内办理纳税申报，报送纳税申报表、财务会计报表，以及税务机关根据实际需要要求纳税人报送的其他纳税资料。扣缴义务人必须依照规定的申报期限、申报内容如实报送代扣代缴、代收代缴税款报告表，以及税务机关根据实际需要要求扣缴义务人报送的其他有关资料。纳税人、扣缴义务人可以直接到税务机关办理纳税申报或报送代扣代缴、代收代缴税款报告表，也可以按规定采取邮寄、数据电文或其他方式办理上述申报、报送事项。纳税人、扣缴义务人不能按期办理纳税申报或报送代扣代缴、代收代缴税款报告表的，经税务机关核准，可以延期申报。

四、税款征收

1. 税款征收方式

根据《税收征管法》及其实施细则的规定，税款征收方式有以下 5 种：

1）查账征收。查账征收是指纳税人依据账簿记载，先自行计算缴纳税款，事后经税务机关查账核实，如有不符，可多退少补。这种征收方式主要适用于已建立会计账册、会计记录完整的单位。采用查账征收的单位由税务机关确定。

2）查定征收。查定征收是指由税务机关根据纳税人的生产设备等情况及在正常条件下的生产销售情况，对其生产的应税产品查定产量和销售额，然后依税率征收税款的一种征收方式。这种方式主要适用于生产不固定、账册不健全的单位。

3）查验征收。查验征收是指由税务机关派人对纳税人的应税产品进行查验，并贴上完税证、查验证或盖查验戳，使纳税人只能凭证运销的一种征收方式。这种方式主要适用于生产和出售应税农、林、水产品和农村手工业品，以及经营小百货和单项品种的纳税人。

4）定期定额征收。定期定额征收是指先由纳税人自报生产经营情况和应税税款，然后由同行业或有关经济组织民主评议，再由税务机关对纳税人核定一定时期的税款征收率或征收额，实行增值税或营业税和所得税一并征收的一种征收方式。这种方式主要适用于一些营业额、所得额难以准确计算的小型纳税人。

5）其他征收方式。其他征收方式如代扣代缴、代收代缴、委托代征、邮寄申报纳税等。

2. 税款征收措施

为了保证税款征收的顺利进行，《税收征管法》赋予了税务机关在税款征收中可以根据不同情况采取必要的措施和手段的权利。

（1）延期纳税

纳税人、扣缴义务人应当按照法律、行政法规规定的或税务机关依照法律、行政法规规定的期限缴纳或解缴税款。纳税人因有特殊困难，不能按期缴纳税款的，经省、自治区、直辖市国家税务局、地方税务局批准，可以延期缴纳税款，但最长不得超过3个月。

（2）加收滞纳金

纳税人、扣缴义务人未按照规定期限缴纳或解缴税款的，税务机关除责令限期缴纳外，从滞纳税款之日起，按日加收滞纳税款万分之五的滞纳金。

（3）核定应纳税额

纳税人有下列情形之一的，税务机关有权核定其应纳税额：① 依照法律、行政法规的规定可以不设置账簿的。② 依照法律、行政法规的规定应当设置但未设置账簿的。③ 擅自销毁账簿或拒不提供纳税资料的。④ 虽设置账簿，但账目混乱或成本资料、收入凭证残缺不全，难以查账的。⑤ 发生纳税义务，未按照规定的期限办理纳税申报，经税务机关责令限期申报，逾期仍不申报的。⑥ 纳税人申报的计税依据明显偏低，又无正当理由的。

（4）税收保全措施

税务机关有根据认为从事生产、经营的纳税人有逃避纳税义务行为的，可以在规定的纳税期之前，责令其限期缴纳应纳税款；在限期内发现纳税人有明显的转移、隐匿其应纳税的商品、货物及其他财产或应纳税的收入的迹象的，税务机关可以责成纳税人提供纳税担保。如果纳税人不能提供纳税担保，经县以上税务局（分局）局长批准，税务机关可以采取下列税收保全措施：① 书面通知纳税人开户银行或其他金融机构暂停支付纳税人的金额相当于应纳税款的存款。② 扣押、查封纳税人的价值相当于应纳税款的商品、货物或其他财产。

纳税人在规定的期限内缴纳税款的，税务机关必须立即解除税收保全措施。限期期满仍未缴纳税款的，经县以上税务局（分局）局长批准，税务机关可以书面通知纳税人开户银行或其他金融机构从其冻结的存款中扣缴税款，或者依法拍卖或变卖所扣押、查封的商品、货物或其他财产，以拍卖所得抵缴税款。

个人及其所抚养家属维持生活必需的住房和用品，不在税收保全措施的范围之内。

（5）强制执行措施

从事生产、经营的纳税人、扣缴义务人未按照规定的期限缴纳或解缴税款，纳税担保人未按照规定的期限缴纳所担保的税款，由税务机关责令限期缴纳；逾期仍未缴纳的，经县以上税务局（分局）局长批准，税务机关可以采取下列强制执行措施：① 书面通知其开户银行或其他金融机构从其存款中扣缴税款。② 扣押、查封、依法拍卖或变卖其价值相当于应纳税款的商品、货物或其他财产，以拍卖或变卖所得抵缴税款。

税务机关采取强制执行措施时，对上述纳税人、扣缴义务人、纳税担保人未缴纳的滞纳金同时强制执行。

个人及其所抚养家属维持生活必需的住房和用品，不在强制执行措施的范围之内。

（6）其他行政措施

如果欠缴税款的纳税人或其法定代表人需要出境的，应当在出境前向税务机关结清应纳税款、滞纳金或提供担保，否则税务机关可以通知出境管理机关阻止其出境。

税务机关扣押商品、货物或其他财产时，必须开付收据；查封商品、货物或其他财产时，必须开付清单。

五、税务检查

税务检查的主要内容是检查纳税人的纳税情况，检查纳税人遵守财务会计制度情况，检查税务人员执行税收征管制度的情况，了解纳税人的生产经营情况。

税务机关有权对纳税人的账簿、记账凭证、报表、有关资料及生产、经营情况进行检查；有权责成纳税人、扣缴义务人提供有关文件、证明材料和资料，并询问其有关情况和问题；有权到有关部门检查纳税人托运、邮寄应纳税商品、货物或其他财产的有关单据、凭证和资料；有权经县以上税务局（分局）局长批准，凭检查存款账户许可证明，查核纳税人、扣缴义务人在银行或其他金融机构的存款账户。

税务机关派出的人员进行税务检查时，应当出示税务检查证件，并有责任为被检查人保守秘密；调查税务违法案件时，对与案件有关的情况和资料，可以记录、录音、录像、照相和复制。

六、违反税法的法律责任

1. 纳税人违反税法行为的法律责任

（1）纳税人违反税收管理行为的法律责任

根据《税收征管法》《税务登记管理办法》的规定，纳税人有下列行为之一的，由税务机关责令限期改正，可以处 2 000 元以下的罚款；情节严重的，处以 2 000 元以上 1 万元以下的罚款。

1）未按照规定期限办理税务登记、变更税务登记和注销税务登记的。

2）未按照规定设置、保管账簿或保管记账凭证和有关资料的。

3）未按照规定将财务、会计制度或财务、会计处理办法报送税务机关备查的。

4）未按照规定将其全部银行账号向税务机关报告的。

5）未按照规定安装、使用税控装置，或者损毁、擅自改动税控装置的。

纳税人不办理税务登记的，由税务机关责令其期限改正；逾期不改正的，经税务机关提请，由工商行政管理机关吊销其营业执照。

纳税人未按规定使用税务登记证件，或者转借、涂改、损毁、伪造税务登记证件的，处 2 000 元以上 1 万元以下的罚款；情节严重的，处 1 万元以上 5 万元以下的罚款。

（2）纳税人违反纳税申报规定行为的法律责任

根据《税收征管法》的规定，纳税人未按照税法规定的期限办理纳税申报和报送纳税资料的，由税务机关责令其限期改正，可以处以 2 000 元以下的罚款；情节严重的，可以处以 2 000 元以上 1 万元以下的罚款。

（3）纳税人偷税行为的法律责任

根据《税收征管法》和《刑法》的规定，纳税人采取伪造、变造、隐匿、擅自销毁账簿、记账凭证，或者在账簿上多列支出或不列、少列收入，或者经税务机关通知申报而拒不申报，或者进行虚假的纳税申报等手段，不缴或少缴应纳税款的，就是偷税。偷税数额不满 1 万元或偷税数额占应纳税额不到 10%的，由税务机关追缴其不缴或少缴的税款、滞纳金，并处以不缴或少缴税款 50%以上 5 倍以下的罚款；偷税数额占应纳税额的 10%以上，并且偷税数额在 1 万元以上的，或者因偷税被税务机关给予 2 次行政处罚又偷税的，除由税务机关追缴其不缴或少缴的税款、滞纳金外，还应移送司法机关，依法追究刑事责任。

（4）纳税人逃避税务机关追缴欠税行为的法律责任

根据《税收征管法》和《刑法》的规定，纳税人欠缴应纳税款，采取转移或隐匿财产的手段，妨碍税务机关追缴欠缴的税款，数额不满 1 万元的，由税务机关追缴欠缴的税款、滞纳金，并处以欠缴税款 50%以上 5 倍以下的罚款；数额在 1 万元以上的，除由税务机关追缴欠缴的税款、滞纳金外，还应移送司法机关，依法追究刑事责任。

（5）纳税人骗取出口退税行为的法律责任

根据《税收征管法》和《刑法》的规定，企事业单位采取对其所生产或经营的商品假报出口等欺骗手段，骗取国家出口退税款，数额不满 1 万元的，由税务机关追缴其骗取的退税款，并处以骗取税款 1 倍以上 5 倍以下的罚款；数额在 1 万元以上的，除由税务机关追缴其骗取的退税款外，还应移送司法机关，依法追究刑事责任。

（6）纳税人抗税行为的法律责任

根据《税收征管法》和《刑法》的规定，以暴力、威胁方法拒不缴纳税款的，就是抗税。抗税情节轻微，未构成犯罪的，由税务机关追缴其拒缴的税款、滞纳金，并处以拒缴税款 1 倍以上 5 倍以下的罚款；构成犯罪的，除由税务机关追缴其拒缴的税款、滞纳金外，还应移送司法机关，依法追究刑事责任。

（7）纳税人拖欠税款行为的法律责任

根据《税收征管法》的规定，从事生产、经营的纳税人、扣缴义务人在规定期限内不缴或少缴应纳或应解缴的税款，经税务机关责令限期缴纳，逾期仍未缴纳的，税务机关除依法采取强制执行措施追缴其不缴或少缴的税款外，还可以处以不缴或少缴税款 50%以上 5 倍以下的罚金。

2. 危害税收征管罪

（1）偷税罪

偷税罪，是指纳税义务人或扣缴义务人采取伪造、变造、隐匿、擅自销毁账簿、记账凭证，在账簿上多列支出或不列、少列收入，经税务机关通知纳税申报而不纳税申报或进行虚假的纳税申报的手段，不缴或少缴应纳税款，或者不缴或少缴已扣、已收税款，偷税数额占应纳税额的 10%以上且偷税数额在 1 万元以上，或者因偷税被税务机关给予 2 次行政处罚又偷税的行为。

（2）抗税罪

抗税罪，是指纳税义务人、扣缴义务人以暴力、威胁方法拒不缴纳税款的行为。

根据《刑法》第 202 条的规定，抗税罪处 3 年以下有期徒刑或拘役，并处拒缴税款 1 倍以上 5 倍以下罚金；情节严重的，处 3 年以上 7 年以下有期徒刑，并处拒缴税款 1 倍以上 5 倍以下罚金。

（3）逃避追缴欠税款罪

逃避追缴欠税款罪，是指纳税人采取转移或隐匿财产的手段，使税务机关无法追缴纳税人所欠缴的税款且数额在 1 万元以上的行为。

根据《刑法》第 203 条的规定，逃避追缴欠税款使税务机关无法追缴欠缴的税款数额在 1 万元以上不满 10 万元的，处 3 年以下有期徒刑或者拘役，并处或单处欠缴税款 1 倍以上 5 倍以下罚金；数额在 10 万元以上的，处 3 年以上 7 年以下有期徒刑，并处欠缴税款 1 倍以上 5 倍以下罚金。

（4）骗取出口退税罪

骗取出口退税罪，是指以假报出口或其他欺骗手段骗取国家出口退税款且数额较大的行为。

根据《刑法》第 204 条的规定，以假报出口或其他欺骗手段，骗取国家出口退税款，数额较大的，处 5 年以下有期徒刑或者拘役，并处骗取税款 1 倍以上 5 倍以下罚金；数额巨大或有其他严重情节的，处 5 年以上 10 年以下有期徒刑，并处骗取税款 1 倍以上 5 倍以下罚金。数额特别巨大或有其他特别严重情节的，处 10 年以上有期徒刑或无期徒刑，并处骗取税款 1 倍以上 5 倍以下罚金或没收财产。

（5）虚开增值税专用发票用于骗取出口退税、抵扣税款发票罪

虚开增值税专用发票用于骗取出口退税、抵扣税款发票罪，是指虚开增值税专用发票或虚开用于骗取出口退税、抵扣税款的其他发票的行为。有为他人虚开、为自己虚开、让他人为自己虚开、介绍他人虚开上述专用发票行为之一的，即构成虚开增值税专用发票用于骗取出口退税、抵扣税款发票罪。

根据《刑法》第 205 条的规定，虚开增值税专用发票或虚开用于骗取出口退税、抵扣税款的其他发票的，处 3 年以下有期徒刑或拘役，并处 2 万元以上 20 万元以下罚金；虚开的税款数额较大或有其他严重情节的，处 3 年以上 10 年以下有期徒刑，并处 5 万元以上 50 万元以下罚金；虚开的税款数额巨大或有其他特别严重情节的，处 10 年以上有期徒刑或无期徒刑，并处 5 万元以上 50 万元以下罚金或没收财产；骗取国家税款数额特别巨大、情节特别严重、给国家利益造成特别重大损失的，处无期徒刑或死刑，并处没收财产。

（6）伪造、出售伪造的增值税专用发票罪

伪造、出售伪造的增值税专用发票罪，是指违反国家发票管理规定，仿照增值税专用发票的内容、纸张、形状、图案等样式，使用各种方法，非法制造假增值税专用发票，冒充真发票，或者出售伪造的增值税专用发票的行为。

根据《刑法》第 206 条的规定，伪造或出售伪造的增值税专用发票的，处 3 年以下有期徒刑、拘役或者管制，并处 2 万元以上 20 万元以下罚金；数量较大或有其他严重情节的，处 3 年以上 10 年以下有期徒刑，并处 5 万元以上 50 万元以下罚金；数量巨大或有其他特别严重情节的，处 10 年以上有期徒刑或无期徒刑，并处 5 万元以上 50 万元以下罚金或没收财产；数额特别巨大、情节特别严重、严重破坏经济秩序的，处无期徒刑或死刑，并处没收财产。

（7）非法出售增值税专用发票罪

非法出售增值税专用发票罪，是指违反国家发票管理法规，非法出售增值税专用发票的行为。根据《刑法》第 207 条的规定，非法出售增值税专用发票的，处 3 年以下有期徒刑、拘役或管制，并处 2 万元以上 20 万元以下罚金；数量较大的，处 3 年以上 10 年以下有期徒刑，并处 5 万元以上 50 万元以下罚金；数量巨大的，处 10 年以上有期徒刑或无期徒刑，并处 5 万元以上 50 万元以下罚金或没收财产。

（8）非法购买增值税专用发票、购买伪造的增值税专用发票罪

非法购买增值税专用发票、购买伪造的增值税专用发票罪，是指违反发票管理法规，非法购买增值税专用发票或购买伪造的增值税专用发票的行为。

根据《刑法》第 208 条的规定，非法购买增值税专用发票或购买伪造的增值税专用发票的，处 5 年以下有期徒刑或拘役，并处或单处 2 万元以上 20 万元以下罚金。

（9）非法制造、出售非法制造的用于骗取出口退税、抵扣税款发票罪

非法制造、出售非法制造的用于骗取出口退税、抵扣税款发票罪，是指伪造、擅自制造或出售伪造、擅自制造的可以用于骗取出口退税、抵扣税款的其他发票的行为。其他发票特指除增值税专用发票以外的，具有同增值税专用发票相同功能的，可以用于骗取出口退税、抵扣税款的发票。

根据《刑法》第 209 条第 1 款的规定，伪造、擅自制造或出售伪造、擅自制造的可以用于骗取出口退税、抵扣税款的其他发票的，处 3 年以下有期徒刑、拘役或管制，并处 2 万元以上 20 万元以下罚金；数量巨大的，处 3 年以上 7 年以下有期徒刑，并处 5 万元以上 50 万元以下罚金；数量特别巨人的，处 7 年以上有期徒刑或无期徒刑，并处 5 万元以上 50 万元以下罚金或没收财产。

（10）非法制造、出售非法制造的发票罪

非法制造、出售非法制造的发票罪，是指伪造、擅自制造或出售伪造、擅自制造《刑法》第 209 条第 1 款规定以外的其他发票的行为。

根据《刑法》第 209 条第 2 款的规定，伪造、擅自制造或出售伪造、擅自制造《刑法》第 209 条第 1 款规定以外的其他发票的，处 2 年以下有期徒刑、拘役或管制，并处或单处 1 万元以上 5 万元以下罚金；情节严重的，处 2 年以上 7 年以下有期徒刑，并处 5 万元以上 50 万元以下罚金。

（11）非法出售用于骗取出口退税、抵扣税款发票罪

非法出售用于骗取出口退税、抵扣税款发票罪，是指非法出售可以用于骗取出口退税、抵扣税款的其他发票的行为。

根据《刑法》第 209 条第 3 款的规定，非法出售可以用于骗取出口退税、抵扣税款的其他发票的，处 3 年以下有期徒刑、拘役或管制，并处 2 万元以上 20 万元以下罚金；数量巨大的，处 3 年以上 7 年以下有期徒刑，并处 5 万元以上 50 万元以下罚金；数量特别巨大的，处 7 年以上有期徒刑或无期徒刑，并处 5 万元以上 50 万元以下罚金或没收财产。

（12）非法出售发票罪

非法出售发票罪，是指非法出售《刑法》第 209 条第 3 款规定以外的其他发票的行为。

根据《刑法》第 209 条第 4 款的规定，非法出售本条第 3 款规定以外的其他发票的，处 2 年以下有期徒刑、拘役或者管制，并处或单处 1 万元以上 5 万元以下罚金；情节严重的，处 2 年以上 7 年以下有期徒刑，并处 5 万元以上 50 万元以下罚金。

如果是单位犯有以上各罪的，对单位判处罚金，对其直接负责的主管人员和其他直接责任人员按各罪处罚。

思考题

1．简述税法的概念及构成要素。
2．简述税收的概念及特征。
3．哪些项目的进项税额不得从销项税额中抵扣？
4．现行企业所得税税率是如何规定的？

5．企业所得税纳税人的收入总额包括哪些主要内容？

6．计算企业所得税应纳税所得额时不得扣除的项目有哪些？

7．税款征收方式有哪些？

8．简述税款征收的措施。

案例分析题

1．某企业是一般纳税人，从国外进口一辆小轿车，到岸价格为 10 万元人民币，关税税率为 100%，其消费税税率为 5%。

问：该企业应纳增值税额为多少？

2．某化工企业将单价每箱 300 元的甲类化妆品送给关系单位 3 箱；又将新试制的乙类化妆品分给其职工，该类产品尚无市场销售价，其生产成本为 5 000 元。乙类化妆品的成本利润率为 5%，化妆品的消费税率为 30%。

要求：计算该企业应纳消费税税额。

3．某建筑装饰材料商店为一般纳税人，并兼营装修业务和工具租赁业务。该商店购进商品取得专用发票上注明的价款 200 000 元，销售商品取得收入价税合计 333 450 元，装修业务收入 65 200 元，租赁业务收入 3 800 元（分别核算了销售额和营业额）。已知装修业营业税率为 3%，租赁业营业税率为 5%。

要求：计算该商店当期应纳营业税和增值税额。

4．某旅游公司组织 120 人的旅游团去某地旅游，每人收取的旅游费为 6 000 元。旅行中，该旅游公司为每人支付交通费 1 500 元、住宿费 1 200 元、餐费 700 元、门票等费用 600 元。已知该旅游公司适用的营业税税率为 5%。

要求：计算该旅游公司应缴纳的营业税税额。

5．某企业 2011 年按规定的时间向税务机关进行了纳税申报，并缴纳了该年的营业税和所得税。纳税申报资料中显示，该企业 2011 年的营业收入为 210 万元，营业支出为 180 万元，缴纳营业税 10.5 万元，缴纳所得税 6.4 万元。2011 年，税务机关在税务检查中发现该企业通过伪造记账凭证等手段，隐瞒了实际收入和支出的事实。经查实，该企业 2011 年的实际营业收入为 225 万元，营业支出为 165 万元。另外，经查实，2010 年该企业偷税 6.2 万元，一直未处理。该企业适用营业税率为 5%，企业所得税率为 25%，其他税费暂不考虑。

要求：根据资料，回答以下问题：

（1）根据《税收征管法》的规定，该企业的行为属于什么行为？其涉嫌金额是多少？

（2）根据《税收征管法》和《刑法》的有关规定，对该企业的行为应该如何处理？

第五篇　经济仲裁与经济司法

第十四章　经济仲裁和经济审判

本章目的和任务

通过本章的学习，学生应掌握经济仲裁和经济审判的概念、原则，仲裁法的适用范围，我国法院体系的构成及案件的管辖；理解仲裁机构的设置、仲裁程序和审判程序；了解各级法院的收案范围；能够运用所学的法律知识解决实践中的经济纠纷问题。

本章要点

- 经济仲裁
- 经济审判

第一节　经济仲裁

一、仲裁法概述

1. 仲裁和仲裁法的概念

仲裁亦称“公断”，是指双方当事人在争议发生前或争议发生后达成协议，自愿将争议交付第三者居中评断是非并做出裁决，双方当事人都有义务执行裁决的一种解决争议的方式。

本章所讲的仲裁只限于民（商）事纠纷的仲裁，即经济仲裁。经济仲裁是指经济纠纷的双方当事人协议将有关争议提交选定的仲裁机构做出裁决，并有义务履行裁决的一种制度。与其他解决纠纷的方式相比，仲裁的特点是灵活便利、以自愿为前提、裁决具有强制性。因此，仲裁在现实生活中被广泛地应用，是一种解决纠纷的有效方式。

仲裁法就是调整在仲裁过程中发生的各种关系的法律规范的总称。

知识库

1994 年 8 月 31 日，第八届全国人民代表大会常务委员会第九次会议通过了《中华人民共和国仲裁法》(以下简称《仲裁法》)。该法自 1995 年 9 月 1 日起施行。

2. 仲裁的基本原则

根据《仲裁法》的规定，我国仲裁所遵循的基本原则有以下几个：

1）自愿原则。自愿原则要求当事人如果想通过仲裁方式解决纠纷，必须首先由双方自愿达成仲裁协议。没有仲裁协议，一方申请仲裁的，仲裁机构不予受理。当事人还可以自愿选择仲裁机构及仲裁员。当事人也可以自行和解，达成和解协议后，可以请求仲裁庭根据和解协议做出仲裁裁决书。当事人也可以撤回仲裁请求。调解不成时，仲裁机构应及时做出仲裁裁决。

2）以事实为依据、以法律为准绳，公平合理地解决纠纷原则。仲裁机构应以客观事实为依据，以民事实体法和程序法作为做出仲裁裁决的标准。为了准确地认定事实，仲裁庭必须充分听取双方当事人的陈述、证人证言和鉴定人的鉴定意见，防止偏听偏信和主观臆断。仲裁庭认为有必要收集的证据，可以自行收集。在适用法律时，法律有明文规定的，按照法律的规定执行；法律无明文规定的，按照法律的基本精神和公平合理原则处理，不偏袒任何一方，也不对任何一方施加压力。

3）仲裁组织依法独立行使仲裁权原则。仲裁组织是民间组织，它不隶属任何国家机关。仲裁组织仅对法律负责，依法独立进行仲裁，不受任何行政机关、社会团体和个人的干涉。法院可以依法对仲裁进行必要的监督。

4）一裁终局原则。仲裁裁决做出后，当事人就同一纠纷不能再申请仲裁或向法院起诉。但是，裁决被法院依法裁定撤销或不予执行的，当事人就该纠纷可以根据双方重新达成的仲裁协议申请仲裁，也可以向法院起诉。

3.《仲裁法》的适用范围

根据《仲裁法》的规定，平等主体的公民、法人和其他组织之间发生的合同纠纷或其他财产纠纷，可以仲裁。首先，仲裁事项必须是合同纠纷或其他财产性法律关系的争议。与人身有关的婚姻、收养、监护、抚养继承纠纷是不能进行仲裁的。其次，仲裁事项必须是平等主体之间发生的且当事人有权处分的财产权益纠纷。由强制性法律规范调整的法律关系的争议不能进行仲裁。因此，行政争议不能仲裁。另外，由于劳动争议和农业集体经济组织内部的农业承包合同纠纷不同于一般的经济纠纷，它们在仲裁原则、程序等方面均有自己的特点，因此《仲裁法》不适用于劳动争议和农业承包合同纠纷的仲裁。

二、仲裁委员会和仲裁协会

1. 仲裁委员会

仲裁委员会是组织进行仲裁工作、解决经济纠纷的事业单位法人。仲裁委员会可以在直辖市和省、自治区人民政府所在地的市设立，也可以根据需要在其他设区的市设立，而不按行政区划层层设立。仲裁委员会由上述规定的市的人民政府组织有关部门和商会统一组建。设立仲裁委员会，应当向省、自治区、直辖市的司法行政部门登记。

2. 仲裁协会

中国仲裁协会是社会团体法人，是仲裁委员会的自律性组织。仲裁委员会是中国仲裁协会的会员。中国仲裁协会的章程由全国会员大会制定。

中国仲裁协会的职责，一是根据章程对仲裁委员会及其组成人员、仲裁员的违纪行为进行监督，二是依照《仲裁法》和《民事诉讼法》的有关规定制定仲裁规则。

三、仲裁协议

1. 仲裁协议的概念和种类

仲裁协议是双方当事人以书面方式请求仲裁委员会仲裁合同纠纷或其他财产权益纠纷的共同意思表示。

仲裁协议包括仲裁条款和仲裁协议书两类。前者是指当事人在合同中订立的以仲裁方式解决纠纷的条款；后者是指双方当事人在主合同之外单独签订的发生纠纷请求仲裁的协议。仲裁协议书可以在纠纷发生前订立，也可以在纠纷发生后签订。

2. 仲裁协议的内容及效力

仲裁协议应具有下列内容：① 请求仲裁的意思表示；② 仲裁事项；③ 选定的仲裁委员会。

仲裁协议具有以下效力：① 仲裁协议中为当事人设定的一定义务，不能任意更改、终止或撤销。② 合法有效的仲裁协议对双方当事人诉权的行使产生一定限制，即在当事人双方发生协议约定的争议时，任何一方只能将争议提交仲裁，而不能向法院起诉。③ 对于仲裁组织来说，仲裁协议具有排除诉讼管辖权的作用。④ 仲裁协议具有独立性，合同的变更、解除、终止或无效，不影响仲裁协议的效力。仲裁庭有权确认合同的效力。

当事人对仲裁协议的效力有异议的，应当在仲裁庭首次开庭前提出，请求仲裁委员会做出决定或请求人民法院做出裁定。当事人一方请求仲裁委员会做出裁定、另一方请求人民法院做出裁定的，由人民法院做出裁定。

3. 仲裁协议的无效

仲裁协议对仲裁事项或仲裁委员会没有约定或约定不明确的，当事人可以补充协议；达不成补充协议的，仲裁协议无效。有下列情形之一的，仲裁协议无效：① 约定的仲裁事项超过法律规定的仲裁范围。② 没有民事行为能力人或限制民事行为能力人订立的仲裁协议。③ 一方采取胁迫手段，迫使对方订立仲裁协议。

四、仲裁程序

1. 申请和受理

仲裁不实行级别管辖和地域管辖，当事人可以向双方约定的仲裁机构申请仲裁。当事人申请仲裁的条件包括：① 有仲裁协议。② 有具体的仲裁请求，以及事实、理由，属于仲裁委员会的受理范围。当然，还应递交申请书及副本。仲裁委员会收到仲裁申请书之日起 5 日内，认为符合受理条件的，应当受理，并通知申请人；认为不符合受理条件的，应当书面通知申请人不予受理的理由。案件受理后，仲裁委员会应当在仲裁规则规定的期限内将仲裁规则和仲裁员名册送达被申请人。被申请人应在规定的期限内向仲裁委员会提交答辩书。仲裁委员会应在规定期限内将答辩书副本送达申请人。被申请人未提交答辩书的，不影响仲裁程序的进行。

2. 仲裁庭的组成

仲裁庭的组成由当事人约定，可以是 3 名仲裁员，也可以是 1 名仲裁员。由 3 名仲裁员组成的，当事人应当各自选定或各自委托仲裁委员会主任为其指定 1 名仲裁员；第 3 名仲裁员即首席仲裁员，由当事人共同选定或共同委托仲裁委员会主任指定。由 1 名仲裁员独任仲裁的，应当由当事人共同选定或共同委托仲裁委员会主任指定。仲裁庭组成后，仲裁委员会应当将仲裁庭的组成情况书面通知当事人。

仲裁员有以下情况之一的，当事人有权提出回避申请：① 与本案当事人或其代理人有近亲关系或其他关系，可能影响公正仲裁的。② 与本案有利害关系，或私自会见当事人或其代理人，或接受他们的请客送礼的。仲裁员是否回避，由仲裁委员会主任决定。仲裁委员会主任担任仲裁员，由仲裁委员会集体决定。

3. 开庭和裁决

仲裁一般应开庭进行，但当事人协议不开庭的，仲裁庭可以根据仲裁申请书、答辩书和其他有关材料做出裁决。仲裁一般不公开进行，但当事人协议公开的，可以公开进行，涉及国家秘密的除外。

当事人申请仲裁后，可以自行和解，也可以撤回仲裁申请。和解或撤回仲裁申请后反悔的，还可以根据仲裁协议申请仲裁。仲裁庭开庭仲裁，可以先行调解，调解不成的，应及时做出裁决；调解成立，但在调解书签收前，当事人反悔的，仲裁庭亦应及时做出裁决。裁决应按多数仲裁员意见做出，少数仲裁员的意见可以记入笔录。裁决书自做出之日起生效，当事人应认真遵照执行。

4. 申请撤销裁决

当事人提出证据证明有下列情形之一的，可以在接到裁决之日起 6 个月内向仲裁委员会所在地的中级人民法院申请撤销裁决：① 没有仲裁协议的。② 裁决的事项不属于仲裁协议的范围或仲裁委员会无权仲裁的。③ 仲裁庭的组成或仲裁的程序违反法定程序的。④ 裁决所根据的证据是伪造的。⑤ 双方当事人隐瞒了足以影响公正裁决的证据的。⑥ 仲裁员在仲裁该案时有索贿受贿、徇私舞弊、枉法裁决行为的。

5. 执行

仲裁裁决是法律文书，当事人应当执行。当事人推脱或拒绝执行的，另一方当事人可以依照《民事诉讼法》的有关规定向人民法院申请执行。但被申请人提出证据证明裁决有《民事诉讼法》第 217 条第 2 款规定的情形之一的，经合议庭审查核实，可以裁定不予执行。当事人一方申请执行裁决、另一方申请撤销裁决的，人民法院应当裁定中止执行。经审查决定撤销该裁决的，应当裁定终结执行；决定该裁决不予撤销的，应当裁定恢复执行。

6. 涉外仲裁的特别规定

（1）涉外仲裁的含义、种类及法律适用

涉外仲裁，是指争议具有涉外因素的仲裁。涉外因素包括：① 争议的主体（包括法人和自然人）属于不同国家。② 争议的标的物位于国外或跨越国界。③ 争议的法律关系的产生、变更或消灭在国外，如合同的订立、履行和终止在国外。在我国，对当事人一方或双方是外国公司的仲裁，称为涉外仲裁。涉及我国香港、澳门、台湾的仲裁案件根据我国法律参照涉外案件处理。

《仲裁法》规定，涉外经济贸易、运输和海事中发生的纠纷的仲裁，适用《仲裁法》第 7 章的规定；该章没有规定的，适用《仲裁法》的其他有关规定。

（2）涉外仲裁委员会

涉外仲裁委员会是中国仲裁涉外经济贸易、运输和海事中发生的纠纷的国际性的民间仲裁机构。涉外仲裁委员会可以由中国国际商会组织设立。我国的涉外仲裁机构有中国国际贸易促进委员会（中国国际商会）内设的中国国际经济贸易仲裁委员会和中国海事仲裁委员会。

涉外仲裁委员会由主任 1 人、副主任若干人和委员若干人组成，他们可以由中国国际商会聘任，仲裁员则由涉外仲裁委员会从具有法律、经济贸易、科学技术等专业知识的人员中聘任。

（3）涉外仲裁的几项特别规定

1）涉外仲裁的证据保全由涉外仲裁委员会将当事人的申请提交证据所在地的中级人民法院办理。

2）涉外仲裁的当事人提出证据仲裁裁决有《民事诉讼法》第 260 条第 1 款规定的情形之一的，经人民法院组成合议庭审查核实，可以裁定撤销或裁定不予执行。

3）涉外仲裁委员会做出的发生法律效力的仲裁裁决，当事人请求执行的，如果被执行人或其财产不在我国境内，应当由当事人直接向有管辖权的外国法院申请承认和执行。

7. 时效

关于仲裁时效，法律有规定的，适用该规定；法律没有规定的，适用诉讼时效的规定。《民法通则》对时效的规定是，向人民法院请求保护民事权利的诉讼时效期间为 2 年，法律另有规定的除外。诉讼时效期间从知道或者应当知道权利被侵害时起计算。但是，从权利被侵害之日起超过 20 年的，人民法院不予保护。

第二节 经济审判

一、经济审判的概念

经济审判，是指人民法院依法对国内经济纠纷案件和涉外经济纠纷案件进行审理判决的活动。经济审判是经济司法的重要组成部分。

二、经济审判机构及收案范围

根据《中华人民共和国人民法院组织法》（以下简称《人民法院组织法》）的规定，我国的经济审判机构是各级人民法院经济审判庭，以及铁路运输、海事等专门法院经济审判庭。

1. 各级人民法院经济审判庭的收案范围

各级人民法院经济审判庭的收案范围包括：① 经济合同纠纷案件。② 技术合同纠纷案件。③ 涉外或港、澳、台经济纠纷案件。④ 农村承包合同纠纷案件。⑤ 经济损害赔偿纠纷案件。⑥工业产权纠纷案件。⑦ 企业破产案件。⑧ 企业承包经营合同和企业租赁经营合同纠纷案件。⑨其他经济纠纷案件。

2. 铁路运输法院的设置和收案范围

根据《人民法院组织法》的规定，每个铁路分局所在地设立铁路运输基层法院，每个铁路局所在地设立铁路运输中级法院；撤销 1980 年在北京设立的铁路运输高级法院，原由其审理的案件，由各高级人民法院受理。铁路运输法院经济审判庭管辖的经济纠纷案件包括：① 铁路货物运输合同纠纷案件。② 铁路旅客和行李、包裹运输合同纠纷案件。③ 由铁路处理的多式联运合同纠纷案件。④ 国际铁路联运合同纠纷案件。⑤ 铁路货物运输保险合同纠纷案件。⑥ 代办托运、包装整理、仓储保管、接取送达等铁路运输延伸服务合同纠纷案件。⑦ 国家铁路与地方铁路、专用铁路、专用线在修建、管理和运输方面发生的合同纠纷案件。⑧ 铁路在装卸作业、线路维修等方面发生的委托劳务合同纠纷案件。⑨ 铁路系统内部的经济纠纷案件。⑩ 违反铁路安全保护法律、法规，对铁路造成损害的侵权纠纷案件。⑪ 铁路行车、调车作业造成人身、财产损害，原告选择向铁路运输法院起诉的侵权纠纷案件。⑫ 上级人民法院指定铁路运输法院受理的其他经济纠纷案件。

此外，最高人民法院于 1988 年设立交通运输审判庭，主要审理在全国范围内有重大影响的和各高级人民法院移送的重大、疑难交通运输案件，包括一审案件、上诉案件和再审案件。

3. 海事法院的设置和收案范围

根据第六届全国人民代表大会常务委员会第八次会议通过的《关于在沿海港口城市设立海事法院的决定》，我国分别在上海、天津、广州、青岛、大连、厦门、海口和武汉设立了海事法院。它们与中级人民法院同级。二审法院为各海事法院所在地的高级人民法院。海事法院内设海事审判庭和海商审判庭。海事法院受理以下 5 类案件：① 海事侵权纠纷案件。② 海商合同纠纷案件。③ 共同海损纠纷案件。④ 海事执行案件。⑤ 海事请求保全案件。

三、经济审判的案件管辖

根据《民事诉讼法》的规定，经济纠纷案件的管辖，可分为级别管辖、地域管辖、移送管辖和指定管辖。

1. 级别管辖

级别管辖是指在当事人参加诉讼，便于人民法院办案的前提下，根据案件的大小、频繁程度、影响大小及当事人的行政隶属关系等情况，划分上下级人民法院之间受理第一审经济纠纷案件的分工和权限。

具体地说，基层人民法院管辖除法律规定应由上级人民法院管辖以外的第一审经济纠纷案件。中级人民法院管辖重大涉外经济纠纷案件，以及在本辖区有重大影响和最高人民法院确定由中级人民法院管辖的第一审经济纠纷案件。高级人民法院管辖在本地区内有重大影响的第一审经济纠纷案件。最高人民法院管辖在全国有重大影响的，以及认为应当由本院审理的第一审经济纠纷案件。

2. 地域管辖

地域管辖是指根据当事人及标的物与地域之间的关系，确定同级人民法院之间受理第一审经济纠纷案件的分工和权限。

1）一般地域管理。即由被告住所地人民法院管辖。如果被告是公民，其住所地与经常居住地不一致的，由经常居住地人民法院管辖。

2）特殊地域管辖。这具体包括：① 合同纠纷由被告住所地或合同履行地人民法院管辖。② 保险合同纠纷由被告住所地或保险标的物所在地人民法院管辖。③ 票据纠纷由票据支付地或被告住所地人民法院管辖。④ 交通运输合同纠纷由运输始发地、目的地或被告住所地人民法院管辖。⑤ 交通事故侵权纠纷由侵权行为地或被告住所地人民法院管辖。⑥ 损害赔偿纠纷由发生地或车辆、船舶最先到达地、航空器最先降落地或被告住所地人民法院管辖。⑦ 船舶碰撞或其他海损事故损害赔偿纠纷由碰撞发生地、碰撞船舶最先到达地、加害船舶被扣地或被告住所地人民法院管辖。⑧ 海难救助费纠纷由救助地或被救助船舶最先到达地人民法院管辖。⑨ 共同海损纠纷由船舶最先到达地、共同海损理算地或航程终止地人民法院管辖。

3）协议地域管辖。这即合同的双方当事人可以在书面合同中协议选择被告住所地、合同履行地、合同签订地、原告住所地、标的物所在地人民法院管辖，但不得违反有关级别管辖和专属管辖的规定。

4）专属地域管辖。这具体包括：① 因不动产纠纷提起的诉讼由不动产所在地人民法院管辖。② 因港口作业中发生纠纷提起的诉讼由港口所在地人民法院管辖。③ 因继承遗产纠纷提起的诉讼由被继承人死亡时住所地或主要遗产所在地人民法院管辖。

5）共同地域管辖。即同一诉讼的几个被告住所地、经常居住地在2个以上人民法院辖区的，各人民法院都有管辖权。2个以上人民法院都有管辖权的诉讼，原告可以向其中一个人民法院起诉。原告向2个以上有管辖权的人民法院起诉的，由最先立案的人民法院管辖。

3. 移送管辖和指定管辖

移送管辖是指法院受理某一案件后，发现自己对此案并无管辖权，便移送给有管辖权的法院受理，或者在特定情况下，下级法院将自己有管辖权的案件，报请上级法院审理，或者上级法院将自己有管辖权的案件，交给下级法院审理。指定管辖是指2个不同法院之间对管辖权发生争议，或者某个有管辖权的法院由于特殊原因不能行使审判权的，由上级法院指定某一法院或另一个法院管辖。移送管辖和指定管辖统称裁定管辖。

四、经济审判程序

1. 第一审程序

我国实行两审终审的审判制度。第一审程序包括普通程序和简易程序。普通程序是经济审判程序的基础，它包括以下程序。

（1）起诉和受理

起诉是公民、法人或其他组织，认为自己的经济权利受到侵犯或与他人发生争议，以自己的名义请求人民法院依法审判并给予法律保护的诉讼行为。受理是指人民法院通过审查原告的起诉，认为符合起诉条件，决定立案审理的诉讼行为。起诉必须符合下列条件：① 原告是与本案有直接利害关系的公民、法人和其他组织。② 有明确的被告。③ 有具体的诉讼请求和事实、理由。④ 属于人民法院受理经济案件的范围和受诉人民法院管辖。原告起诉，应向人民法院递交起诉状，并按照被告人数提出副本。人民法院经审查，认为符合起诉条件的，应当在收到起诉状7日内立案，并通知当事人；认为不符合起诉条件的，应当在收到起诉状7日内裁定不予受理。原告对裁定不服的，可以提起上诉。

（2）审理前的准备

审理前准备工作的核心是弄清双方当事人的基本情况，了解原告诉讼请求的具体内容和所提出的事实、理由和证据，初步掌握双方当事人争执的焦点，收集和调取与案件有关的材料，并在立案之日起5日内将起诉状副本发送被告。被告在收到起诉状副本之日起15日内提出答辩状，人民法院在收到答辩状之日起5日内将答辩状副本发送原告。被告不提出答辩状的，不影响人民法院审理案件。

（3）开庭审理

人民法院审理经济纠纷案件，根据当事人自愿的原则，应在弄清事实、分清是非的基础上先行调解。调解达成协议的，人民法院应制作调解书，经双方当事人签字和法院盖章后生效，且具有法律效力。调解未达成协议或调解书送达前，一方或双方反悔的，人民法院应及时判决。

经济纠纷案件的审理，一般应公开进行，但涉及国家秘密或商业秘密，经当事人申请不公开审理的除外。经济案件的审理，应在开庭3日前通知当事人和其他诉讼参加人。开庭时，当事人可以辩护、提出新的证据；经法庭许可，可以向证人、鉴定人、勘验人发问，还可以要求重新进行调查、鉴定或勘察。当事人经人民法院传票传唤，无正当理由拒不到庭的，或者未经法庭许可中途退庭的，如果是原告，可按撤诉处理；如果是被告，可以缺席判决。当庭宣判的，应当在宣判后 10 日内发送判决书；定期宣判的，宣判后立即发给判决书，并告知当事人上诉权利、上诉期限和上诉法院。当事人在上诉期限内不上诉的，判决即发生法律效力。

一些简单的案件可以按照简易程序审理。简易程序是指基层人民法院及其派出的人民法庭审理简单案件所适用的既独立又简便易行的诉讼程序。简易程序适用于事实清楚、权利义务关系明确、争议不大的简单案件。原告可以口头起诉，当事人双方可以同时到基层人民法院或其派出的法庭，请求解决纠纷。适用简易程序审理的案件，由审判员一人独任审理，可随时传唤当事人、证人，不受普通程序中的法庭调查、法庭辩论等程序的限制。

2. 第二审程序

（1）提起上诉

当事人不服地方各级人民法院和专门法院第一判决、裁定的，有权向上一级人民法院提起上诉。

当事人不服一审判决的，有权在判决书送达之日起 15 日内向上一级人民法院提起上诉；如果不服一审裁定，应在裁定书送达之日起 10 日内向上一级人民法院提起上诉。上诉状应当通过原审人民法院提出，也可以由当事人直接向第二审人民法院起诉，两者均应按对方当事人的人数提出副本。直接向二审人民法院上诉的，二审人民法院应在收到上诉状之日起 5 日内将上诉状移交原审人民法院，以便原审人民法院向被上诉人送达上诉状副本，及时将原审案卷材料连同上诉状报送上级人民法院，以免拖延办案时间。被上诉人应当在收到上诉状之日起 15 日内提出答辩状。人民法院应在收到答辩状之日起 5 日内将副本送达上诉人。被上诉人不提出答辩状的，不影响人民法院审理。

（2）上诉案件的审理

审理上诉案件，应组成合议庭进行。经过阅卷、调查、询问当事人，在事实核对清楚后，合议庭认为不需要开庭审判的，可以进行判决、裁定：认为原判决认定事实清楚，适用法律正确的，判决驳回上诉维持原判；认为原判决适用法律错误的，依法改判；认为原判决认定事实错误，或认定事实不清、证据不足的，裁定撤销原判决，发回原审人民法院重审，或者查清事实后改判；认为原判决违反法定程序，可能影响案件正确判决的，裁定撤销原判决，发回原审人民法院重审。当事人对重审案件的判决、裁定，可以上诉。

（3）审判监督程序

这是人民法院对已经发生法律效力的判决、裁定，发现确有错误，依法对案件进行再审的程序。它不是每一个案件必经的审判程序，而是在第一审和第二审程序之外的救济程序、特殊程序。

各级人民法院院长对本院已经发生法律效力的判决、裁定，发现确有错误，认为需要再审的，应当提交审判委员会讨论决定。最高人民法院对地方各级人民法院已经发生法律效力的判决、裁定，上级人民法院对下级人民法院已经发生法律效力的判决、裁定，发现确有错误的，有权提审或指令下级人民法院再审。当事人对已经发生法律效力的判决、裁定，认为有错误的，也可以向原审或上一级人民法院申请再审，但期间不停止判决、裁定的执行。当事人的申请再审，应当在判决、裁定发生法律效力后 2 年内提出。

（4）执行程序

当事人对发生法律效力的判决、裁定，必须执行；一方拒绝执行的，另一方当事人可以向被执行人住所地或被执行的财产所在地的人民法院申请执行。人民法院收到执行申请后，对有偿还能力而又拒绝履行的，予以强制执行；对暂时缺乏偿还能力的，经与当事人协商同意，可放宽偿付期限，但要承担相应的法律责任。

经济仲裁和经济审判的对比如表 14-1 所示。

表 14-1　经济仲裁和经济审判的对比

	经济仲裁	经济审判
概念	依据仲裁协议向仲裁委员会申请	不能协商，向法院起诉，应诉
机构	仲裁委员会	人民法院
条件	3 个（略）	4 个（略）
程序	一裁终局	两审终审

思考题

1．简述仲裁法的适用范围。

2．简述经济审判案件管辖的种类。

3．试比较仲裁与诉讼的区别。

4．试述仲裁法的基本原则和基本制度。

案例分析题

新加坡甲公司与中国乙公司在履行一份涉外经济合同的过程中发生纠纷，双方经协商未能解决，甲公司按照合同中规定的仲裁条款向中国国际贸易促进会申请仲裁，要求乙公司支付货款，同时向乙公司住所地的中级人民法院提出财产保全的申请。乙公司反诉甲公司产品质量不合格，要求甲公司支付违约金并赔偿损失。后双方约定由一名独任仲裁员审理此案，但在规定时间内未能就合适人选达成一致，仲裁委员会主任便从仲裁员名单中指定了一名仲裁员审理此案，最终以不公开方式将此案审结。乙公司不服仲裁裁决，决定向法院起诉。甲公司向法院申请裁决。对此，乙公司以没有得到指定仲裁员、要求公开审理未得到满足及不服仲裁裁决而欲起诉为由，请求法院不执行仲裁裁决。

要求：根据现行法规，回答下列问题：

（1）甲公司申请财产保全在程序上是否正确？请说明理由。

（2）乙公司的反诉请求应当在何时提出？

（3）乙公司不服仲裁裁决，能否向法院起诉？若能起诉，那么应向哪个法院起诉？若不能起诉，请说明理由。

（4）甲公司申请仲裁裁决应向哪个法院提出？为什么？

（5）乙公司提请法院不执行仲裁裁决的理由是否成立？为什么？

参考文献

[1] 李红，周秀娟．经济法[M]．北京：中国政法大学出版社有限公司，2014.
[2] 杨紫烜．经济法（第 5 版）[M]．北京：北京大学出版社，高等教育出版社，2014.
[3] 刘泽海．经济法教程[M]．北京：清华大学出版社，2014.
[4] 刘文华．经济法（第 4 版）[M]．北京：中国人民大学出版社，2012.
[5] 史际春．经济法（第 5 版）[M]．北京：中国人民大学出版社，2010.
[6] 张守文．经济法学（第 6 版）[M]．北京：北京大学出版社，2014.
[7] 国务院法制办公室．中华人民共和国经济法典[M]．北京：中国法制出版社，2014.
[8] 财政部会计资格评价中心．经济法基础[M]．北京：中国财政经济出版社，2014.
[9] 财政部会计资格评价中心．经济法[M]．北京：中国财政经济出版社，2014.
[10] 财政部注册会计师协会．经济法[M]．北京：中国财政经济出版社，2014.
[11] 财政部注册会计师协会．经济法规汇编[M]．北京：中国财政经济出版社，2014.
[12] 朱崇实，卢炯星．经济法（第 6 版）[M]．厦门：厦门大学出版社，2014.
[13] 赵威．经济法（第 5 版）[M]．北京：中国人民大学出版社，2014.
[14] 财政部注册会计师考试委员会办公室．税法[M]．北京：中国财政经济出版社，2014.
[15] 齐爱民，杨春平．经济法新编[M]．武汉：武汉大学出版社，2010.
[16] 秦雷．经济法[M]．北京：清华大学出版社，2010.
[17] 黄彬，侯召伦．经济法概论[M]．上海：上海财经大学出版社，2012.
[18] 韩娜．经济法基础[M]．北京：中国经济出版社，2013.